ITALIENISCHE
RIVIERA LIGURIEN

DUMONT **REISE-TASCHENBUCH**

In der vorderen Umschlagklappe: Italienische Riviera

In der hinteren Umschlagklappe: Stadtplan Genua

Christoph Hennig

ITALIENISCHE RIVIERA LIGURIEN

DUMONT

Umschlagvorderseite: Portofino
Umschlaginnenklappe vorn: Blick von Volastra auf Manarola
Umschlaginnenklappe hinten: Ceriana
Vignette: In Imperia-Porto Maurizio
S. 2/3: Santa Margherita Ligure

Über den Autor: Christoph Hennig, geb. 1950 in Hannover, studierte
Pädagogik, Geschichte und Soziologie in Hamburg und Freiburg. Zahl-
reiche Buchveröffentlichungen, darunter bei DuMont »Richtig Wandern
Toscana«, »Kunst-Reiseführer Latium«, »Richtig Reisen Mittelitalien«, Reise-
Taschenbuch »Florenz«, »Extra Reiseführer Toscana« und »Extra Reise-
führer Venedig«.

Fremde Kulturen kennenlernen und gastfreundlichen Menschen begegnen –
wie sehr genießen wir das auf Reisen. Zu Hause bei uns jedoch wird mancher
Ausländer von einer kleinen Minderheit beschimpft, bedroht oder sogar miß-
handelt. Alle, die in fremden Ländern Gastrecht genossen haben, tragen hier
besondere Verantwortung. Deshalb: Lassen Sie es nicht zu, daß Ausländer
diffamiert und angegriffen werden. Lassen Sie uns gemeinsam für die Würde des
Menschen einstehen.

Verlagsleitung, Mitarbeiterinnen und Mitarbeiter des DuMont Buchverlages

Die Deutsche Bibliothek – CIP-Einheitsaufnahme

Hennig, Christoph:
Italienische Riviera: Ligurien / Christoph Hennig. – Köln : DuMont,
1998
   (Reise-Taschenbücher ; 2152)
   ISBN 3-7701-3690-X

© 1998 DuMont Buchverlag, Köln
Alle Rechte vorbehalten
Satz und Druck: Rasch, Bramsche
Buchbinderische Verarbeitung: Bramscher Buchbinder Betriebe
Graphisches Konzept: Ralf Groschwitz, Hamburg

Printed in Germany   ISBN 3-7701-3690-X

INHALT

LAND & LEUTE

Natur, Wirtschaft, Geschichte

Kunst und Kultur

UNTERWEGS
IN LIGURIEN

Die Hauptstadt der Region: Genua

Klassische Ferienorte: Von Camogli bis Sestri Levante

Aufregende Steilküste: Von Moneglia in die Cinque Terre

Am Golf von La Spezia

TIPS & ADRESSEN

Verzeichnis der Karten und Pläne

LAND & LEUTE

»Ich reiste zwischen
Genua und La Spezia
während einer präch-
tigen Sommernacht.
Der Mond spiegelte
sich im Meer, Pinien-
schirme, Oliven und
Kastanienbäume, die
Felsen am Ufer ver-
dunkelten die Erde;
mich befiel es wie
Trunkenheit beim
Anblick der Erde,
des Meeres und
der Nacht.«
*Alphonse de
Lamartine (1826)*

Natur, Wirtschaft und Geschichte

Bei der Olivenernte

Ein schmaler Streifen Land am Meer

Über gut 300 km zieht sich die italienische Riviera von der französischen Grenze bei Ventimiglia bis zur Toscana hin; doch auf dieser ganzen Strecke ist kein Ort Liguriens mehr als 35 km vom Meer entfernt. Meist verläuft die Grenze der Region 20–30 km hinter den Ufern; an manchen Stellen, wie etwa im Südosten bei Sarzana, beträgt der Abstand nur 5 km! Und dieser schmale Streifen ligurischen Landes besteht nicht etwa aus fruchtbaren Ebenen. Vielmehr steigen, von einigen Schwemmlandtälern bei den Flußmündungen abgesehen, überall gleich hinter der Küste Hügel und Berge auf. Im Hinterland San Remos erheben sich die Zweitausendergipfel der Seealpen, aber auch im Osten der Region erreichen die Berge mehr als 1700 m Höhe. Die großen Höhenunterschiede und das Fehlen ausgedehnter Anbauflächen haben den Einheimischen das Leben erschwert; mühevoll mußten sie dem kargen Boden die Erträge abringen. Doch die starken landschaftlichen Kontraste und das bewegte Relief machen Ligurien zugleich zu einer der schönsten Küstenregionen Italiens.

Wie schön die Riviera ist, merkten Mitte des 19. Jh. zuerst die Angehörigen der britischen Oberschicht. Vor allem das Gebiet um Bordighera und San Remo entwickelte sich zu einem Zentrum des englischen Luxustourismus. Mit dem Bau einer Eisenbahnlinie entlang der bis dahin schwierig zugänglichen Küste nahm das Reisen in Ligurien nach 1870 einen weiteren Aufschwung, der bis heute nicht aufgehört hat. Noch immer gehören Orte wie beispielsweise Portofino zu den Lieblingsdomizilen der Reichen und der Super-Reichen. Inzwischen sind aber die meisten Riviera-Urlauber ganz normale Menschen ohne Privatjacht und Adelstitel.

Unter dem großen Touristenandrang, man muß es zugeben, hat die Schönheit der Landschaft gelitten. Viele Gebiete – vor allem zwischen Genua und Ventimiglia – fielen der Bauspekulation zum Opfer. Weite Küstenbereiche sind zersiedelt; das ist besonders ärgerlich, weil die häßlichen Häuser meist nicht einmal den Einheimischen dienen, sondern nur wenige Monate oder Wochen im Jahr von Urlaubern genutzt werden. Der große Schriftsteller Italo Calvino hat dem traurigen Phänomen schon 1957 den Roman »La speculazione edilizia« (Die Bauspekulation) gewidmet. Doch die natürliche Beschaffenheit des Landes leistet der Zerstörung an vielen Stellen Widerstand. Fast unberührt von Neubauten sind beispielsweise die herrlichen Steilküsten zwischen Sestri Levante und La Spezia, und auch das einsame Hinterland überrascht immer wieder mit eindrucksvollen Landschaftsbildern. Zudem sind mittlerweile (endlich!) die meisten

›Steckbrief‹ Ligurien

Lage: Ligurien grenzt im Westen an Frankreich, im Norden an das Piemont, im Nordosten an die Emilia-Romagna und im Südosten an die Toscana.

Fläche: 5418 km^2, davon nur 3 % Ebenen, der Rest überwiegend Bergland. Ligurien ist nach dem Aosta-Tal die zweitkleinste Region Italiens.

Bevölkerung: 1 650 000 Einwohner (rund 3 % der Gesamtbevölkerung Italiens), davon 655 700 in der Hauptstadt Genua. Gut 80 % der Bevölkerung leben in Städten, 52 % in den vier Provinzhauptstädten Genua, La Spezia, Savona und Imperia.

Bevölkerungsdichte: 305 Ew. pro km^2 (in ganz Italien 192 Ew./km^2)

Geburtenrate: 6,5 Geburten/1000 Einwohner (1996), eine der niedrigsten der Welt

Hauptstadt: Genua

Beschäftigungsstruktur: 23,7 % der Berufstätigen sind in der Industrie beschäftigt (davon knapp ein Drittel im Bausektor), 72 % im Dienstleistungsbereich und der Verwaltung, nur noch 4,3 % in der Landwirtschaft. Die Arbeitslosenquote von 11,7 % (1996) ist die höchste aller Regionen Norditaliens.

Tourismus: 1996 hielten sich rund 2 730 000 Touristen (davon rund 30 % Ausländer) in den Hotels und auf den Campingplätzen Liguriens durchschnittlich 4,3 Tage auf. Unter den ausländischen Reisenden sind die Deutschen (knapp 40 %) am zahlreichsten. Von der Statistik werden allerdings Übernachtungen in Ferienwohnungen und anderen Privatunterkünften nicht erfaßt.

Politik: Bei den Parlamentswahlen 1996 erreichten die Parteien des Mitte-Links-Bündnisses unter Romano Prodi 49,5 % der Stimmen (4 % mehr als im Durchschnitt ganz Italiens). An den rechten Polo della Libertà unter Silvio Berlusconi und Gianfranco Fini gingen 39,7 %, an die Lega Nord 10,2 %.

noch unverbauten Gebiete zu Schutzzonen erklärt worden.

Die Riviera ist also nicht mehr überall schön. Aber sie ist zum Glück auch nicht mehr arm. Noch bis vor wenigen Jahrzehnten war die Arbeit auf den steilen und steinigen Böden äußerst mühselig. Im milden Klima wachsen und gedeihen zwar Obst, Gemüse und Kräuter vorzüglich, doch die Bauern konnten ausreichend Anbaufläche häufig nur dadurch gewinnen, daß sie das abschüssige Gelände terrassierten und mit Steinmäuerchen abstützten. Noch schwieriger gestaltete sich die Landwirtschaft im Gebirge. Hier lebten die Einheimischen vorwiegend von der Viehzucht. Als Grundnahrungsmittel traten an die Stelle des Getreides zu Mehl zerriebene Eßkastanien.

Die Städte, vor allem Genua, richteten sich ganz auf das Meer und den Handel aus; sie blickten nicht zurück ins eigene karge Hinterland, sondern schauten in unbekannte Fernen. Aus den nahen Bergen des Apennin konnten sie sich keinen Wohlstand erhoffen, sie mußten schon weiter ausgreifen. Und sie hatten damit Erfolg. Genua

wurde ein führendes Finanzzentrum Europas. Die Spuren des einstigen Luxus lassen sich in der Stadt noch heute entdecken.

Genua war noch im 19. und frühen 20. Jh. eine der wohlhabendsten Städte Italiens. Auch in anderen ligurischen Orten wie Savona, Oneglia und La Spezia siedelte sich relativ früh Industrie an. Die Folge dieser Entwicklung war eine enorme Landflucht. Die Küstenregion ist heute dicht besiedelt, das Hinterland weitgehend entvölkert. Erst in letzter Zeit wird es vom Tourismus ›wiederentdeckt‹.

Küste und Gebirge

Ligurien ist fast ausschließlich Hügel- und Bergland. Weniger als 3 % seiner Gesamtfläche bestehen aus Ebenen. Überall steigen am Meer die Hänge auf – manchmal wenige Kilometer entfernt, manchmal direkt ins Wasser übergehend. Der starke Kontrast von Küste und Gebirge schafft auf engem Raum ganz unterschiedliche Klima- und Vegetationszonen und verschiedene Lebensweisen. Berg- und Küstenbewohner gehörten andersartigen Welten an und begegneten sich mit Vorsicht und Mißtrauen, auch wenn die Wohnorte nahe beieinander lagen. Dabei waren die Kontakte seit jeher eng, schon aus ökonomischen Gründen. Auf den alten Maultierpfaden gelangten Olivenöl, Gemüse, Wein und Obst vom Meer ins Hinterland; in umgekehrter Richtung kamen aus den Bergen Holz, Kastanien, Vieh und Pilze. Vor dem Bau der Eisenbahn und später der Autostraßen verliefen die Hauptverkehrswege nicht wie heute parallel zum Ufer. Sie verbanden vielmehr Küsten- und Bergorte. Die wichtigsten Straßen liefen durchs Gebirge, darunter die vielbegangenen ›Salzstraßen‹ zwischen der Riviera und dem Piemont.

Die Küste wird gewöhnlich in zwei große Abschnitte gegliedert.

Corniglia

15

Der Apennin bei Santo Stefano d'Aveto

Zwischen der französischen Grenze und Genua erstreckt sich die Riviera di Ponente, von Genua bis zur Toscana die Riviera di Levante. *Ponente* und *Levante* (abgeleitet von Sonnenuntergang bzw. -aufgang) bedeuten Westen und Osten. Beide Ufer sind mit 150–160 km etwa gleich lang, doch ihr Landschaftscharakter ist unterschiedlich.

Im Hinterland der **Riviera di Ponente** sind zwar die Berge höher, doch treten sie nur an wenigen Orten direkt ans Meer heran. Es gibt kaum ausgesprochene Steilküsten; vor allem an den Flußmündungen sind dem Gebirge Schwemmlandebenen vorgelagert. Hier ist mehr Platz für Blumenzucht und Landwirtschaft als an der Riviera di Levante, das Gebiet ist auch dichter besiedelt und bebaut. Die meist breiten Strände ziehen im Sommer große Mengen von Urlaubern an. Zwischen Ventimiglia und dem Capo Mele bei Laigueglia handelt es sich meist um Kies-, weiter östlich um Sandstrände.

Südöstlich des Großraums Genua beginnt die **Riviera di Levante.** Sie hat weniger schöne Strände als das westliche Ligurien, bietet aber stärkere Eindrücke ›unzerstörter Natur‹. Zwar gibt es auch an dieser Küste zwischen Santa Margherita Ligure und Sestri Levante einen flachen, zum guten Teil zersiedelten Streifen, doch fast überall sonst erheben sich die Hänge direkt aus dem Meer. Verstreute Ortschaften liegen in kleinen Buchten; ein berühmtes Beispiel ist Portofino. Südöstlich von Sestri Levante werden die Ufer so steil, daß keine durchgehende Straße die Dörfer miteinander verbindet. Dieser Küstenabschnitt erreicht seinen landschaftlichen Höhepunkt in den berühmten **Cinque Terre** bei La Spezia, fünf Dörfern, die bis vor wenigen Jahrzehnten nur über Maultierpfade und von der See her erreichbar waren.

Das Hügel- und Bergland nimmt den weitaus größten Teil der Fläche Liguriens ein, ist aber dünn besiedelt und ökonomisch heute von geringer Bedeutung. Wie die Küste gliedert es sich in zwei große Ab schnitte. Von der französischen Grenze bis zum Cadibona-Paß bei Savona gehört es zu den **Seealpen.** Nördlich von Bordighera erhebt sich hier der höchste Berg Liguriens, der Monte Saccarello (2200 m). Vor allem im Westen – beispielsweise im Roya- und im Argentina-Tal – ist das Gebirge mit seinen kargen Hängen und verlorenen Bergdörfern landschaftlich äußerst reizvoll.

Am Cadibona-Paß, etwa 30 km westlich von Genua, beginnt dann der **Apennin.** Dieses Gebirge zieht sich durch ganz Italien, verläuft aber nur in seinem nördlichen Abschnitt direkt an der Küste. Es erreicht am Monte Penna nördlich von Sestri Levante die Höhe von 1735 m.

Die Hügel- und Bergregionen haben sich vor allem in den fünfziger und sechziger Jahren stark entvölkert. Nur noch rund 15 % der Einwohner leben in diesen ausgedehnten Gebieten. Viele Dörfer wurden fast vollständig verlassen, die Agrarflächen aufgegeben. In den Cinque Terre, wo die Landwirtschaft auf den steilen Hanglagen besonders mühevoll ist, wurden seit 1960 zwei Drittel der Weinberge und Ölbaumhaine wieder zu Brachland. Doch verlassenes Bauernland sieht man in Ligurien überall. Eine jahrhundertealte Kultur ist hier, wie auch in vielen anderen Regionen des Mittelmeerraums, unter dem Druck der Modernisierung in wenigen Jahrzehnten zusammengebrochen.

Begünstigtes Klima

Die ligurische Riviera hat vor allem im Winter meist völlig anderes, genauer: besseres Wetter als die angrenzenden Regionen Piemont, Emilia-Romagna und Toscana. Eine vergleichbare Klimazone gibt es in Italien erst viele hundert Kilometer weiter südlich am Golf von Neapel. An der Küste friert es fast nie, Schneefall ist selten, die **Wintermonate** sind oft sonnig. Im kältesten Monat, dem Januar, liegen die Durchschnittstemperaturen bei 8–10° C; wärmer ist es dann auch in Sizilien nicht!

Das **Frühjahr** setzt zeitig ein, oft schon Ende Februar oder Anfang März. Zwar gibt es bis in den April und manchmal sogar noch im Mai immer wieder auch kühle Tage, doch ist der Beginn der wärmeren Jahreszeit deutlich nach vorn verschoben. Der **Sommer** ist dagegen nicht so drückend heiß wie im Binnenland, die Höchsttemperaturen liegen auch im Juli und August meist unter 30° C. Im **Herbst** haben September und Oktober mit 22° C bzw. 18° C wieder sehr angenehme Durchschnittstemperaturen.

Die ligurische Küste hat ein ähnliches Klima wie die benachbarte Côte d'Azur. Für dieses günstige Klima sorgt die geographische Lage. Die Riviera öffnet sich zur

Triora ▷

Sonnenseite: nach Süden und zum Meer. Das Wasser speichert im Winter Wärme und sorgt im Sommer für Kühlung. Zugleich halten die Bergketten im Norden und Osten kalte Winde ab.

Anders sieht es in den höheren Lagen aus. Zwar genießen auch die Hügel- und Bergregionen viel Sonnenschein, aber in den Wintermonaten muß man durchaus mit Schnee rechnen. Es gibt im Apennin und den Seealpen sogar eine Reihe von Skigebieten.

Subtropische Vegetation

Dem milden Klima entsprechend hat die ligurische Riviera eine reiche, auch im Winter farbenfrohe Pflanzenwelt. Schon im Januar leuchten die gelben Blüten der Mimosenbäume, im Februar blühen Rosmarin, Kamelien, Veilchen, Gänseblümchen. Die ursprüngliche, dem Klima und der Landschaft am besten angepaßte Pflanzengesellschaft der Küstenregion ist der mittelmeerische Buschwald, die **Macchia**. In einem typischen Buschwald wächst unter den immergrünen Steineichen eine große Vielfalt von Büschen und Kräutern. Die roten, im Herbst reifenden Früchte des Erdbeerbaums erinnern tatsächlich an Erdbeeren. Die Baumheide blüht im Frühjahr mit weißlichen Dolden und entfaltet intensive Düfte, ebenso wie die verschiedenen Ginsterarten.

Die Steinlinde ähnelt entfernt dem Ölbaum. Weitere Buschpflanzen der Macchia sind der Lorbeer, der Zedernwacholder, die Mastix-Pistazie (oder Lentiscus-Strauch). Unter diesen meist 2–3 m hohen Gewächsen gedeihen Blumen und Kräuter, die vor allem in der Hauptblütezeit – Mai und Juni – starke aromatische Parfums ausströmen: Rosmarin, Thymian, Salbei, Oregano, verschiedene Minzarten, Myrte und die wie chinesische Papierblumen wirkenden Zistrosen, von deren korsischer Bezeichnung sich der Name Macchia herleitet. Die im Buschwald ebenfalls häufig vertretenen Strandkiefern gehören demgegenüber nicht zur spontan wachsenden Vegetation; sie sind bei Aufforstungsmaßnahmen angepflanzt worden. Fast alle Buschwaldpflanzen haben Nadeln oder sehr harte Blätter; dadurch ist die Verdunstung gering und sie können lange Trockenzeiten ohne Schaden überstehen.

Die Macchia entwickelt sich an der Küste überall dort, wo die Natur sich selbst überlassen bleibt und nicht durch menschliche Eingriffe beeinflußt wird. Buschwälder finden sich heute vor allem an den Steilküsten der Riviera di Levante. Mindestens ebenso stark wie durch diese einheimische Pflanzengesellschaft ist die Riviera-Vegetation aber durch Exoten geprägt – durch ›**Importpflanzen**‹, die irgendwann im Lauf der Geschichte hier angesiedelt wurden. Dazu zählen einige der wichtigsten Kulturpflanzen, wie der Ölbaum und die Feige, die vor etwa

Thymian (links) und Zistrose

2500 Jahren aus Vorderasien über Griechenland nach Italien gelangten. Aus Asien stammen Magnolien, Orangen, Zitronen und Kaki, aus Amerika Feigenkakteen (Opuntien) und Agaven, aus Afrika die Palmen, die an der Riviera mit über 70 Sorten vertreten sind. Die meisten dieser Gewächse können nur in Regionen überleben, in denen das Thermometer selten oder nie unter die Null-Grad-Grenze fällt.

Neben dem günstigen Klima führen auch die **unterschiedlichen Höhenstufen** zu einem großen Artenreichtum. In mittleren Lagen um 600–800 m ist die Edelkastanie stark verbreitet. Wie Olive und Feige stammt sie ursprünglich aus Kleinasien, ist aber seit der Römerzeit in Italien heimisch. Für die arme Bevölkerung des Berglandes, in dem kaum Getreide gedeiht, war Kastanienmehl traditionell das Grundnahrungsmittel. Noch bis in die Mitte des 20. Jh. zogen im

Herbst die Bewohner der Bergdörfer tagelang in die Wälder, um die *marroni* zu sammeln.

Neben den Kastanien stehen in den mittleren Gebirgslagen auch Eichen, Buchen, Kiefern. Die Hügel- und Bergwälder sind reich an Pilzen; Steinpilze gehören ab dem Spätsommer zu den großen kulinarischen Reizen Liguriens. Auf Weiden und Lichtungen blühen im Frühjahr zahlreiche Blumen, darunter viele Orchideenarten.

In der Hochgebirgszone machen die Laubbäume Nadelwäldern und schließlich kargen Bergwiesen Platz. Im späten Frühjahr und Sommer blühen hier zahlreiche Gebirgsblumen.

Die Fauna

Die Fauna Liguriens ist nicht so vielfältig wie die Flora; doch vor allem in den Gebieten des Hinterlands finden sich noch zahlreiche, zum Teil seltene Tierarten. An der dicht besiedelten Küste allerdings

Winters Gärten

Blumenzucht an der Riviera dei Fiori

Daß Gärtner Beete und Rasenflächen pflegen, ist normal. Daß sie ganze Parks anlegen, bildet eher die Ausnahme. Vermutlich einzigartig aber ist ein Gärtner, der das Landschaftsbild einer ganzen Region verwandelt: Ludwig Winter, 1846 in Heidelberg geboren, begründete die kommerzielle Blumenzucht in Ligurien. Damit schuf er die Voraussetzung für tiefgreifende Veränderungen in der Gegend zwischen Ventimiglia und Imperia.

Winter, der Sohn einer Malerin, hatte mit 22 Jahren im französischen Badeort Hyères den englischen Kaufmann Thomas Hanbury kennengelernt und fünf Jahre an der Anlage von Hanburys Garten La Mórtola bei Ventimiglia gearbeitet (s. S. 60 f.). Nun suchte er neue Aufgaben in Italien. 1873 begann er, in Bordighera Rosen zu züchten. Bereits im Oktober 1874 verkaufte er erstmals Schnittblumen nach München. Die kurz vorher fertiggestellte Bahnlinie entlang der Riviera ermöglichte einen schnellen Transport. Rosen im Winter (und von Winter) waren für die deutsche Kundschaft etwas Neues, und der einfallsreiche Gärtner hatte keine Absatzprobleme.

Ludwig Winter beschränkte sich nicht auf die Rosenzucht. Er experimentierte auch mit exotischen Pflanzen, vor allem mit Palmen. Von Ligurien aus verkaufte er tropische Gewächse. Mit Erfolg: Die ›Zimmerpalme‹ gehörte bald zum normalen Bild bürgerlicher Salons.

Der frischgebackene Unternehmer erfand ein Verfahren, das auch den Versand hochwachsender Bäume ermöglichte: Er züchtete sie im Freiland an, schnitt dann die Wurzeln stark zurück und verpflanzte die Gewächse in kleine Kübel. Hier bildeten sie neue Wurzeln und konnten nun bei relativ geringem Gewicht – und entsprechend niedrigen Transportkosten – verschickt werden.

ist der Lebensraum für die meisten Tiere zu eng. Nur die Möwen und die verschiedenen Eidechsenarten stören sich nicht an der Gegenwart der Menschen; auch Fledermäuse kann man relativ häufig beobachten.

Im Meer ist der Fischbestand zwar stark zurückgegangen; doch finden sich vor der ligurischen Küste unter anderem noch Wale und Delphine. Die Wale, die man lange Zeit für verirrte Nordatlantik-Wale hielt, stellen eine eigene, nur

Winters Verfahren wurden von den ligurischen Bauern bald nachgeahmt, da die Landwirtschaft der Region sich in einer Krise befand. Seit Jahrhunderten waren hier Orangen und Zitronen angebaut worden. Sie wurden ins Ausland exportiert und bildeten neben dem Olivenöl die Haupteinnahmequelle. Im späten 19. Jh. aber kamen aufgrund der verbesserten Verkehrsverbindungen Zitrusfrüchte aus Spanien und Sizilien auf den Markt; die italienische Riviera verlor ihre Monopolstellung. Winters Ideen fielen daher auf fruchtbaren Boden. Ein Wechsel der Anbauprodukte konnte nur von Vorteil sein. Binnen kurzem wurden überall um Bordighera und San Remo Zitrusplantagen in Blumenfelder umgewandelt. Zuerst pflanzte man vor allem Rosen, Anemonen, Veilchen und Narzissen, später auch Nelken, die sich wie die Rosen zum Verkaufsschlager entwickelten. Zugleich breiteten sich exotische Pflanzen aus, insbesondere Palmen, aber auch Agaven, Yuccas, Bougainvilleen und viele andere. Die traditionelle Vegetation wurde zurückgedrängt. Der mediterrane Buschwald, die Macchia, ist heute zwischen Ventimiglia und Imperia fast völlig verschwunden.

Die Riviera entwickelte sich so zum wichtigsten Zentrum des Blumenanbaus und -handels in Europa. Doch paradoxerweise hat die Blütenpracht mittlerweile negative Folgen für die Landschaft. Seit den sechziger Jahren werden die Pflanzen vorwiegend in Gewächshäusern oder unter Folien gezogen. Ausgedehnte Gebiete der ›Blumenriviera‹ sind von einer unschönen Hülle aus Glas und Plastik bedeckt. Während man früher nur Strohmatten oder gelegentlich Glasvitrinen als Schutz gegen die seltenen Fröste benutzte, zwingt der Weltmarkt heute zur forcierten Produktion. Das ligurische Wetterprivileg ist im Wettkampf mit Kenia oder Kolumbien wenig wert, der Sonnenstrahlung soll ständig nachgeholfen werden. Die ligurischen Blumenzüchter stehen im Konkurrenzk(r)ampf. Das schlägt sich in Landschaftsbildern nieder, die wenig ›naturnah‹ wirken – und von denen sich Ludwig Winter nichts träumen ließ, als er vor 120 Jahren die ersten leuchtenden Blumenfelder anlegte.

in diesem Gebiet vorkommende Art dar; der Bestand wird gegenwärtig auf 3000 Tiere geschätzt. Delphine, nach denen der Ort Portofino *(portus delphini)* seinen Namen hat, sind noch heute am Monte Portofino, aber auch in anderen Küstenabschnitten nicht selten. Den besten Überblick über die Fauna des ligurischen Meeres bekommt man im Acquario, dem großen Meerwasser-Zoo in Genua.

Im Hügel- und Bergland sind, wie auch in anderen Regionen Italiens, vor allem Wildschweine sehr zahlreich. Doch auch viele andere Tierarten haben sich aufgrund von Schutzbemühungen in den letzten Jahren wieder vermehrt. So leben in den Wäldern der mittleren Höhenlagen Füchse, Dachse, Marder, Igel, Hasen und Eichhörnchen sowie zahlreiche Reptilien (Schlangen, Eidechsen, Salamander, Gekkos). Eulen und Greifvögel, wie Bussarde, Falken, Habichte, finden unter den Kleintieren ausreichend Nahrung. In Hochgebirgslagen kommt sogar der Steinadler vor, dem unter anderem Bergfasane und Berghühner als Beute dienen. In einigen eng umgrenzten Gebieten gibt es Murmeltiere, Hermeline, Stachelschweine und Rehe. Neuerdings sind in den ligurischen Alpen auch Wölfe wieder aufgetaucht; sie haben sich aus dem Nationalpark der Abruzzen in Mittelitalien, wo sie konsequent geschützt werden, allmählich nach Norden ausgebreitet.

Eine Region im Umbruch

Die wirtschaftliche Entwicklung Liguriens – und ganz besonders Genuas – im 20. Jh. scheint auf den ersten Blick eine Geschichte des allmählichen Niedergangs. Die Hauptstadt der Region war bis ins 18. Jh. einer der großen Finanzplätze Europas; im 19. und frühen 20. Jh. erlebte Ligurien eine industrielle Blütezeit. Seit den zwanziger Jahren hat sich seine Position im Verhältnis zu anderen Gebieten Norditaliens kontinuierlich verschlechtert. Die einst führenden Industriezweige (Chemie, Stahl, Werften u. a.) gerieten in Krisen; neue Entwicklungen wurden nicht so bereitwillig aufgegriffen wie in Regionen, die gleichsam am Nullpunkt starteten. Ligurien ist zwar keineswegs arm – doch es hat mit beträchtlichen Umstellungsschwierigkeiten zu kämpfen.

Der Anteil der Beschäftigten in der Industrie ist in den letzten Jahrzehnten ständig zurückgegangen. Er beträgt heute noch knapp ein Viertel aller Berufstätigen. Die Landwirtschaft fällt mit gut 4 % der Beschäftigten und 2,5 % des regionalen Bruttosozialprodukts ökonomisch wenig ins Gewicht. Den Löwenanteil an der Wirtschaft Liguriens hält der Dienstleistungssektor: Handel, Tourismus, staatliche Verwaltung, Banken. Insofern könnte man annehmen, die Krise der Industrie spiele keine große Rolle. Doch der Dienstleistungsbereich kann nicht alle in den Fabriken und den Häfen freigesetzten Arbeitskräfte aufnehmen. Mit knapp 12 % hat Ligurien eine höhere Arbeitslosenquote als alle anderen Gebiete Norditaliens (zum Vergleich: Südtirol-Trentino 4 %, Lombardei und Venetien jeweils rund 6 %, Piemont 8 %).

Den dynamischen Sektor der ligurischen Ökonomie bilden nicht mehr die einst führenden großen Werke. Schwerindustrie, Werften, Waffenfabriken wurden von der

Krise dieser Branchen getroffen; die Großbetriebe sind zudem oft unflexibel und zeigen wenig unternehmerischen Schwung. Seit den achtziger Jahren sind aber zahlreiche kleine und mittlere Firmen in **Industrie und Handwerk** entstanden, die auf eine allmähliche Umwandlung der ligurischen Wirtschaft hoffen lassen. Die Region hat gegenwärtig

rund 17 000 Industrie- und 41 000 Handwerksbetriebe, wobei die Grenze zwischen beiden Sektoren nicht immer scharf zu ziehen ist. Auch im **Handel** spielen, wie überall in Italien, kleine Unternehmen die zentrale Rolle. Den 33 Warenhäusern und 142 Supermärkten der Region standen Ende 1995 mehr als 9000 Lebensmittelläden und rund 14 500 sonstige Einzelhandelsgeschäfte gegenüber. Dieses Übergewicht der kleineren Geschäfte trägt wesentlich zum lebendigen Eindruck der italienischen Städte bei:

Märkte und kleine Geschäfte spielen in Italien noch eine wichtige Rolle

Die Menschen kaufen eher in den Zentren ein als in Supermärkten am Stadtrand, und ein dichtes Kommunikationsnetz bleibt dabei erhalten.

Die Statistiken ordnen der **Landwirtschaft** nur noch untergeordnete Bedeutung zu. Seit den fünfziger Jahren hat eine kontinuierliche Landflucht die Region tiefgreifend verwandelt. In der Nachkriegszeit war noch die Mehrheit der Bevölkerung im Agrarsektor tätig, in den siebziger Jahren immerhin noch 20 % – fünfmal soviel wie gegenwärtig. Heute ist der Schrumpfungsprozeß zum Abschluß gekommen; die Beschäftigungsquote in der Landwirtschaft stieg in den letzten Jahren sogar etwas an. Ökonomisch

An den steilen Hanglagen ist die Landwirtschaft mühselig

am wichtigsten ist dabei die Blumenzucht; ihre Erträge machen drei Viertel aller landwirtschaftlichen Einnahmen Liguriens aus.

Gerade im Agrarsektor sagen die Statistiken allerdings nicht die ganze Wahrheit. Viele Ligurier bearbeiten Olivenhaine, Weinberge und Gemüsegärten nebenberuflich. Häufig kümmern sich Pensionäre um die Ländereien im Familienbesitz. Diese Tätigkeiten werden offiziell nicht erfaßt. Die gesamte landwirtschaftliche Produktion ist also erheblich höher, der Anteil der mindestens zeitweilig Beschäftigten viel größer, als die veröffentlichten Daten angeben.

Zu den wichtigsten Sektoren der Wirtschaft gehört der **Tourismus.** Auch hier sind die Statistiken nur begrenzt aussagekräftig. Sie geben nämlich ausschließlich die Übernachtungen in Hotels, Campingplätzen und Jugendherbergen an. Knapp 3 Mio. Gäste verbrachten hier 1996 durchschnittlich vier bis fünf Tage. Damit sind aber die Aufenthalte bei Privatvermietern ebensowenig erfaßt wie der sehr hohe Anteil an Urlaubern, die in Ligurien Zweitwohnungen besitzen (s. S. 29).

Die Zeiten, in denen wohlhabende Ausländer ganze Wintermonate an der Küste verbrachten, sind längst vorbei. Viele ligurische Orte haben nur eine relativ kurze Fremdenverkehrssaison. Der vor allem an der Riviera di Ponente vorherrschende Badetourismus konzentriert sich auf die Zeit zwischen Mitte Juni und Mitte September. Viele Hotels bleiben monatelang geschlossen. In den letzten Jahren hat man Anstrengungen unternommen, sich von der Ausrichtung auf den bloßen Badeurlaub zu lösen. Genua hat mit dem Meerwasser-Zoo, aber auch mit der Umgestaltung der alten Hafenanlagen, großen Ausstellungen und anderen kulturellen Veranstaltungen neue Attraktionen geschaffen und wird als Ziel des Städtetourismus zunehmend beliebter. Eine ausgedehnte Saison von Ostern bis in den Oktober haben die Orte, die auf den Wandertourismus setzen, allen voran die Cinque Terre im Südosten der Region. Nach ihrem Beispiel lassen inzwischen viele andere Kommunen Wanderwege markieren.

Die **Bevölkerungsstruktur** weicht stark vom nationalen Durchschnitt Italiens ab. Ligurien ist ein ›Land der Alten‹. Gut ein Fünftel der Einwohner ist über 64 Jahre alt (in ganz Italien rund 15 %). Für den hohen Anteil älterer Bürger ist vor allem die niedrige Geburtenrate verantwortlich; aber auch der Zuzug von Pensionären, die im milden Klima der Riviera ihren Lebensabend verbringen wollen, trägt dazu bei. Trotz der Zuwanderung aus anderen Regionen nimmt die Bevölkerungszahl seit den achtziger Jahren ab. Gegenwärtig ist die Zahl der Todesfälle etwa doppelt so hoch wie die der Geburten. Ligurien hat am Ende des Jahrtausends wieder so viele (oder wenige) Einwohner wie in den fünfziger Jahren.

Gäste und Einheimische

Ligurien zählt seit der Mitte des 19. Jh. zu den wichtigsten Fremdenverkehrsgebieten Italiens. Allerdings hat sich der Charakter des Riviera-Tourismus im Lauf der Zeit tiefgreifend gewandelt. Bis zum Ersten Weltkrieg kamen vorwiegend Angehörige der europäischen Oberschicht: Adlige und reiche Bürger insbesondere aus England, Deutschland und Rußland. Sie verbrachten die milden Wintermonate in Orten wie Bordighera, San Remo und Santa Margherita Ligure und bildeten dort große Gemeinschaften mit eigenen Treffpunkten, Bibliotheken, Kirchen. Der Badetourismus war noch unbekannt, der Sommer galt den meisten Gästen als zu heiß. Erst in der Zwischenkriegszeit entwickelte sich an den Stränden der Küste ein – immer noch vergleichsweise exklusives – Badeleben.

Die Zeit nach dem Zweiten Weltkrieg brachte einschneidende Neuerungen. Die Küste wurde zum bevorzugten Urlaubsziel von Städtern aus der Lombardei, dem Piemont, der Emilia-Romagna, aber auch von Deutschen und Schweizern. Mit der Ankunft der ›Massen‹ zogen sich die elitären Oberschicht-Touristen aus vielen Orten zurück. Nur einige Reiseziele wie Portofino oder Santa Margherita Ligure bewahrten ihren exklusiven Charakter. Zugleich begann vor allem an der Riviera di Ponente eine weit ausgreifende Zer-

Die ersten Touristen

Briten an der italienischen Riviera

Die ersten Touristen an der Riviera waren – wie in vielen anderen Gebieten Europas – Engländer. Schon um 1820 hielten sich die Dichter George Byron und Percy Bysshe Shelley am Golf von La Spezia auf. Ab der Mitte des 19. Jh. ließen sich in vielen ligurischen Küstenorten britische Aristokraten und wohlhabende Bürger für die Wintermonate nieder. Sie kamen zahlreich: In Alassio hatte die britische Gemeinde um 1880 1500 Mitglieder, in Bordighera lebten um 1900 mehr Engländer als Einheimische!

Manche Briten taten sich als Mäzene hervor. Thomas Hanbury legte nicht nur den prachtvollen Park bei Ventimiglia an (s. S. 20 f.), sondern stiftete den Einwohnern des benachbarten Dorfs Mórtola auch eine Schule. Der Priester und Archäologe Clarence Bicknell richtete in Bordighera eine bedeutende Bibliothek ein. Die Civica Biblioteca Internazionale umfaßt 50 000 Bände und ist öffentlich zugänglich. Auch ein archäologisches Museum wurde von Bicknell in Bordighera gegründet. Zu den Hinterlassenschaften der wohlhabenden Gäste gehörten auch die ersten Tennisplätze Italiens und – besonders folgenreich für Italien – das Fußballspiel: 1893 gründeten Engländer den heute noch bestehenden Verein AC Genua als Genova Cricket and Athletics Club.

Die Briten waren bei den Liguriern immer beliebt. Vor allem die Bewohner Genuas fühlen sich ihnen durch Eigenschaften wie Kaufmannsgeist, Toleranz und Nüchternheit verwandt. Bissig ergänzt der Schriftsteller Claudio Paglieri die Liste der Gemeinsamkeiten: »Vor allem die Tatsache, daß sie große Kolonialreiche verloren haben, als wären sie enterbt; dann der stolze und hochmütige Charakter, der sie dazu bringt, sich vom Rest der Welt fernzuhalten; schließlich die Liebe zum Alten, das Mißtrauen gegenüber allem Neuen und ein spezieller, sehr zynischer Humor.«

Heute spielt der britische Tourismus in Ligurien nur noch eine untergeordnete Rolle. Etwa 5 % aller ausländischen Urlaubsgäste sind Briten; es kommen mehr als doppelt soviel Schweizer und rund achtmal mehr Deutsche an die Riviera. Doch das Erbe des früheren Nobeltourismus ist an manchen Orten noch unverkennbar. Es hat sich in der Architektur der Belle-Epoque-Villen und -Hotels erhalten, aber auch in Straßennamen wie Viale Gibb oder Viale Hanbury.

siedlung der Landschaft. Tausende von unschönen Neubauten entstanden, große Bereiche der Küste verstädterten. Die Bauspekulation, über die der bedeutende, damals in San Remo lebende Schriftsteller einen Roman schrieb, zerstörte das ästhetische Bild ganzer Landstriche.

Nur der kleinste Teil der Neubauten dient den Einheimischen; die meisten wurden als Ferienhäuser für auswertige Besitzer errichtet. In Santa Margherita, Camogli und Portofino wird nur noch ein Drittel der Häuser ganzjährig bewohnt, um Pietra Ligure und Loano sogar nur ein Viertel! Trotz der übersteigerten Bautätigkeit der Nachkriegsjahrzehnte herrscht daher an vielen Orten Wohnraumknappheit für die Einheimischen. In Portofino sind die Wohnungen für durchschnittlich verdienende Bürger unbezahlbar geworden; ähnliche Tendenzen deuten sich mittlerweile auch für die Cinque Terre an.

Weniger problembelastet ist der Zuzug von Neusiedlern in die verlassenen Dörfer der Hügel- und Bergregionen. Vor allem im Hinterland Westliguriens zwischen Ventimiglia und Finale Ligure haben Tausende von Auswärtigen alte Anwesen erworben. Allein die Zahl der deutschen und Schweizer Hausbesitzer in dieser Region wird auf etwa 10 000 geschätzt; dazu kommen Niederländer, Belgier, Skandinavier und – in vergleichsweise geringer Zahl – Italiener. In vielen Gemeinden im Hinterland

von Imperia oder San Remo bilden Ausländer ein Viertel oder ein Drittel der Einwohnerschaft. Viele von ihnen leben dauerhaft in diesen Dörfern, andere kommen für lange Ferienperioden.

Der Zuzug von Auswärtigen in die Hügel- und Bergregionen hat, im Gegensatz zum unkontrollierten Zweithausbau, im allgemeinen keine nachteiligen Folgen. Er betrifft Gebiete des Hinterlands, aus denen viele Einheimische fortgezogen sind und in denen die Käufer verfallene oder verlassene Häuser übernehmen, um sie zu restaurieren und auszubauen. Hier entstehen keine negativen Effekte für das Landschaftsbild, und auch die sozialen und wirtschaftlichen Wirkungen sind eher positiv.

29

Daten zur Geschichte

Um 200 000 v. Chr. Jäger und Sammler vom Typ Homo erectus leben in den Höhlen der Balzi Rossi bei Ventimiglia, die damit zu den am frühesten besiedelten Gebieten Europas gehören

Um 40 000 v. Chr. Der Homo sapiens (Cro-Magnon-Mensch) erscheint in Höhlen an der Küste, z. B. bei Ventimiglia und Finale Ligure

Um 5000 v. Chr. ›Neolithische Revolution‹: Übergang von den Jäger- und Sammlerkulturen zum Ackerbau

Ab ca. 1200 v. Chr. Die sogenannten ligurischen Stämme siedeln im Raum der heutigen Riviera und im Hinterland. Ihre Herkunft ist unklar; Sprache und Religion zeigen keltische Einflüsse

241 v. Chr. Der Zensor Aurelius Cotta beginnt den Bau der nach ihm benannten Via Aurelia, die zunächst bis Cosa (heute Ansedonia) in der Toscana führt und später als eine der wichtigsten Römerstraßen die gesamte Region durchquert

205 v. Chr. Im Zweiten Punischen Krieg stellen sich alle ligurischen Stämme mit Ausnahme der Bewohner des heutigen Genua gegen Rom auf die Seite der Karthager

187–175 v. Chr. Die Römer unterwerfen Ligurien

4. Jh. n. Chr. Genua wird Bischofssitz

537 Ligurien gelangt unter die Herrschaft der byzantinischen Kaiser

Um 640 Die Langobarden erobern Ligurien und gliedern es ihrer Provinz Maritima Italorum ein

9. Jh. Unter der Herrschaft der deutschen Kaiser wird Ligurien in drei Markisate eingeteilt. Die Küste ist häufigen Piratenüberfällen ausgesetzt, die Bevölkerung zieht sich an vielen Stellen in höher gelegene Ansiedlungen zurück

935 Die Sarazenen erobern und plündern Genua

11. Jh. Genua entwickelt sich zur bestimmenden Macht der Region. Die Sarazenen werden zurückgedrängt. 1005 vertreibt die genuesische Flotte die Araber aus Korsika

1099 Genuesische Seefahrer und Kaufleute beteiligen sich am ersten Kreuzzug. Sie erhalten Handelsprivilegien und Niederlassungen im östlichen Mittelmeerraum

12./13. Jh. Neben Genua sind auch Savona, Noli, Albenga, Porto Maurizio und Ventimiglia selbständige Stadtrepubliken mit regem wirtschaftlichem Leben

1146–48 Genua erobert die spanischen Städte Almeria und Tortosa

Mittelalter-
liche Brücke
in Zuccarello

1162	Kaiser Friedrich Barbarossa erkennt die Autonomie und das Münzrecht Genuas an
13. Jh.	Ständige Auseinandersetzungen zwischen Genua, Pisa und Venedig um die Vorherrschaft im Mittelmeerraum. In Genua entwickelt sich als wichtiger Industriezweig die Wollproduktion
1243	Sinibaldo Fiesco, Graf von Lavagna, wird als Innozenz IV. zum Papst gewählt
1261–66	Der byzantinische Kaiser Michael VIII. Paläologus konzediert Genua weitere wichtige Handelsprivilegien
1284	Genua schlägt Pisa entscheidend in der Seeschlacht von Meloria
1298	Genua siegt in der Seeschlacht von Curzola auch gegen Venedig, zieht aus dem Erfolg aber keinen dauerhaften Vorteil
1318	Erstmalig gerät Genua vorübergehend unter fremde Herrschaft. Die Adelsfamilien Fieschi und Grimaldi rufen in Kon-

	flikten mit anderen Aristokraten den Anjou-König Robert I. von Neapel zur Hilfe, der die Stadt für einige Jahre regiert
1348	Ein großer Teil der Bevölkerung Liguriens fällt der Pest zum Opfer
1354–55	Genua steht unter mailändischer Herrschaft
1363	Der vom Volk gewählte Doge Simone Boccanegra wird vergiftet
1379–80	Genua erobert Venedigs Nachbarstadt Chioggia. Doch der anfängliche Erfolg erweist sich als trügerisch. Genua verliert den Krieg und muß im Frieden von Turin Nachteile in Kauf nehmen
1407	Gründung der Staatsbank Banco di San Giorgio
15. Jh.	Genua und der größte Teil Liguriens werden von wechselnden fremden Herrschern – Frankreich, Mailand, Spanien – regiert
1451	Christoph Kolumbus wird in Genua geboren
1453	Die Eroberung Konstantinopels durch die Türken bringt den Orienthandel weitgehend zum Erliegen
1492	Die Entdeckung des Seewegs nach Amerika und die daraus folgende Verlagerung der Handelsrouten schwächen die wirtschaftliche Position Genuas weiter
1499–1528	Ligurien steht mit kurzen Unterbrechungen unter französischer Herrschaft
1528	Karl V. ernennt den genuesischen Flottenkapitän Andrea Doria zum Admiral der spanischen Armada. Im Gegenzug erhält Genua die Unabhängigkeit zugesichert. Mit Hilfe der Spanier unterwirft es die Konkurrenzstadt Savona und dehnt damit seine Herrschaft in Ligurien weiter aus. Andrea Doria wird auf Lebenszeit zum obersten Beamten der Stadt ernannt
1547	Ein Aufstandsversuch der Adelsfamilie Fieschi gegen die herrschenden Doria wird niedergeschlagen. Die Episode geht später durch Schillers Drama »Die Verschwörung des Fiesco zu Genua« (1783) in die deutsche Literatur ein
1566	Genua verliert Chios, seine letzte Kolonie im östlichen Mittelmeerraum
16. und 17. Jh.	Als Finanziers der spanischen Krone und anderer europäischer Fürstenhäuser häufen die genuesischen Bankiers große Reichtümer an. Genua gilt als wohlhabendste Stadt Europas
1768	Genua tritt Korsika an Frankreich ab
1797–1814	Nach dem Einmarsch der napoleonischen Truppen gründet Frankreich die ›Ligurische Republik‹. Damit endet die jahr-

	hundertelange Geschichte der selbständigen Republik Genua. 1805 kommt Ligurien zum französischen Kaiserreich
1815	Der Wiener Kongreß beschließt die Zugehörigkeit Liguriens zum Königreich Piemont-Savoyen. Die neue politische Situation ist günstig für Savona, dessen Hafen den Hauptzugang des Piemont zum Meer darstellt
1849	Ein republikanischer Aufstand in Genua gegen die piemontesische Herrschaft wird niedergeschlagen
Ab 1850	Vor allem britische, aber auch deutsche und russische Aristokraten und wohlhabende Bürger verbringen die Wintermonate an der Riviera. Damit beginnt der Tourismus an der Küste
1861	Ligurien wird Teil des neugeschaffenen Königreichs Italien. Genua nimmt einen großen wirtschaftlichen Aufschwung. Auch La Spezia entwickelt sich zu einer der wichtigsten italienischen Industrie- und Hafenstädte
1872–74	Der Bau der Eisenbahnstrecke entlang der Riviera erschließt viele bis dahin abgelegene Küstenorte für den Tourismus
Um 1900	Die Landwirtschaft im westlichen Ligurien stellt sich von der Produktion von Zitrusfrüchten auf Blumenzucht um
1922	Die faschistische Bewegung kommt an die Macht. Deutschland und die Sowjetunion schließen in Rapallo einen Vertrag, in dem sie diplomatische Beziehungen aufnehmen und auf Kriegsentschädigungen verzichten
1946	Italien wird Republik
Ab 1955	Starke Ausweitung des Tourismus an der Riviera. Die Dörfer des Hinterlandes werden von einem Großteil ihrer Bewohner verlassen. Rege Bautätigkeit an der Küste. Der Dienstleistungssektor wird zum wichtigsten Wirtschaftsbereich, Industrie und Landwirtschaft verlieren an Bedeutung
1970	Durch eine Verfassungsreform erhält die Region Ligurien – wie die anderen italienischen Regionen – stärkere Autonomie
Ab 1980	Viele landschaftlich noch gut erhaltene Gebiete Liguriens werden unter Naturschutz gestellt. Der lange geplante Bau einer Küstenstraße in die Cinque Terre findet nicht statt
1992	Anläßlich der ›Kolumbus-Feiern‹ zum 500. Jahrestag der Entdeckung des Seewegs nach Amerika wird der Bereich des alten Hafens von Genua neu gestaltet
1997	Bei den Bürgermeisterwahlen in Genua siegt der vom Mitte-Links-Bündnis ›Der Ölbaum‹ aufgestellte Giuseppe Pericu knapp gegen den parteilosen rechten Kandidaten Sergio Castallenata

Kunst und Kultur

Prähistorische Funde

Spuren der Bauernkultur

Dorfkirchen und Kathedralen,
Burgen und Paläste

Malerei: Künstler aus der
Fremde

Literatur

Ligurische Küche, ligurische
Weine

Die Barockkirche San Giovanni Battista in Cervo

Prähistorische Funde

Der Küstenbogen zwischen der Côte d'Azur und Genua gehört zu den am längsten besiedelten Gebieten Europas. Die ältesten Spuren im Gebiet des heutigen Ligurien sind rund 200 000 Jahre alte Werkzeug- und Knochenfunde aus den Balzi-Rossi-Höhlen bei Ventimiglia. Diese Grotten direkt am Meer wurden später auch von Neandertalern und von Cro-Magnon-Menschen benutzt.

Besonders reich an prähistorischen Funden sind die Höhlen der Umgebung von Finale Ligure. Die Grotten von Toirano bargen beispielsweise eine große Menge von Bärenknochen und zugleich die Spuren der Bärenjäger. Im Grab der Arene Candide entdeckte man das sogenannte Prinzengrab aus der Altsteinzeit. Der hier bestattete Mann war mit einer Muschelhaube, einem ungewöhnlich großen Obsidianmesser und Kommandostäben ausgestattet; sein Skelett zeigte Spuren von Verwundungen, vielleicht von einem Jagdunfall. In anderen Höhlen lagen Knochen von Neandertalern und steinzeitliche Werkzeuge.

Mysteriös ist ein weiterer Typus prähistorischer Funde: die Stelen der Lunigiana. Diese steinernen, um 2000 v. Chr. geschaffenen Monumente stellen meist bewaffnete Männer, gelegentlich auch Frauen dar. Sie stammen zum größten Teil aus dem Magra-Tal im Südosten der Region. Bis heute weiß niemand, welche Funktion sie erfüllten.

Manche der in der Frühgeschichte bewohnten Höhlen sind heute für Besucher zugänglich, so die Balzi Rossi bei Ventimiglia oder die Toirano-Grotten, die auch wegen ihrer Tropfsteinformationen den Besuch lohnen. In unmittelbarer Nachbarschaft der Balzi Rossi wurde ein Museum eingerichtet; andere wichtige Sammlungen mit prähistorischen Ausstellungsstücken stehen in Finale Ligure, Genua-Pegli und La Spezia.

Spuren der Bauernkultur

Noch bis in die Nachkriegszeit waren weite Bereiche Liguriens vorwiegend agrarisch geprägt. Die Lebensformen der Bauern haben sich in den letzten 40 Jahren stärker gewandelt als in Jahrhunderten davor. Damit sind manche Traditionen verlorengegangen. Doch in der ländlichen Architektur und der Gestaltung der Landschaft erkennt man noch heute die Spuren der alten Bauernkultur.

Vor allem im Hügel- und Bergland sind zahlreiche Dörfer in den alten Formen erhalten geblieben. Die Häuser drängen sich aneinander, gepflasterte Gassen und Treppenwege durchziehen die Orte, über den Dächern ragt der Kirchturm empor; manchmal stehen am höchsten Punkt der Ansiedlung die

Ruinen einer Burg. Die Dorfbilder sind der Landschaft vorzüglich angepaßt. Ihre Proportionen fügen sich der Umgebung ein, Natursteine aus der Region bilden das Baumaterial. Wenn die Fassaden verputzt wurden, erscheinen die Bauten in sanften Rot-, Gelb- oder Ockertönen.

Diese schlichte und doch überzeugende Ästhetik setzt sich außerhalb der Orte auf den Feldern, in den Olivenhainen und Weinbergen fort. Geschwungene Brücken, gepflasterte Maultierwege, Schuppen und Ställe, sogar die Grenzmauern der Anwesen wirken unmittelbar ansprechend durch die klaren Formen und die lebendigen Muster der beim Bau verwendeten Steine. Ein ›Landschafts-Kunstwerk‹ eigener Art stellen die Terrassen dar, mit denen einst alle fruchtbaren Hänge überzogen waren. In mühsamer Arbeit stützten die Bauern kleine Felder mit Steinmäuerchen ab, um der Erosion entgegenzuwirken. Der größte Teil der so gewonnenen, nur schwierig kultivierbaren landwirtschaftlichen Fläche ist heute aufgegeben worden; der Buschwald erobert sich das Terrain zurück, das ihm in Jahrhunderten abgetrotzt wurde.

Nicht nur im Hinterland, sondern auch an der Küste – vor allem an der Riviera di Levante – sind solche Landschaftsbilder erhalten geblieben. In den Cinque Terre im Südosten der Region hat sich die Anlage der alten Orte in unserem Jahrhundert kaum verändert; hier findet man auch noch große zusammenhängende Terrassenkulturen.

Terrassenkultur im Roya-Tal

Dorfkirchen und Kathedralen, Burgen und Paläste

Von der frühchristlichen Zeit bis zum Jugendstil sind alle Epochen der Architekturgeschichte in Ligurien vertreten. Das Baptisterium von Albenga aus dem 5. Jh. und die wenig später entstandene Kirche San Pietro in Portovenere sind die ältesten christlichen Bauten der Region. Aus dem **Mittelalter** stammen die Kathedralen der einstigen Stadtrepubliken Ventimiglia, San Remo, Albenga und Genua. Daneben gibt es eine Fülle weiterer mittelalterlicher Sakralbauten: San Paragorio in Noli, Santi Giacomo e Filippo bei Andora, Sant' Andrea in Levanto, die Dorfkirchen der Cinque Terre und die romanischen Kirchen von Genua, um nur einige zu nennen. In vielen Orten blieben mittelalterliche Wohnhäuser, Türme, Mauern und Tore erhalten; häufig kann man noch geschlossene mittelalterliche Stadtanlagen bewundern, beispielsweise in Noli, Albenga und Finalborgo. Von den vielen **Burgen** des 13. und 14. Jh. ist diejenige von Lerici am eindrucksvollsten.

In der **Renaissance** entstanden dagegen in Ligurien vergleichsweise wenige Bauwerke. Die Zeit zwischen 1450 und 1530 war für Genua eine Periode der Fremd-

In Balestrino steht ein gut erhaltenes, noch immer von der Adelsfamilie Del Carretto bewohntes Schloß (16. Jh.)

herrschaft und des wirtschaftlichen Niedergangs; auch in der Provinz blieb die Bautätigkeit gering. Bemerkenswert sind aus dieser Periode vor allem das große Kloster San Domenico in Taggia und die Kirche Nostra Signora di Loreto bei Finale Ligure.

Nachdem Genua 1528 seine Unabhängigkeit wiedergewonnen hatte, blühte in der zweiten Hälfte des 16. Jh. auch die Architektur erneut auf. In dieser Zeit ließen die Genuesen mächtige Kastelle in Savona und Portovenere errichten. Das bedeutendste Zeugnis des **Manierismus** – der Übergangsepoche zwischen Renaissance und Barock – aber ist die Prachtstraße Strada Nuova (heute Via Garibaldi) in Genua, in deren prunkvollen Palazzi sich der genuesische Geldadel ein dauerhaftes Denkmal setzte.

Im **Barock** entstanden in Genua weitere Adelspalais. Viele ältere Kirchen in ganz Ligurien wurden damals umgebaut und mit Stuck- und Marmorschmuck versehen. Ein eindrucksvolles Beispiel dafür ist San Biagio in Finalborgo. Die herrlich gelegene Kirche San Giovanni Battista in Cervo stellt einen der schönsten Barockbauten der Region dar (s. Abb. S. 34).

Gegen Ende des 19. und zu Beginn des 20. Jh. wurden in Ligurien zahlreiche **Jugendstilbauten** errichtet. Meist handelte es sich dabei um Hotels oder um Villen für auswärtige Besitzer. Zahlreiche Bauten aus dieser Zeit finden sich vor allem in San Remo und Bordi-

Viele ligurische Kirchen – hier in Seborga – sind Barockbauten

ghera; doch auch in Genua, Santa Margherita Ligure, Rapallo, Savona und vereinzelt in anderen Städten sind sie vertreten.

Qualitätvolle Gebäude der **Moderne** sind dagegen an der Riviera kaum zu finden. Zwar wurde in der Nachkriegszeit viel gebaut, doch ästhetische Kriterien spielten dabei keine Rolle. Nur die von Renzo Piano und Peter Chermayeff entworfenen, 1992 fertiggestellten Gebäude im alten Hafenbezirk von Genua können Interesse beanspruchen.

Carruggio und Via Aurelia

Die Anlage der Küstenorte

An der Riviera di Ponente sind die meisten Orte nach einem relativ einheitlichen Plan angelegt. Sie gliedern sich in drei parallel zur Küste verlaufende Schichten. Unmittelbar am Strand verläuft die Uferpromenade. Sie ist immer mit Palmen bepflanzt; dazwischen stehen Orangenbäume oder Kirschlorbeer, seltener auch Oleander. Die Uferpromenade ist das unangefochtene Territorium der Touristen. An der Meerseite befinden sich einige Cafés und die Kabinen der Badeanstalten, an der Landseite drängen sich dicht nebeneinander Restaurants, Pizzerien, Bars, Eisdielen, Hotels, Boutiquen, gelegentlich auch das Büro eines Immobilienmaklers oder eines Bootsverleihs. Die Atmosphäre kann sehr unterschiedlich wirken; entscheidend dafür ist vor allem, ob die Uferpromenade von Autos befahren wird oder ausschließlich Fußgängern zur Verfügung steht. In manchen Orten wie Varigotti oder Alassio stellt sich das Problem gar nicht: Hier stehen die ehemaligen Fischerhäuser direkt am Meer, so daß gerade noch Platz für schmale Wege zwischen Häusern und Strand bleibt.

Hinter der ersten Häuserreihe verläuft parallel zum Ufer der *carruggio,* die schmale Hauptgasse des alten Ortszentrums. Die Carruggi sind heute überall Fußgängerzonen. Im allgemeinen werden sie von hübschen historischen Bauten flankiert, oft von farbigen Wohnhäusern, gelegentlich von noblen Palazzi. Irgendwo am Wege öffnet sich meist eine Piazza mit einer Barockkirche, manchmal erhebt sich über einem Torbogen ein alter Uhrturm. Im Carruggio mischt sich das Leben der Einheimischen mit dem der Gäste. Hier finden sich Lebensmittelläden und Modeboutiquen, Trattorien und Galerien, Schuh- und Schreibwarengeschäfte, manchmal ein Fischhändler und gelegentlich eine Buchhandlung. Es ist der gemütlichste Teil der Orte, wo man schnell die Bausünden der Umgebung vergißt. Drumherum erstreckt sich der mehr oder weniger ausgedehnte, meist recht malerische historische Ortskern mit schmalen Gassen, bröckelndem Putz und blumengeschmückten Balkonen.

Ein Stück weiter landeinwärts herrscht ungestört und ohne idyllische Beimischung die Gegenwart. Hier verläuft die große Durchgangsstraße, die Via Aurelia. Sie ist zu jeder Tageszeit stark befahren. Benzindämpfe steigen auf und Motoren dröhnen. Trotzdem herrscht ein reges

geselliges Leben. Die Einheimischen sind unter sich; sie treffen
sich in Bars und Eisdielen und
kaufen in den vielen ›normalen‹
Läden ein. Da gibt es Elektro- und
Eisenwarengeschäfte, Drogerien
und Möbelhäuser, Apotheken
und Zeitungskioske, Friseure und
Fahrschulen. Tankstellen stehen
neben Hotels, deren Gäste entweder unempfindlich gegen den
Krach sind oder leise leiden.

Parallel zur Via Aurelia verläuft die Bahnstrecke. Dahinter
dehnt sich das fast überall rück-
sichtslos zersiedelte Umland aus.
Neubauten, Gewächshäuser,
Autobahnbrücken schaffen ein
unerfreuliches Bild, das sich erst
im Hintergrund mit den kargen,
ginsterbewachsenen Hängen der
Berge aufhellt.

An der Riviera di Levante,
zwischen Genua und La Spezia,
zeigen die Ansiedlungen stärker
unterschiedliche Formen. Fast
überall bildet zwar auch hier der
Carruggio das Zentrum des örtlichen Lebens, doch die natürliche
Umgebung erzwang an der steilen Küste wechselnde Lösungen
für die Anlage der Orte: Portofino liegt gekrümmt in einer
Bucht, Sestri Levante zieht sich
auf einer Halbinsel ins Meer, in

In Imperia-Porto Maurizio

den Cinque Terre verlaufen die Hauptgassen in schmalen Tälern rechtwinklig zum Ufer. Die Durchgangsstraße berührt nur einige Küstenorte, über große Strecken verläuft sie weit vom Meer entfernt im Hinterland. Daher geht es meist ruhiger zu. Auch die Umgebung ist weniger zersiedelt, häufig sogar völlig ›intakt‹.

Malerei: Künstler aus der Fremde

Der Name keines einzigen ligurischen Malers ist einem größeren
Publikum bekannt. Dennoch findet
man in den Kirchen und Museen
der Region zahlreiche interessante
Bilder, vor allem aus dem
15.–17. Jh. Sie stammen von berühmten Künstlern: Tizian und Caravaggio, Memling und Murillo,
van Dyck, Rubens und vielen anderen. Ligurien hat jahrhundertelang Gemälde und Maler impor-
tiert und dabei einen Schatz ein-

»Verkündigung« in Santa Maria di
Castello, Loggia dell'Annunciazione,
Genua (Justus von Ravensburg, 1451)

drucksvoller Kunstwerke ange-
häuft.

Schon das älteste kunsthistorisch
bedeutsame Bild in Ligurien
stammt von einem Auswärtigen:
1138 schuf der toskanische Maler
Maestro Guglielmo das »Kreuz von
Sarzana«. Künstler aus den benachbarten Regionen Toscana und
Lombardei waren seit dieser Zeit
ständig an der Riviera tätig. 1443
wurden die Zunftstatuten in Genua
ausdrücklich zu dem Zweck geändert, die Arbeitsbedingungen für
fremde Meister zu erleichtern, weil
ein Mangel an einheimischen Ma-
lern herrschte. Im 15. Jh. kamen
zahlreiche flämische Künstler nach
Ligurien. Genuesische Kaufleute
hatten seit jeher Handelsbeziehun-
gen nach Brügge. Durch diese
Kontakte stellten sich auch zu bedeutenden Künstlern Verbindun-

Von Kolumbus bis Gino Paoli

Berühmte Ligurier

Edmondo De Amicis (1846–1908). Der in Oneglia geborene Journalist und Schriftsteller wurde vor allem durch seinen Roman »Cuore« bekannt. Das Buch, das die Schulerlebnisse eines kleinen Jungen erzählt, war jahrzehntelang ein Bestseller und wird noch immer neu aufgelegt. De Amicis, ein Anhänger der italienischen Einigungsbewegung, schrieb auch politische Reportagen und war einer der ersten italienischen Autoren von Reisebüchern.

Andrea Doria (1466–1560). In jungen Jahren machte sich der Adlige als militärischer Befehlshaber – unter anderem im Dienst des Papstes Innozenz VIII. und der Franzosen – einen Namen. Die genuesische Flotte galt unter seiner Führung als unbesiegbar. 1528 ernannte Kaiser Karl V. ihn zum Admiral der spanischen Armada. Andrea Doria wurde der mächtigste Mann Genuas. Seine Beziehungen nutzte er, um den Genueser Bankiers für lange Zeit die führende Rolle als Finanziers der spanischen Krone zu sichern.

Julius II. (1443–1513). Der in Albisola geborene Giuliano della Rovere ging als tatkräftiger und fähiger Papst in die Kirchengeschichte ein. Er sicherte den Kirchenstaat und gewann ihm die Städte Perugia und Bologna sowie Teile der Romagna zurück. 1506 ließ er den Grundstein für den heutigen Petersdom setzen. Er nötigte den widerstrebenden Michelangelo zur Ausmalung der Sixtinischen Kapelle und förderte Künstler wie Bramante und Raffael.

Christoph Kolumbus (1451–1506). Der große Seefahrer wurde in Genua geboren, verließ aber 1479 seine Heimatstadt, in der er wenig Resonanz für seine kühnen Projekte fand. 1486 trat er in den Dienst des spanischen Königshauses, das seine Entdeckungsfahrten finanzierte. 1492–96 fuhr er zu den Westindischen Inseln, 1498–1500 nach Jamaika und an die Küste Südamerikas, 1502–04 nach Mittelamerika.

Eugenio Montale (1896–1981). 1975 erhielt der Dichter aus Genua den Nobelpreis für sein lyrisches Werk. In den komplexen Gedichten erscheinen immer wieder Motive der ligurischen Landschaft.

Niccolò Paganini (1782–1840). Der in Genua geborene Musiker spielte so virtuos Geige – und auch, was weniger bekannt ist, Gitarre –, daß er verdächtigt wurde, er habe einen Pakt mit dem Teufel geschlossen. Nach einem unsteten Leben starb er als reicher Mann; seine wertvolle Guarnieri-Violine hinterließ er seiner Heimatstadt. Genua zeigt sich undankbar: 1971 wurde sein Geburtshaus abgerissen!

Gino Paoli (geb. 1934). Der Rechtsanwalt und Chansonnier aus Genua ist mit herbem Charme und intelligenten Texten zu einem Star unter den italienischen *cantautori* geworden; er hat auch in Deutschland eine Fangemeinde.

Sandro Pertini (1896–1990). Der sozialistische Staatspräsident war der einzige wirklich populäre italienische Politiker der Nachkriegszeit. Deutsche Fernsehzuschauer lernten ihn kennen, als die Italiener das dritte Tor im Fußball-Weltmeisterschaftsfinale 1982 schossen: Der sechsundachtzigjährige Präsident tanzte auf der Tribüne herum, bis ihm fast die Pfeife aus dem Mund fiel.

Renzo Piano (geb. 1937). Einer der Weltstars unter den Architekten: Piano, der aus Genua stammt, aber vorwiegend in Paris lebt, hat unter anderem das Pariser Centre Pompidou, den Flughafen von Osaka und die Fiat-Fabrik in Turin-Lingotto entworfen. In Genua plante er den Umbau des alten Hafengeländes anläßlich der Kolumbus-Feiern 1992; seine Projekte wurden allerdings nur teilweise verwirklicht.

Sixtus IV. (1414–84). Der Renaissance-Papst, der als Francesco della Rovere in Celle Ligure geboren wurde, war berüchtigt für Nepotismus, Günstlingswirtschaft und aufwendige Hofhaltung, aber er förderte großzügig die Künste. Die Sixtinische Kapelle des Vatikans, deren Bau er anregte, hat seinen Namen für die Nachwelt bewahrt.

gen her; beispielsweise arbeiteten Joos van Cleve, Gérard David und Jan Provost in Genua. Im frühen 17. Jh. setzten Rubens und van Dyck diese Tradition fort.

Eines der schönsten Renaissance-Bilder der Riviera, die »Verkündigung« in Santa Maria di Castello in Genua, stammt von dem deutschen Maler Justus von Ravensburg, der auch als Kaufmann tätig war und vermutlich in dieser Funktion nach Genua gelangte. Aus der Nachbarregion Piemont kam Giovanni Canavesio. Sein Hauptwerk in Ligurien ist das große Altarbild von San Michele in Pigna. Im nahegelegenen La Brigue im oberen Roya-Tal, das noch bis 1947 zu Italien gehörte, hat er die einsam gelegene Kirche Notre-Dame-des-Fontaines mit einem großartigen Freskenzyklus geschmückt; ein Abstecher ist für Kunstinteressierte unbedingt empfehlenswert.

Der bedeutendste einheimische Renaissance-Maler, Lodovico Bréa, wurde in Montalto Ligure bei San Remo geboren. Bréa hat in Taggia,

Montalto Ligure, Savona und Genua Werke hinterlassen.

Durch Privatsammlungen wohlhabender Kaufleute gelangten nach Ligurien auch wertvolle Bilder von Künstlern, die nie in der Region tätig waren. Die Museen in Genua und La Spezia besitzen schöne Werke der venezianischen Malerei, beispielsweise von Giovanni Bellini, Tizian, Tintoretto und Veronese. In Genua sind daneben auch spanische Künstler wie Zurbarán und Murillo vertreten.

Literatur

Viele Schriftsteller haben sich im 19. und 20. Jh. an der Riviera aufgehalten und ihre Eindrücke von Land und Leuten beschrieben. Allerdings blieb es meistens bei Reisenotizen, Tagebuchaufzeichnungen und Briefen. Vergleichsweise selten sind dagegen Romane und Erzählungen, in denen Landschaft und Atmosphäre Liguriens spürbar werden.

Der früheste Ligurien-Roman war auch der einflußreichste. 1855 veröffentlichte Giovanni Ruffini in London »Doctor Antonio«; eine italienische und eine deutsche Übersetzung folgten in den nächsten Jahren. Die in Bordighera angesiedelte Liebesgeschichte zwischen einem sizilianischen Arzt und einer jungen Engländerin wurde zu einem großen Publikums-erfolg und trug wesentlich zur Popularität der Riviera bei ausländischen Touristen bei. Der 1807 in Genua geborene Ruffini lebte seit 1833 im Exil, nachdem er als Anhänger der italienischen Einigungsbewegung zum Tode verurteilt worden war. 1874 kehrte er nach Ligurien zurück und verbrachte seine letzten Lebensjahre in Taggia, wo er 1881 starb.

Cesare Pavese erzählt in »La spiaggia« (1941) ebenfalls die Geschichte einer Beziehung, doch läßt sich kaum ein größerer Kontrast zu Ruffinis Bestseller denken. Diese Liebe ›am Strand‹ (so der deutsche Titel) ist herbe, kompliziert und alles andere als sentimental. Das Ferienleben an der Riviera bildet den atmosphärischen Hintergrund. Pavese hielt sich, wie auch andere Turiner Schriftsteller, häufig in dem Bade- und Fischerort Varigotti bei Finale Ligure auf.

Der in Kuba geborene Italo Calvino (1923–85), einer der bekanntesten italienischen Autoren dieses Jahrhunderts, wuchs in San Remo auf. In seinem ersten Roman »Wo Spinnen ihre Nester bauen« (1947) verarbeitete er Erfahrungen in der ligurischen Widerstandsbewegung. »La speculazione edilizia« (Die Bauspekulation, 1957), eines der wenigen nicht ins Deutsche übersetzten Werke Calvinos, schildert den Kampf um ein zerstörerisches Bauprojekt in einem Küstenort; wie in der Realität der Nachkriegszeit setzen sich auch im Roman die Spekulanten durch.

Schriftsteller über Ligurien

Unendlich lang ist die Liste der Schriftsteller, die sich an der Riviera aufgehalten haben. Schon im 14. Jh. schrieb Francesco Petrarca lobende Worte über die Küste. Im 19. und 20. Jh. bildete Ligurien eines der beliebtesten Reiseziele von Künstlern und Literaten. Viele von ihnen hielten sich monate-, einige sogar jahrelang hier auf. Zu den prominenten Gästen zählten Gustave Flaubert, Friedrich Nietzsche, Ezra Pound, Hugo von Hofmannsthal, Hermann Hesse, Gerhart Hauptmann, Rainer Maria Rilke, Christian Morgenstern, Katherine Mansfield, D. H. Lawrence, André Gide, Ernest Hemingway und Max Frisch. Die meisten von ihnen haben in Briefen, Tagebüchern oder Reiseberichten ihre Eindrücke von der Region festgehalten.

Begeistert äußerte sich 1845 der normalerweise eher ironisch-distanzierte Charles Dickens: »In Italien gibt es für mich nichts Schöneres als die an der Küste entlanglaufende Straße von Genua nach La Spezia. Auf der einen Seite, zuweilen tief unten, zuweilen auf gleicher Höhe mit der Straße und oft gesäumt von Felstrümmern in mannigfaltigster Form, erstreckt sich weithin das blaue Meer, auf dem hie und da eine malerische Feluke gemächlich dahingleitet. Auf der anderen Seite dagegen steigen schroffe Berghänge empor, in deren Schluchten verstreut weiße Hütten liegen, dunkle Olivenhaine, Dorfkirchen mit hohen, offenen Türmen und lustig bemalte Landhäuser.«

Im gleichen Jahr notierte Fanny Lewald über die gleiche Strecke: »Im Grauen des Tages fuhren wir durch wilde Bergschluchten und erreichten, als die Sonne über die Berge emporkam, La Spezia, dessen kleine Barken der Morgenwind auf den Wellen schaukelte. Schöne Spaziergänge ziehen sich längs dem Meere hin.«

Aus Ruta bei Camogli schrieb Friedrich Nietzsche 1886 an Peter Gast: »Lieber Freund, ein Wort aus diesem wunderlichen Welt-Winkel … Denken Sie sich eine Insel des griechischen Archipelagos, mit Wald und Berg willkürlich überworfen, welche durch einen Zufall eines Tags an das Festland herangeschwommen ist und nicht wieder

Der Literatur-Nobelpreisträger des Jahres 1975, Eugenio Montale, stammt aus Genua. Bis zu seinem 30. Lebensjahr verbrachte der 1896 geborene Dichter den Sommer in Monterosso, dem Geburtsort seines Vaters. In seiner Lyrik finden sich Naturmotive der Küste, vor allem in dem frühen Band »Ossi di seppia«. Montale starb 1981 in Mailand.

zurück kann. Es ist etwas Griechisches daran, ohne Zweifel: andrerseits etwas Piratenhaftes, Plötzliches, Verstecktes, Gefährliches…«

Nüchterner bemerkte Max Frisch 60 Jahre später im benachbarten Santa Margherita Ligure: »Die Fischer sind einheitlich-schmutzig, ölig, fröhlich und müde, ein wenig auch stolz: der Mann, der erbeutet, und die Weiber, die die Beute in Empfang nehmen, alles weitere für die häusliche Verwertung tun. Markt unter schattigen Bögen… Ganze Hügel von Schuppensilber. Natürlich stinkt es.«

Höchst unterschiedliche Reaktionen ruft bei den Besuchern seit jeher Genua hervor. Enea Silvio Piccolomini, der spätere Papst Pius II., spendete 1432 das höchste Lob: »Wärst du bei mir! Du könntest eine Stadt sehen, für die der ganze Erdkreis kein Gegenstück hat.« Fast ein halbes Jahrtausend später zeigte sich auch Richard Wagner fasziniert: »Der herrliche Eindruck dieser Stadt kämpft noch bis heutigentags die Sehnsucht nach dem übrigen Italien in mir nieder. Ich fühlte mich einige Tage in wahrhaftem Rausche.« Ähnliche Töne schlugen zahlreiche andere Besucher an, beispielsweise Friedrich von Matthison (»Die Lage von Genua entfaltet eins der prachtvollsten und reichsten Gemälde des Erdbodens«) und Richard Dehmel (»Ein wundervolles Fleckchen Erde!«). Nietzsche stellte fest: »Ich sehe Gesichter aus vergangenen Geschlechtern – diese Gegend ist mit den Abbildern kühner und selbstherrlicher Menschen übersät.«

Doch auch die skeptischen Stimmen fehlen nicht. »Ich bin acht Tage in Genua gewesen und habe mich zu Tode gelangweilt«, notierte Montesquieu. Heinrich Heine bemerkte in der »Reise von München nach Genua«: »Die Stadt ist alt ohne Altertümlichkeit, eng ohne Traulichkeit und häßlich über alle Maßen.« Nur im Mondschein gefiel Genua dem Dichter: »Von der Seeseite, besonders gegen Abend, gewährt die Stadt einen besseren Anblick. Da liegt sie am Meere, wie das gebleichte Skelett eines ausgeworfenen Riesentiers, dunkle Ameisen, die sich Genueser nennen, kriechen darin herum, die blauen Meereswellen bespülen es plätschernd wie ein Ammenlied, der Mond, das blasse Auge der Nacht, schaut mit Wehmut darauf hinab.«

Der Toskaner Antonio Tabucchi hat lange Zeit als Dozent in Genua gelebt. Sein Roman »Der Rand des Horizonts« (1986) schildert meisterhaft die Atmosphäre der Stadt.

Vier sehr unterschiedliche Bücher ausländischer Autoren sind ebenfalls in Ligurien angesiedelt. Friedrich Schillers Trauerspiel »Die Verschwörung des Fiesco zu Genua« (1783) stützt sich auf ein historisch verbürgtes Ereignis, auf den erfolglosen Aufstand der Adelsfamilie Fieschi gegen die Doria im Jahr 1547. Der Anfang von Wilhelm Heinses Roman »Ardinghello« (1787) spielt in Genua. Die australische, in England aufgewachsene Autorin Elizabeth von Arnim schildert in »Verzauberter April« (1923) den gemeinsamen Aufenthalt von vier britischen Damen an der Riviera und seine psychologischen Folgen. In »I Castagni – Haus in Ligurien« (1994) beschreibt der britische Schriftsteller Eric Newby sein Leben zwischen 1967 und 1991 in einem Bauernhaus bei Sarzana.

Ligurische Küche

Die Grundprodukte der ligurischen Küche sind Olivenöl, Kräuter, Gemüse und am Meer natürlich Fisch. Getreide findet in Teigwaren Verwendung, aber auch in Suppen und den regionalen Spezialitäten *focaccia* (Hefeteig-Fladenbrot) und *farinata* (Kichererbsenmehl-Fladen). Dazu kommen Fleischgerichte – vor allem im Hinterland – und traditionell Kastanien, die inzwischen allerdings als ›Arme-Leute-Essen‹ aus der Mode geraten sind. Diese ländliche Küche wartet nicht mit solchen raffinierten Verfeinerungen auf, wie man sie beispielsweise im benachbarten Piemont

findet; aber wenn die Zutaten von guter Qualität sind und die Zubereitung sorgfältig geschieht, kann man auch in ligurischen Restaurants Hochgenüsse erleben. Man muß die richtigen Lokale allerdings suchen; vor allem in den Badeorten der Küste wird oft nachlässig gekocht.

Das ›klassische‹ Gericht Liguriens sind **Teigwaren** in Pestosauce (meist die Bandnudeln *trenette,* aber auch *lasagne* oder die Kartoffelteigklößchen *troffie*). Pesto, zu deutsch ›Gestoßenes‹, wird im Mörser aus Basilikum, Knoblauch, Olivenöl, grobem Salz, Pinienkernen, Parmesan und/oder Pecorino hergestellt. Arbeitsaufwendiger sind die *pansotti alla salsa di noci,* mit Quark und Kräutern gefüllte Teigwaren in Nuß-Sauce. Gefüllte Teigwaren *(ravioli, tortelli)* existieren in anderen zahlreichen Varianten; sie kommen meist mit Fleisch- und Gemüsefüllungen auf den Tisch, in raffinierteren Lokalen aber auch mit Fisch *(ravioli di pesce, ravioli di branzino)* oder Pilzen.

Den ersten Gang kann statt der Nudeln auch eine **Suppe** bilden. Ein traditionelles Bauerngericht aus dem Gebiet um La Spezia ist die *mesciua* aus verschiedenen Getreidesorten, Bohnen, Kichererbsen und Gemüse. In Genua gibt es die Gemüsesuppe *minestrone alla genovese. Ciuppin,* eine passierte Fischsuppe, findet man nur selten auf den Speisekarten der Restaurants; auch nach einer *zuppa di datteri* muß man lange suchen, denn die Dattelmuscheln, die ihre Grundlage bilden, sind selten geworden.

In Ligurien wird viel mehr **Fisch** verzehrt, als die Gewässer dieser Küste hergeben. Auf den Märkten der Region stammt ein Großteil der Ware aus Sizilien. Wer sich in einem idyllischen Uferlokal zum Fischessen niederläßt, speist also nicht unbedingt ›typisch ligurisch‹. Auch in früheren Zeiten ernährten sich die Einheimischen mehr von Gemüse- und Getreidegerichten als von den kostspieligen Meeresprodukten. Lokale Spezialitäten sind meist kleinere Fische: als Vorspeise die *acciughe di Monterosso,* eingelegte Sardellen, oder die *bianchetti,* winzige Sardinen mit Olivenöl und Zitrone, als Hauptgericht die kleinen Tintenfische *moscardini.* Überall findet man Goldbrasse *(orata)* und Seebarsch *(branzino),* die meist aus Meerwasser-Zuchten stammen. In der interessantesten Zubereitungsart werden sie mit Oliven, Kartoffeln, Weißwein, manchmal auch Pinienkernen und Tomaten im Ofen gebacken.

Ein klassisches Gericht der Landküche ist *coniglio alla ligure,* mit Rotwein, Rosmarin, Knoblauch, Oliven, eventuell Tomaten und Pinienkernen geschmortes Kaninchen. Seltener findet man *cima*

Frischer Fisch, ein Grundprodukt der ligurischen Küche

Vergangener Ruhm

Ligurische Weine

Die ligurischen Weine sind meist solide Landweine; sie erreichen keine Spitzenqualität. Zu den bekanntesten Sorten gehören die roten *Rossese*, *Dolcetto* und *Barbera*, die vorwiegend an der Ponente-Küste gedeihen und die weißen *Vermentino* und *Pigato*. Der von steilen Rebterrassen direkt über dem Meer gewonnene *Cinque Terre* hat seit Jahrhunderten einen guten Ruf. Im gleichen Gebiet wird aus getrockneten Trauben der Dessertwein *Sciacchetrà* erzeugt. Wegen des großen Arbeitsaufwands bei der Herstellung hat er allerdings stolze Preise.

Mit den edlen Gewächsen der benachbarten Regionen Piemont, Toscana und Lombardei können die Weine nicht konkurrieren. Das liegt aber nicht an Klima und Bodenverhältnissen. Vielmehr begnügt man sich in Ligurien seit langem damit, den Wein auf althergebrachte Weise zu produzieren – und das reicht wohl für angenehm trinkbare, aber nicht für hervorragende Sorten. Heute beginnen einige Winzer, sich um bessere Ergebnisse zu bemühen. Sie experimentieren mit unterschiedlichen Rebsorten und überlegen jeden Schritt des Ausbaus. Ihre Chancen, in einigen Jahren Spitzenweine herzustellen, sind gut: Jahrhundertelang genoß ligurischer Wein den besten Ruf, und diese Tradition läßt sich vielleicht wiederbeleben.

Zwar mäkelte der griechische Geograph Strabo vor 2000 Jahren: »Der wenige Wein der Ligurier ist harzig und sauer«, doch schon der römische Naturforscher Plinius lobt in seiner »Naturgeschichte« den *vinum lunense,* Wein aus der Gegend von Luni in der Nähe des heutigen La Spezia. So geht es durch die Jahrhunderte weiter. Petrarca erwähnt in dem Poem »Africa« begeistert die Cinque-Terre-Weine, in Boccaccios »Decamerone« wird Wein von Corniglia als Heilmittel für einen verfressenen Abt verwendet, der Humanist Jacopo Bracelli behauptet in seiner »Beschreibung der ligurischen Küste« von 1448, die dortigen Weine würden nicht nur in Italien, sondern auch in Frankreich und England geschätzt. Noch der pathetische Poet Gabriele D'Annunzio bedichtete zu Beginn unseres Jahrhunderts den Cinque-Terre-Wein. Seither aber sind die großen Lobsprüche verstummt. Doch, wie gesagt, Hoffnung besteht. Auch bei den Künstlern: Der Klarinettist Albert Nicholas hat bereits einen »Sciacchetrà Blues« zu Ehren des süßen ligurischen Dessertweins komponiert...

Pilze werden eingelegt, in Nudelsaucen, als Beilage und Hauptgericht serviert

alla genovese, kalte, gefüllte Kalbs-brust. Die *torta pasqualina,* eine Gemüsetorte, wurde früher haupt-sächlich zu Ostern zubereitet.

Im Spätsommer beginnt die Sai-son der **Steinpilze.** An der Küste er-hält man sie zwar auf den Märkten, doch selten in Restaurants; in den Trattorien des Hinterlandes kann man dann aber ganze Pilz-Menus verzehren. Die *porcini* werden auf jede erdenkliche Weise serviert: eingelegt als *antipasto,* in Nudel-saucen, als Hauptgericht, zu Fleischspeisen. In manchen Gebie-ten im Hinterland der Riviera di Ponente werden im Herbst und Winter auch Trüffel gefunden.

Unter den **Nachspeisen** sind charakteristisch die vor allem in den Cinque Terre verbreitete Nuß-torte *(torta di noci),* der Kastanien-kuchen *(castagnaccio)* sowie der *panettone genovese,* ein Hefe-kuchen mit Rosinen und Pinien-kernen. Auch die *baci* (Pralinen) von Alassio, Albenga und San Remo sowie die *amaretti* (Mandel-makronen) von Sassello im Hinter-land von Savona sind als süße Spezialitäten bekannt geworden.

Ceriana im Hinterland von San Remo ▷

51

UNTERWEGS
IN LIGURIEN

»Sie erinnern sich vielleicht, daß ich einmal schrieb, daß für mich die Heiterkeit die höchste Lebensbejahung sei. Diese finde ich hier von neuem: Licht, Luft, Farben, Menschen, alles, was mir das Leben leicht macht, so wie es uns nur in der Kindheit scheint.«
Gerhart Hauptmann

Die Blumen- riviera

**Lebhafte Grenzstadt –
Ventimiglia**

**Eine der schönsten
Eisenbahnstrecken Europas –
Das Roya-Tal**

**Das Erbe des
Nobeltourismus – Bordighera**

**Mondäner Badeort –
San Remo**

Ins einsame Hinterland

San Remo

Die Blumenriviera:
Von Ventimiglia bis San Remo

Im milden Klima der Riviera dei Fiori gedeihen nicht nur farbenprächtige subtropische Pflanzen, hier blühten einst auch ausgetrocknete Lords und bleichgesichtige Ladies auf. Bordighera und San Remo stellen klassische Reiseziele des Riviera-Tourismus dar. Heute ist die Küste zwar stark zersiedelt, doch das einsame Hinterland mit kleinen Dörfern und kahlen Bergkuppen bietet Romantikern und Naturfreunden jede Menge aufregender Eindrücke.

Ventimiglia

Die Grenzstadt mit 27 000 Einwohnern erstreckt sich zu beiden Seiten der von Palmen und Eukalyptusbäumen gesäumten Roya-Mündung. Hier stand bereits in der Frühgeschichte eine Ansiedlung der Intimilier. Dieser ligurische Volksstamm wurde 180 v. Chr. von den Römern unterworfen, die zunächst ein festes Militärlager und dann eine Stadt errichteten, die sie Albintimilium nannten. In der Völkerwanderungszeit wurde der Ort umgetauft: Nun hieß er Vintimilium, und dieser Name hat sich in der italienischen Fassung bis heute erhalten.

Am Schnittpunkt der Küstenstraße und der wichtigen Nord-Süd-Verbindungen ins Piemont hatte Ventimiglia immer strategische Bedeutung. Im Mittelalter residierte hier ein mächtiges Grafengeschlecht, die Conti di Ventimiglia.

Die Stadt gliedert sich in zwei völlig unterschiedliche Teile. Östlich des Flusses liegt in der Ebene das moderne Zentrum. Es bietet Besuchern wenig Interessantes: Nur die hübschen Stände der **Markthalle** (1) am Corso della Repubblica in Bahnhofsnähe und die **Uferpromenade** (2) am Meer lohnen einen Bummel. Pulsierendes Leben erfüllt die Neustadt allerdings an jedem Freitag, wenn der Wochenmarkt – der größte Italiens – stattfindet.

Die kleine Altstadt auf dem Hügel westlich des Flusses bietet eine ganz andere Atmosphäre. Schmale Sträßchen und Treppenwege ziehen sich zwischen jahrhundertealten Bauten den Hang hinauf. Man betritt den mittelalterlichen Orts-

Ventimiglia

kern durch die **Porta Marina** (3) aus dem 16. Jh. Im Gassengewirr erhebt sich die **Kathedrale** (4). Mit dem Bau wurde vor fast 1000 Jahren begonnen, allerdings war die Kirche erst im 13. Jh. vollendet. Reizvoll sind das Portal und der romanische Glockenturm mit einem barocken Aufbau. Der eindrucksvolle Innenraum gibt einen rein romanischen Eindruck. Die Krypta stammt von einem Vorgängerbau aus der karolingischen Epoche. Neben der Kirche erheben sich das **Baptisterium** (5) des 11. Jh. sowie das 1668 gegründete **Kloster des hl. Antonius** (6). Es nimmt den Platz ein, an dem im Mittelalter die Festung der Grafen von Ventimiglia stand.

Ein Bummel durch die Altstadt führt über die Via Garibaldi, vorbei an der **Loggia del Parlamento** (7) aus dem 14./15. Jh. (Haus-Nr. 12) und dem spätbarocken **Oratorio dei Neri** (8), zur Piazza San Michele am nordwestlichen Rand des Hügels. Von hier genießt man einen schönen Ausblick auf die Berge und das Roya-Tal. Die **Kirche San Michele** (9) stammt aus der Zeit um 1100; sie war die Familienkapelle der Grafen von Ventimiglia (leider nur So 10.30–12 Uhr für Besucher zugänglich). Neben dem Gotteshaus öffnet sich in den alten Stadtmauern das **Stadttor Porta Piemonte** (10). An seiner Seite steht ein Renaissance-Brunnen.

Wer Lust auf einen Spaziergang hat, kann von der Porta Piemonte in rund 30 Min. zur **Festung San Paolo** (11) ansteigen, die von den Genuesen im 13. Jh. errichtet wurde; man genießt von hier aus einen herrlichen Blick auf die Küste. In weiteren 45 Min. erreicht man die **Ruinen des Castel d'Appio** (12) auf 345 m Höhe; die ebenfalls genuesische Anlage steht auf den Grundmauern frühgeschichtlicher und römischer Befestigungen.

Am Corso Genova, etwa 1,5 km vom Zentrum in Richtung Bordighera, blieben Teile eines **römi-**schen Theaters erhalten. Es wurde im 2. Jh. errichtet und faßte rund 5000 Zuschauer.

Die größte Attraktion Ventimiglias befindet sich einige Kilometer außerhalb der Stadt in Richtung der französischen Grenze. In der Parkanlage der **Hanbury-Gärten** taucht man in eine Wunderwelt exotischer Pflanzen ein. Die Gärten senken sich auf Terrassen

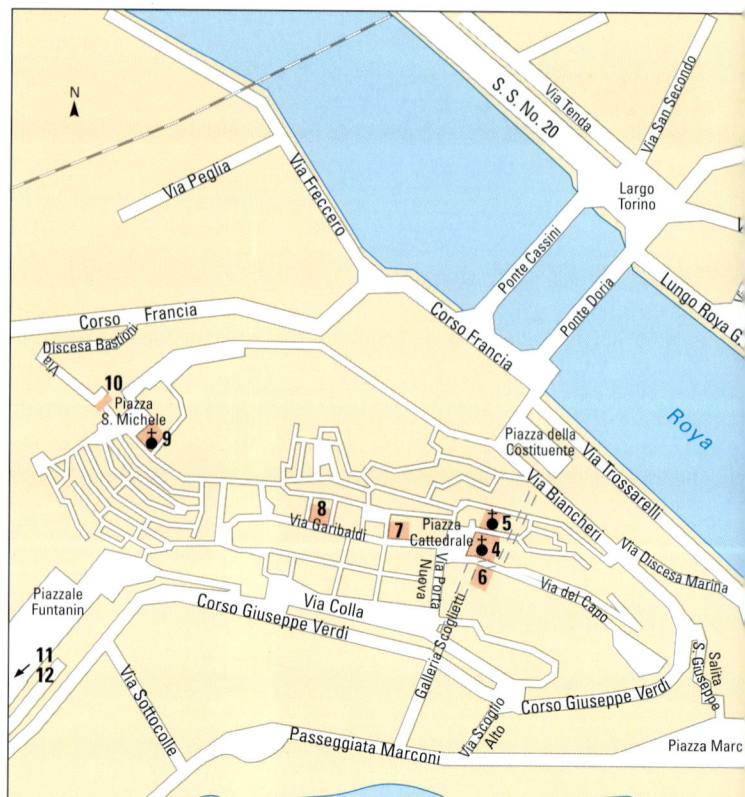

zum Meer hinab; vor allem im Frühjahr lassen sie ein magisches Reich der Farben und Düfte entstehen. Die Hauptblütezeit liegt im April und Anfang Mai, aber der Besuch lohnt das ganze Jahr über. Angesichts der erstaunlichen Vielfalt der Vegetation kann man sicher sein, in jeder Jahreszeit blühende Pflanzen zu finden. Der reiche – genauer gesagt: steinrei-

che – Brite Sir Thomas Hanbury ließ diese botanische Wunderwelt ab 1867 anlegen. Trotz mehrerer Zerstörungen im Lauf der Geschichte erfreuen sie heute die Besucher wieder in alter Pracht (April bis Aug. 10–18 Uhr, Sept. bis März 10–17 Uhr, Mi geschl. Für Gruppen auch deutschsprachige Führungen, ✆ 01 84-22 95 07).

Anfahrt von Ventimiglia: Mit dem Auto Richtung Menton, den Hinweisschildern »Mórtola« und »Villa Hanbury« folgen. Linienbusse ab Stadtzentrum (Haltestelle »Liceo Rossi«, Via Cavour 39) bis 14.25 Uhr stündlich, Fahrzeit rund 15 Min. Fahrkarten vorher im Tabacchi-Geschäft kaufen!

Der Küstenstreifen zwischen Ventimiglia und Nizza gehört dank dem milden Klima und zahlreichen Grotten zu den am längsten besiedelten Gebieten Europas. In den **Höhlen der Balzi Rossi,** in unmit-

Ventimiglia

1 Markthalle (Mercato Coperto)
2 Uferpromenade
3 Porta Marina
4 Kathedrale
5 Baptisterium
6 Kloster des hl. Antonius
7 Loggia del Parlamento (Biblioteca Aprosiana)
8 Oratorio dei Neri
9 Kirche San Michele
10 Stadttor Porta Piemonte
11 Festung San Paolo
12 Ruinen des Castel d'Appio

Die Hanbury-Gärten

Der junge Buchhalter Thomas Hanbury dürfte kaum damit gerechnet haben, ein Millionenvermögen anzuhäufen und von der britischen Königin zum ›Sir‹ ernannt zu werden. Für ein kärgliches Gehalt saß er täglich im Büro einer Handelsgesellschaft und trug fleißig Zahlen ins Kontorbuch ein. Als er 1853 seinen Job kündigte und mit geliehenem Geld nach Shanghai aufbrach, trieb ihn eher Abenteuerlust als unternehmerische Ambition. In China aber wurde Hanbury reich. Mit dem Export von Seide und Tee kam er binnen einiger Jahre zu Wohlstand. 1866 kehrte er nach England zurück. Im regnerischen London jedoch mochte er nicht bleiben. Wie viele seiner Landsleute, die es sich leisten konnten, suchte er einen Wohnsitz am Mittelmeer.

Hanbury fand sein Traumgrundstück: Inmitten eines riesigen Geländes zwischen Menton und Ventimiglia stand der verfallene Palazzo Orengo. Zwar war die Renaissancevilla seit langem unbewohnt, das Dach leckte, und in die einstigen Prunkräume verirrten sich ab und zu weidende Ziegen. Doch der Millionär war begeistert: »Die Lage ist in meinen Augen ganz und gar außergewöhnlich, und nichts, was ich an dieser Küste gesehen habe, kann sich, was die Schönheit der Landschaft anlangt, damit messen.«

In kurzer Zeit wurde ab 1867 der Palazzo wiederhergestellt. Zugleich machte sich Hanbury daran, seinen Traum von einer exotischen Gartenanlage zu verwirklichen. Einen besseren Platz dafür hätte er kaum finden können: Das Hanggelände ist vor Nordwinden geschützt und hat ein besonders mildes Mikroklima mit einer Jahres-Durchschnittstemperatur von 17° C. Der Millionär fand zwei fähige

Berater. Sein als Pharmazeut ausgebildeter Bruder Daniel half mit botanischen Fachkenntnissen, der deutsche Landschaftsgärtner Ludwig Winter übernahm die ästhetische Gestaltung.

1889 wuchsen auf dem Gelände bereits 2500 Pflanzenarten, 1912 waren es 5800, die der Katalog »Hortus Mortulensis« sorgfältig auflistete. Unter Botanikern wurde La Mórtola, wie der Park nach dem benachbarten Dorf auch hieß, weltweit bekannt. Hanbury machte sich bei Wissenschaftlern, Einheimischen und Adligen gleichermaßen beliebt. Der Universität Genua stiftete er ein Botanisches Institut und den Bewohnern von Mórtola eine Schule; seine rauschenden Feste bildeten Höhepunkte im gesellschaftlichen Leben. Selbst Queen Victoria beehrte die Gärten mit einem Besuch.

Thomas Hanbury starb 1907. Gemäß seinem letzten Willen wurde er in einem Mausoleum im Garten bestattet. Sein Sohn Cecil und vor allem dessen Frau Dorothy kümmerten sich nun um die Anlage. Im Zweiten Weltkrieg wurden sie als englische Staatsbürger zum Verlassen ihres Besitzes gezwungen. Der Park verfiel, zumal er 1944 mitten in die Front geriet. Deutsche Soldaten hoben Schützengräben aus und schlugen im Palazzo Orengo ihr Quartier auf; die Alliierten beschossen das Gelände von der See. Zwar kehrte Dorothy Hanbury nach Kriegsende zurück und stellte den Garten notdürftig wieder her, doch war es mit der alten Pracht vorbei. Die Anlage verwilderte und wurde 1960 von den Erben an den italienischen Staat verkauft.

Jahrzehntelang ruhten die Hanbury-Gärten nun unter Dornen und Kletterpflanzen im Dornröschenschlaf. Der Prinzenkuß kam 1987: Das einst von Hanbury gegründete Botanische Institut der Universität Genua übernahm den Park und stellte die alte Anlage weitgehend wieder her. Obwohl die Arbeiten noch im Gang sind, hat sich das Gelände neuerlich zu einer exotischen, in Europa einzigartigen Wunderwelt entwickelt. Im ›australischen Wald‹ gedeihen zwei Dutzend Eukalyptusarten, die Sukkulentenpflanzung verblüfft durch die Vielzahl der Kakteen, der ›Drachenbrunnen‹ ist mit der nördlichsten Papyruspflanzung der Erde geschmückt. Beeindruckend sind die Agaven und Aloen, die herrlich duftenden Orangen- und Kräutergärten. Neben der tropischen Vegetation sind auch die einheimischen Pflanzen mit prächtigen Exemplaren vertreten: Ölbäume und Pinien, Zypressen, Lorbeer und wunderschöne Rosen. Terrassen, Brunnen, Treppen und die zentral gelegene Villa setzen architektonische Akzente. »Handle niemals gegen die Natur«, war Thomas Hanburys Leitspruch. In den Gärten von La Mórtola hat er diese Devise in beeindruckender Form verwirklicht.

telbarer Nähe des Grenzübergangs Ponte San Ludovico, hat man Menschenknochen gefunden, deren Alter auf rund 250 000 Jahre geschätzt wird. Die Grotten kann man besichtigen. Mehr zu sehen gibt es in dem benachbarten kleinen **Museo Preistorico dei Balzi Rossi** (9–19 Uhr), wo Werkzeuge von Neandertalern und Homo Sapiens, Skelette, Fotos von Höhlenzeichnungen und Schautafeln einen Eindruck vom Leben der Steinzeitmenschen geben.

Auskunft: Via Cavour 61, ✆ und Fax 35 11 83. **Vorwahl:** 01 84.

Hotels: *** *Sole Mare,* Passeggiata Marconi 22/A, ✆ 35 18 54, Fax 23 09 88. Gepflegtes Haus etwas außerhalb des Zentrums, geräumige Zimmer mit Meerblick. *** *Posta,* Via Sottoconvento 15, ✆ 35 12 18, Fax 23 16 00. Zentral, gut geführt, etwas Straßenlärm. ** *Calypso,* Via Matteotti 8, ✆ 35 27 42, Fax 35 15 88. Renoviertes Hotel in zentraler Lage, einige preiswerte Zimmer ohne eigenes Bad. ** *Al Mare,* Vico Pescatori 7, ✆ und Fax 29 90 55. Ruhig gelegen in Ufernähe.

Camping: *Por la Mar,* Ortsteil Latte, Corso Nizza 107, ✆ 22 96 26. Ein schöner Platz auf schattigem Terrassengelände am Meer, etwas außerhalb in westlicher Richtung. *Roma,* Via Peglia 9, ✆ 23 90 07. Näher am Zentrum am Roya-Ufer.

Restaurants: *Balzi Rossi,* Piazzale De Gasperi 11, ✆ 3 81 32, Mo und Di (mittags) geschl. Direkt am Grenzübergang nach Frankreich liegt

dieses Gourmet-Lokal, bei dem sich die Feinschmecker nicht einig sind, ob es das beste oder ›nur‹ eines der besten Liguriens ist; gehobene Preisklasse. *Marco Polo,* Passeggiata Cavallotti 2, ✆ 35 26 78, So (abends) und Mo geschl. Mit schöner Panoramaterrasse direkt am Meer, ausgezeichnete Fischküche, zuvorkommender Service, mittlere bis gehobene Preise. *Ustaria d'a Porta Marina,* Via Colombo 9/A, ✆ 35 16 50, Di (abends) und Mi geschl. Unterhalb der Altstadt an der Roya-Mündung, feine Küche mit französischen Einflüssen, Öl und Gemüse stammen aus eigenem Anbau. *Pasta & Basta,* Passeggiata Marconi 20/A, ✆ 23 08 78, Mo geschl., Di–Do (mittags) geschl. Wie der Name sagt: Teigwaren in allen Variationen, daneben gibt es Salate und Desserts.

Bar: *Bananarama,* Passeggiata Cavallotti 23, ✆ 35 17 73, nur abends, Di geschl. Liebevoll eingerichtetes Lokal, kleine Gerichte, gelegentlich Live-Musik.

Einkaufen: Der *Wochenmarkt* am Fr (vormittags um die Via Rossi und die Via Vittorio Veneto) zieht auch Tausende von französischen Kunden an. Mo–Sa (vormittags) findet in der *Markthalle* am Corso della Repubblica (Bahnhofsnähe) ein hübscher Blumen- und Lebensmittelmarkt statt.

Feste: Der *Agosto Medievale* in der ersten Augusthälfte verwandelt die Stadt für eine Woche in ein mittelalterliches Ambiente, mit Rittern, Bogenschützen und Gauklern in prachtvollen Kostümen. Am *26. Aug.* findet das Fest des Ortsheiligen San Secondo statt.

 Baden: Breite Kiesstrände ohne besondere Reize.

 **Verkehrsverbindungen:** Busse nach Bordighera–San Remo alle 15 Min. ab Via Cavour (Roya-Brücke). Häufige Bahnbindungen entlang der Küste; direkte Züge auch nach Marseille, Rom, Mailand, nach Deutschland und in die Schweiz. Landschaftlich sehr reizvoll ist die Bahnfahrt durch das Roya-Tal und über den Tenda-Paß in Richtung Turin. Der internationale Flughafen Nizza ist mit öffentlichen Verkehrsmitteln leicht erreichbar.

Von Ventimiglia bis San Remo

Roya-Tal

Ventimiglia ist Ausgangspunkt der Tenda-Bahn, die nach wenigen Kilometern bei Airole französisches Gebiet erreicht, im Roya-Tal langsam ansteigt und am Tenda-Paß ins Piemont gelangt. Sie fährt auf einer der schönsten Eisenbahnstrecken Europas: Der Zug passiert wildromantische Schluchtlandschaften und klettert in den Bergen der Seealpen bis auf 1300 m Höhe. Die

Im Roya-Tal

Steigungen sind so groß, daß sie oft nicht direkt bewältigt werden können; um Höhe zu gewinnen, beschreibt die Bahn in Tunneln große Bögen.

Die Linie wurde ab 1883 erbaut, aber erst 1928 fertiggestellt. Nach Zerstörungen der Brücken und Tunnel im Zweiten Weltkrieg lag sie jahrzehntelang brach. Die Wiedereröffnung 1979 wurde von der Bevölkerung – wie einst in den großen Zeiten des Eisenbahnbaus – mit Musik und schwingenden Fahnen gefeiert. Heute verkehren täglich acht Züge in beide Richtungen; die Fahrt auf dem schönsten Abschnitt von Ventimiglia bis Limone Piemonte dauert anderthalb Stunden.

Zu Ligurien gehören nur die unteren 15 km des Roya-Tals mit den hübschen Dörfern Airole und Fanghetto. Von den Staatsgrenzen sollte man sich die Reiseroute aber nicht vorschreiben lassen. Sie haben in dieser Gegend immer nur eine begrenzte Rolle gespielt. Das gesamte Roya-Tal war bis 1860 italienisch, manche Orte wie Tende und La Brigue kamen erst 1947 zu Frankreich.

Sehenswert sind vor allem die Kleinstadt Breil-sur-Roya, mit gut 2000 Einwohnern der größte Ort des Tals, das außergewöhnlich malerische Saorge, die mit beeindruckenden Renaissance-Fresken ausgemalte Kirche Notre-Dame-des-Fontaines (in 4 km Entfernung von La Brigue) und das Städtchen Tende in einer reizvollen Berglandschaft.

Hotel: ***Castel du Roy,* Breil-sur-Roya, ☎ (00 33) 4 93 04 43 66, Fax 4 93 04 91 83. Angenehmes Haus in schöner ruhiger Lage am Fluß, gutes Restaurant.

Restaurants: *Castel du Roy,* wie oben, die beste französische Küche im Tal. *A Cantina de Giuanin,* Fanghetto, ☎ 01 84-22 24 01, Mo geschl. Nettes Dorflokal, gute ligurische Landküche.

Das Roya-Tal ist ein ideales **Wandergebiet.** Auf einem markierten Weg, dem *sentier valléen,* kann man in drei bis vier Tagen von Tende bis Airole gehen. Wegen der guten Bahnverbindungen läßt sich die Landschaft aber auch problemlos von einem festen Standort aus erkunden.

Bordighera

Bordighera war im 19. Jh. einer der bevorzugten Aufenthaltsorte reicher Engländer. Die Kleinstadt mit 11 000 Einwohnern atmet, dieser Tradition treu, noch heute noble Atmosphäre. Elegante Villen und ausgedehnte Gärten bestimmen das Stadtbild, die Stimmung ist aristokratisch ruhig – außer an der vom Verkehr durchtosten Durchgangsstraße Via Vittorio Emanuele.

Der Hügel direkt über dem Meer, auf dem sich der kleine alte Ortskern erhebt, wurde im 13. Jh. erstmals besiedelt und im 16. Jh. mit Mauern umgeben. Bordighera gewann niemals historische Bedeutung, es blieb bis Mitte des 19. Jh. ein Fischer- und Bauerndorf. Seinen guten Ruf bei den Briten verdankte es dem Roman »Doctor Antonio« von Giovanni Ruffini, der 1855 in London erschien. Die Liebesgeschichte vom Dorfarzt und einer britischen Lady lockte Massen von Reisenden in den kleinen Ort. Zwar darf man Claudio Paglieri nicht ganz glauben, der behauptet: »Der Erfolg war so groß, daß binnen weniger Jahre dreitausend englische Damen nach Bordighera übersiedelten. Der Arzt starb am Herzinfarkt.« Die Wahrheit ist erstaunlich genug: Um 1900 wohnten in Bordighera mehr Briten als Einheimische! Dafür waren allerdings neben dem Doktor Antonio auch das milde Klima, die ruhige Atmosphäre und die schöne landschaftliche Umgebung verantwortlich. Die Engländer prägten Bordighera nach ihrem eigenen Geschmack; sie ließen Jugendstilvillen und Parkanlagen errichten.

Die Gäste der Jahrhundertwende kamen nicht zum Baden, und der steinige Strand lädt dazu immer noch nicht ein. Der Reiz Bordigheras liegt vielmehr in den Belle-Epoque-Bauten und den Gärten mit prachtvollen Palmen, Kakteen, Orangen- und Lorbeerbäumen. Man sieht viel Grün in der Stadt und riecht angenehme Düfte. Zahlreiche Geschäfte, viele mit luxuriösem Angebot und gehobenen Preisen, zeigen, daß Bordighera seine Beliebtheit bei den ›besseren Kreisen‹ nicht verloren hat.

Der älteste Ortsteil liegt auf einem Hügel am östlichen Stadtrand. Er ist durch zwei alte Stadttore, die **Porta Sottana** und die **Porta della Maddalena,** zugänglich. Im Mittelpunkt steht die **Barockkirche Santa Maria Maddalena,** an einer kleinen Piazza erhebt sich die **Kirche San Bartolomeo degli Armeni** aus dem 15. Jh.

Etwas unterhalb blickt das **Kirchlein Sant' Ampelio** direkt aufs Meer. An dieser Stelle lebte der Überlieferung nach im 5. Jh. der aus Afrika stammende Eremit Ampelius. Sein Fest am 14. Mai wird

Schmale Gassen, bröckelnder Putz und blumengeschmückte Balkone – im alten Ortskern von Bordighera

mit einem großen Feuerwerk gefeiert. Die im 11. Jh. errichtete Kirche des Heiligen läßt aufgrund zahlreicher An- und Umbauten den ursprünglichen romanischen Eindruck nur noch erahnen, doch ihre Lage auf einem vom Wasser umspülten Felsen ist beeindruckend.

Das **Bicknell-Museum,** das 1888 von dem Briten Clarence Bicknell gegründet wurde, zeigt archäologische Funde, darunter Nachbildungen der ungewöhnlichen prähistorischen Felszeichnungen aus dem ›Tal der Wunder‹ (Vallée des Merveilles) in den französischen Seealpen (Via Bicknell 3, Mo–Sa 9–13 und 15–17 Uhr).

Das **Rathaus** an der Piazza De Amicis stammt von Charles Garnier, dem Architekten der Pariser Oper und des Casinos von Monte Carlo. Garnier, der in Bordighera eine Villa besaß, hat auch die in der Neustadt gelegene Chiesa di Terrasanta (Via Vittorio Emanuele) und die Villa Bischoffsheim (Via Romana 38) errichtet.

Unter den vielen Gärten der Stadt ist der **Giardino Pallanca** am östlichen Stadtrand besonders interessant (Via Cornice dei Due Golfi, 9–12 und 15–17, im Sommer 15–19 Uhr). Der in den dreißiger Jahren angelegte, aber erst seit 1988 öffentlich zugängliche botanische Garten weist nicht weniger als 3250 verschiedene Pflanzenarten auf, darunter besonders viele und ungewöhnliche Kakteen und Sukkulenten.

Auskunft: Via Roberto 1, ☎ 26 23 22, Fax 26 44 55. **Vorwahl:** 01 84.

 Hotels: **** *Parigi,* Lungomare Argentina 16–18, ☎ 26 14 05, Fax 26 04 21. Nobles, vor kurzem renoviertes Haus mit kühn gestylter Einrichtung. Direkt am Meer, die Rückseite allerdings geht auf die Bahnlinie hinaus. *** *Villa Elisa,* Via Romana 70, ☎ 26 13 13, Fax 26 19 42. Ausgezeichnet geführtes Hotel in einer Villa der Jahrhundertwende, Garten mit Schwimmbecken, komfortable Zimmer. Nach vorn hinaus etwas Straßenlärm. *** *Piccolo Lido,* Lungomare Argentina 2, ☎ 26 12 97, Fax 26 23 16. Gehobenes Mittelklassehotel am Meer, geräumige renovierte Zimmer. *** *Britannique e Jolie,* Via Regina Margherita 35, ☎ 26 14 64, Fax 26 03 75. Palais der Jahrhundertwende in schönem Garten. ** *Luxor,* Via Regina Margherita 34, ☎ 26 14 75, Fax 26 14 75. Ordentliches, preiswertes Haus, freundlicher Empfang. ** *Virginia,* Via Romana 55, ☎ 26 04 47, Fax 26 35 70. Gepflegtes Hotel in einer Jugendstilvilla, die lauten Zimmer zur Straße sollte man allerdings vermeiden!

Restaurants: *La Via Romana,* Via Romana 57, ☎ 26 66 81, Mi und Do (mittags) geschl. In dem Jugendstilsaal kommen so vorzügliche Gerichte auf den Tisch, daß selbst Feinschmecker-Papst Wolfram Siebeck sein Lob freigebig verschenkte. Gehobene Preise. *Piemontese,* Via Roseto 8, ☎ 26 16 51, Di geschl. Gemütliches Restaurant im Zentrum mit guter Küche. *Garibaldi,* Via La Loggia 5 (bei Piazza del Popolo), ☎ 26 24 15, Di geschl. Freundliches, preisgünstiges Lokal in der Altstadt.

 Einkaufen: Täglich außer So und feiertags Markt in der Markthalle Piazza Garibaldi; Wochenmarkt Do am Lungomare Argentina.

 Feste: *Fest des Ortsheiligen Ampelius* am 14. Mai.

Baden: Breite, steinige Strände.

Verkehrsverbindungen: Gute Bus- und Bahnverbindungen entlang der Küste, täglich mehrere Züge auch nach Rom und Mailand.

Auf dem landschaftlich schönen Abschnitt zwischen Bordighera und San Remo genießt man von der Küstenstraße aus häufige Panoramablicke. **Ospedaletti** war aufgrund seines besonders milden Winterklimas im 19. Jh. ein Nobel-Badeort. An diese Glanzzeit erinnert noch der architektonisch interessante Belle-Epoque-Bau des ehemaligen Spielkasinos (Corso Regina Margherita 82). Leider ist es hinter einer dichten Vegetation gegenwärtig von der Straße aus kaum zu sehen.

 Auskunft: Corso Regina Margherita 13, ☎ 68 90 85, Fax 68 44 55. **Vorwahl:** 01 84.

Unterkunft: ** *Lia,* Via Cesare Battisti 38, ☎ 68 90 25. Familiär und freundlich, kleiner Vorgarten, viele Zimmer mit Meerblick.

Verkehrsverbindungen: Busse nach Bordighera/Ventimiglia sowie San Remo alle 15 Min.

San Remo

San Remo hat mehrere Gesichter. Auf den ersten Blick ist es eine quirlige, ein wenig laute Stadt. Mit rund 56 000 Einwohnern bildet es die viertgrößte Ansiedlung Liguriens; stärker als in den Nachbarorten Ventimiglia, Bordighera und Imperia spürt man urbane Atmosphäre. Im Guten wie im Schlechten: Die Neustadt ist verkehrsgeplagt, 18 Stunden am Tag bedrängen Abgase und Lärm die Fußgänger. Aber es ist immer viel los, und man kann voll in den lebhaften italienischen Alltag eintauchen – auf den Märkten, beim Schaufensterbummel, beim Kinobesuch, in den Cafés und Geschäften.

San Remos zweiter Seite verdankt es seinen Ruhm als mondänes Zentrum des internationalen Elite-Tourismus: dem milden Klima, den Uferpromenaden und Parks, dem Kasino, den Palmenalleen und noblen Villen. Von der Mitte des 19. Jh. bis zum Zweiten Weltkrieg war der Ort Treffpunkt der Reichen und der Super-Reichen. Heute sind die meisten Touristen sehr normal. Aber das vornehme San Remo überlebt in Jugendstilbauten, eleganten Läden und ausgezeichneten Restaurants. Und mit einer Fülle publicity-trächtiger Veranstaltungen, vom Schlagerfestival über das Radrennen Mailand–San Remo bis zur Verleihung von Literaturpreisen versucht die Stadtverwaltung – manchmal ein wenig krampfhaft –,

an die großen Zeiten anzuknüpfen und das glorreiche Image zu erhalten.

Drittes Bild: der Altstadthügel der Pigna mit fast orientalischem Gassengewirr, verfallenden Bauten und düsteren Treppenwegen. Unbehelligt von der Bauspekulation ist die Pigna ein Dorf in der Stadt, mit pittoresken Winkeln, autofrei, ruhig und trotz allen Niedergangs auf ihre Art ein Schmuckstück. Hier kann man sich noch vorstellen, wie ligurische Küstenorte bis vor 150 Jahren aussahen und wie die Bevölkerung damals lebte.

Die Bucht von San Remo zählt zu den ältesten Siedlungsgebieten Europas; im heutigen Stadtgebiet gingen in der Altsteinzeit Neandertaler auf die Jagd! Auch in der Eisenzeit und in der römischen Antike war die Gegend bewohnt. Vor den Sarazeneneinfällen des frühen Mittelalters flohen die Bewohner auf die Berge, ließen sich dann aber wieder am Meer nieder. Das Städtchen hatte unter der Herrschaft Genuas eine begrenzte Autonomie; die Einheimischen lebten von Handel, Fischfang und Landwirtschaft, wobei der Anbau von Orangen, Zitronen und Mandarinen eine besonders wichtige Rolle spielte. Mit dem Beginn des Tourismus (ab 1860) und der Umstellung auf die Blumenzucht (spätes 19. Jh.) änderte sich die wirtschaftliche Basis. Damit war auch der Grundstein gelegt für das enorme Wachstum der Stadt – und leider auch für die Zersiedlung ihrer Umgebung.

Im Hafen von San Remo

Das heutige Leben pulsiert in den Hauptstraßen der Neustadt, dem Corso Matteotti und der Via Roma mit Modegeschäften und ansprechenden Bars, vorzüglichen Eisdielen und Weinhandlungen, Restaurants und Kaufhäusern. Im **Teatro Ariston** (1) am Corso Matteotti findet im Februar jeden Jahres das in ganz Italien leidenschaftlich verfolgte Schlagerfestival statt.

Ein schöner historischer Bau ist der **Palazzo Borea d'Olmo** (2) mit einer aufwendig geschmückten barocken Fassade (Via Matteotti 143). Das Palais beherbergt das **Archäologische Museum** mit Funden aus der Frühgeschichte und der Römer-

zeit (Di–Sa 9–12.30, 15–18.30, So 9–12 Uhr).

Die Via Gaudio mit mehreren sympathischen Lokalen führt von hier zum alten Hafen, wo sich der **Forte di Santa Tecla** (3) erhebt. Die Genuesen errichteten 1755 die Festung, um die Einheimischen niederzuhalten, die zwei Jahre zuvor einen Aufstand gewagt hatten.

Parallel zum Corso Matteotti verläuft am Altstadtrand die Fußgängerstraße Via Palazzo. An ihrem östlichen Ende steht an der Piazza Colombo die schöne **Rokoko-Kirche Santa Maria degli Angeli** (4), deren Innenraum mit einer aufwendigen Stuckdekoration verziert ist.

Der historische Kern San Remos, das **Pigna-Viertel,** ist für Liebhaber

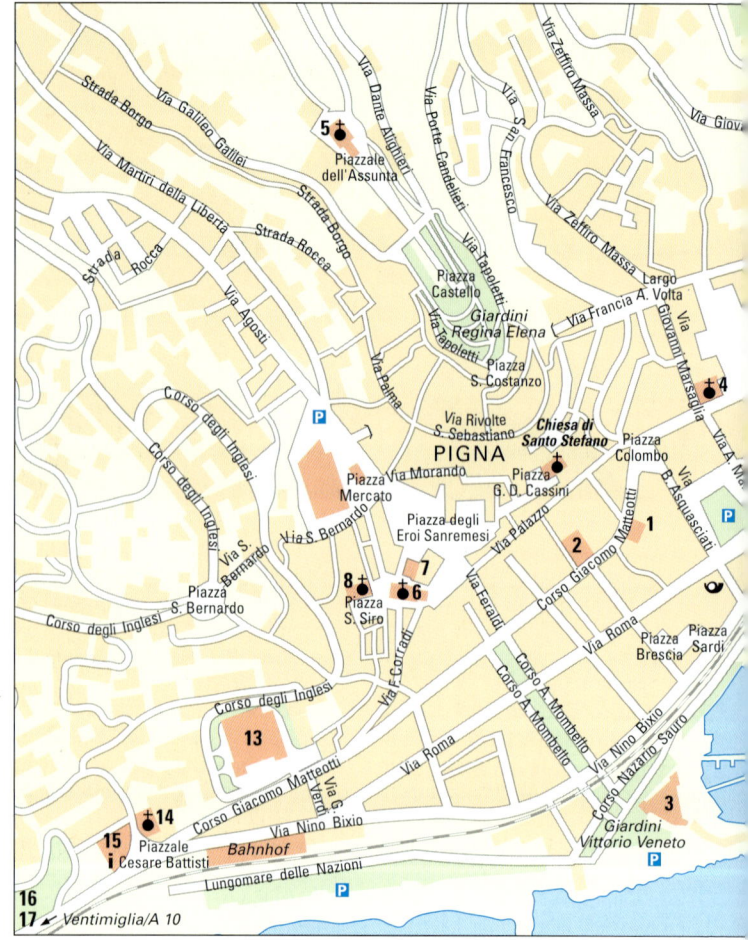

San Remo

1 Teatro Ariston   2 Palazzo Borea d'Olmo   3 Forte di Santa Tecla
4 Kirche Santa Maria degli Angeli   5 Wallfahrtskirche Madonna della Costa
6 Kathedrale San Siro   7 Baptisterium   8 Oratorio dell'Immacolata Concezione
9 Villa Zirio   10 Rathaus   11 Villa Ormond   12 Villa Nobel   13 Spielkasino
14 Kirche San Basilio   15 Touristen-Information (ehem. Hotel Riviera Palace)
16 Hotel Londra   17 Belle-Epoque-Bauten

malerischer Ecken und Winkel sicher der reizvollste Teil der Stadt. Die Autos bleiben notgedrungen ausgesperrt, denn das *centro storico* windet sich mit Treppenwegen und winzigen Gassen einen steilen Hügel hinauf. Man betritt es von der Piazza Cassini durch das gotische Stadttor Porta Santo Stefano. Gleich dahinter geht nach links die gedeckte Gasse Rivolte San Sebastiano ab; der düstere Weg macht

Vorstellungen vom ›finsteren Mittelalter‹ anschaulich. Im Labyrinth der Fußgängersträßchen, Treppen und Plätze spielte sich bis ins 19. Jh. das städtische Leben ab; heute bildet die Pigna, inzwischen das ärmste Viertel San Remos, einen starken Kontrast zu den Einkaufsstraßen und den Neubauvierteln.

Am höchsten Punkt des Hügels gelangt man zur 1630 erbauten barocken **Wallfahrtskirche Madonna della Costa** (5). Vom Kirchplatz bietet sich ein weiter Ausblick auf die Küste und die Stadt. Da wird auch deutlich, was Bauspekulation und ungeplante Erschließung aus der Umgebung San Remos gemacht haben. Vor dem Hintergrund kahler Berge drängen sich Wohnblocks und Einfamilienhäuser, soweit das Auge reicht. Den freien Raum dazwischen füllen die Gewächshäuser der Blumenzüchter. Gigantische Autobahnbrücken vervollständigen den traurigen Anblick, der sich erst an der großen Fläche des Meeres wieder aufheitert.

Am westlichen Rand der Altstadt liegt das San-Siro-Viertel. Zusammen mit der Pigna bildete es das ursprüngliche Zentrum. Die **Kathedrale San Siro** (6) wurde im 13. Jh. auf den Grundmauern einer frühchristlichen Kirche errichtet. An den Portalen der linken Seite sieht man romanische Skulpturen. Im eindrucksvollen Innenraum befindet sich am Hauptaltar ein barockes Kruzifix des genuesischen Bildhauers Antonio Maria Mara-gliano. Gegenüber der Kirche steht das **Baptisterium** (7) auf den Grundmauern eines antiken Bauwerks. Das **Oratorio dell'Immacolata Concezione** (8) aus dem 16. Jh. ist das dritte sakrale Gebäude am Domplatz.

Die Belle-Epoque-Bauten aus der Glanzzeit San Remos stehen außerhalb des historischen Zentrums. Am östlichen Stadtrand befinden sich am Corso Cavallotti mehrere interessante Villen vom Ende des 19. Jh. In der **Villa Zirio** (9; Nr. 51) erfuhr im März 1888 der deutsche Kronprinz Friedrich, daß er Kaiser geworden sei. Bei seiner Abreise nach Berlin begleiteten ihn 5000 Menschen zum Bahnhof. Der krebskranke Friedrich III. verstarb bereits im Juni desselben Jahres. Das ehemalige Luxushotel Bellevue (Nr. 59) dient heute als **Rathaus** (10). Die **Villa Ormond** (11) ist von einer besonders schönen, öffentlich zugänglichen Gartenanlage umgeben. In der **Villa Nobel** (12; Nr. 116) lebte Alfred Nobel von 1891 bis zu seinem Tod 1896.

Am entgegengesetzten westlichen Rand der Altstadt erhebt sich am Corso Matteotti das berühmte **Spielkasino** (13). Es wurde 1904–06 nach Plänen des Architekten Eugenio Ferret errichtet. Stadtauswärts gelangt man auf der Via dell'Imperatrice in wenigen Minuten zur **Kirche San Basilio** (14), die von der russischen Zarin Maria Alexandrowna anläßlich ihres San-Remo-Aufenthalts 1874 gestiftet wurde. Mit seinen Zwiebeltürmen wirkt das Gotteshaus wie ein exotischer Fremdkörper. Gegenüber steht das ehemalige **Hotel Riviera Palace** (15) von 1903, heute Sitz der Touristeninformation, noch weiter westlich befindet sich an Corso Matuzia (Nr. 2) das älteste Hotel San Remos, das **Londra** (16) von 1860, immer noch eine Unterkunft der Nobelkategorie. Weitere bemerkenswerte **Belle-Epoque-Bauten** (17) sind das ehemalige Hotel Savoia (Via Nuvoloni 44) sowie am Corso degli Inglesi die Villa Fiorentina (Nr. 450), die Villa Virginia (Nr. 452) und das Castello Devachan (Nr. 468).

Als einzige Überreste des antiken San Remo liegen im westlichen Ortsteil Foce am Meer die **Ruinen einer römischen Villa und einer antiken Thermenanlage.**

Kirche San Basilio in San Remo

 **Auskunft:** Largo Nuvoloni 1 (in Bahnhofsnähe), ✆ 57 15 71, Fax 50 76 49. **Vorwahl:** 01 84.

Hotels: Die meisten Unterkünfte liegen an stark befahrenen Straßen; es empfiehlt sich, Zimmer zur Rückseite zu bestellen! *****Royal,* Corso Imperatrice 80, ✆ 53 91, Fax 66 14 45. Die alte Pracht des Luxustourismus: Nobelhotel in einem Park voller Blumen. ****Villa Mafalda,* Corso Nuvoloni 18, ✆ 57 25 72, Fax 57 25 74. Komfortable, ruhig gelegene Unterkunft in einem Jugendstilpalazzo. ***Milano,* Corso Garibaldi 39, ✆ 50 65 30, Fax 54 14 57. Angenehmes, gut geführtes Haus in einer alten Villa. **Alexander,* Corso Garibaldi 123, ✆ 50 45 91, Fax 57 21 31. Kleiner Garten, für die Preisklasse guter Komfort. **Sole Mare,* Via

Carli 23, ✆ 57 71 05, Fax 53 27 78. Korrekte Unterkunft in zentraler Lage, manche Zimmer mit Meerblick. *Ambrosiano,* Via Roma 36, ✆ 57 71 89, Fax 54 27 15. Gutes familiäres Hotel im 4. Stock, keine Angst vor dem Aufzug – er funktioniert!

Camping: Am schönsten: *Villaggio dei Fiori,* Via Tiro a Volo 3, ✆ 60 66 35. 2 km Richtung Bordighera, schattig am Meer unter Bäumen, allerdings Straßenlärm.

Restaurants: San Remo ist eine Stadt für Feinschmecker, das Angebot weit überdurchschnittlich! *Paolo e Barbara,* Via Roma 47, ✆ 53 16 53, Mi und Do (mittags) geschl. Das Renommier-Restaurant von San Remo, anspruchsvolle Küche, gehobene Preise.

Il Bagatto, Via Matteotti 145, ✆ 53 19 25, So geschl. Exzellente kreative Gerichte zu zivilen Preisen. *Piccolo Mondo,* Via Piave 7, ✆ 50 90 12, So und Mi (abends) geschl. Konsequent regionale Küche mit originellen Rezepten. *Valle Argentina – Da Tino,* Via Gaudio 24, ✆ 50 18 99, Do geschl. Typisch ligurische Küche in gemütlichem Ambiente. *Cantine Sanremesi,* Via Palazzo 7, ✆ 57 20 63, So geschl. Freundlicher Weinkeller mit typischen örtlichen Gerichten, abends warme Küche nur bis 20 Uhr.

Bars und Cafés: *Maggiorino,* Via Roma 183. Exzellente Farinata (Kichererbsenpizza) und Apfelkuchen. *Festival,* Corso Matteotti 196. Eis, Dolci. *Pasticceria San Romolo,* Via Carli 6. Kuchen. *Porto Maltese,* Via Gaudio 61, ✆ 57 24 26, nur abends geöffnet, Di geschl. Vorwiegend von jungen Leuten besuchte lebhafte Osteria, einige Tagesgerichte, gelegentlich Live-Musik.

Einkaufen: Täglich Markt in der Markthalle Piazza Eroi Sanremesi. Wochenmarkt Di und Sa (vormittags) neben der Markthalle. *Casa del Parmigiano,* Via Palazzo 15; Käse. *Enoteca Bacchus,* Via Roma 65; ausgezeichnetes Weinangebot.

Feste: *Festival della Canzone Italiana,* berühmtes Schlagerfestival im Februar. *Corso fiorito,* Blumenfest im Februar. *Jazz-* und *Bluesfestival* im Juli.

Baden: Freies Baden am Lungomare delle Nazioni hinter dem Bahnhof (Kies- und Steinstrand). Schö-

ner, aber nur gegen Eintrittsgeld zugänglich, sind die feinen Sandstrände am Lungomare Vittorio Emanuele und am Corso Trento e Trieste.

Verkehrsverbindungen: Gute Bahnverbindungen entlang der Küste. Direkte Züge auch nach Rom, Mailand, Deutschland, in die Schweiz. Vom Busbahnhof Piazza Colombo fahren alle 15 Min. Busse nach Bordighera/Ventimiglia, alle 30 Min. nach Imperia/Cervo; viele Verbindungen auch in die Orte des Hinterlandes.

Bussana östlich von San Remo ist eine gesichtslose moderne Ortschaft; doch lohnt der Abstecher ins Hinterland nach **Bussana Vec-**

Bussana Vecchia

chia. Das Dorf wurde bei einem Erdbeben 1887 vollständig zerstört, die überlebenden Einwohner zogen an die Küste in das heutige Bussana. Jahrzehntelang wurden die Trümmer von Gebüsch überwuchert, bis sich in den fünfziger Jahren einige Künstler in den Ruinen provisorische Wohnungen einrichteten. Sie bauten auf ein altes Gewohnheitsrecht: Wer 20 Jahre lang ein verlassenes Haus bewohnt, wird zum Besitzer; er muß nur daran denken, von Anfang an ein Schloß vor die Tür zu hängen. Die Behörden drohten in der Anfangsphase mit Zwangsräumung, die Neusiedler setzten auf Verstärkung von außen und organisierten Unterstützung im In- und Ausland. In einem Sympathisantenkreis fanden sich Studenten und sogar einige Diplomaten zusammen. Mitte der siebziger Jahre wurde Bussana Vecchia endlich ans Wasser- und Stromnetz angeschlossen; die Neubesiedlung war damit offiziell anerkannt. Doch auf Postzustellung und Telefon mußten die Bewohner noch fast weitere 20 Jahre warten.

Heute leben in Bussana mehrere Dutzend Menschen, vor allem Künstler und Kunsthandwerker. Außer Italienern wohnen hier vor allem Deutsche, Holländer, Engländer, Franzosen. Der Ort zieht

Besucher von weither an. Zu Recht: Bussana Vecchia hat einen ungewöhnlichen Reiz. Verfall und Eleganz, Ruinen und neues Leben sind eng miteinander verbunden. Hohe Wände ragen leer in den Himmel, die Vegetation zerfrißt zerfallende Steinmauern; aber in den blumengeschmückten Gassen schaut man in stilsicher restaurierte Gewölbe mit Ateliers, Läden und Galerien; an den Häuserwänden sind moderne Skulpturen angebracht. Alte und moderne Ästhetik gehen eine ungewöhnliche Verbindung ein.

In **Arma di Taggia** wird es wieder prosaisch. Das ausgedehnte Städtchen hat einen guten Sandstrand, aber sonst keinerlei Reize. Schöner ist **Riva Ligure,** dessen kleines Ortszentrum noch den Charakter des einstigen Fischerdorfs erahnen läßt.

Demgegenüber sind **Santo Stefano al Mare** und **San Lorenzo al Mare** Opfer der gnadenlosen Bauspekulation geworden; kaum noch ein hübscher Winkel hat sich gerettet.

Restaurant: *La Lanterna,* Corso Villaregia 50, Riva Ligure, ✆ 01 84-48 57 89, Fr geschl. In dem dunklen, immer von künstlichem Licht erhellten Fischrestaurant wird lebhaft und genußvoll getafelt; die 14 Tische sind oft voll besetzt. Keine Speisekarte – das Tagesangebot des Familienbetriebs wird grundsätzlich mündlich vorgetragen. Empfehlenswert die reichhaltige Platte mit Fisch-Antipasti, eine Portion reicht gut für 2 Personen!

Im Hinterland:
Über Dolceacqua in das Argentina-Tal

Das **Nervia-** und das **Argentina-Tal** verbinden die Blumenriviera mit dem Hochgebirge. Auf den ersten Kilometern in Küstennähe sind die Hänge noch von den unvermeidlichen Gewächshäusern besetzt, dann aber folgen bald idyllische Olivenhügel und Weinberge, die von mittelalterlichen Dörfern bewacht werden. Weiter oberhalb wird es ganz einsam, Weiden, Wälder und die Gipfel der Seealpen beherrschen das Bild. Hier lassen sich vor allem im Frühsommer schöne Wanderungen auf blumenbestandenen Wiesen unternehmen.

Das Nervia-Tal bei Ventimiglia hatte einst strategische Bedeutung für die Kontrolle der Bergstraßen. Davon zeugen noch die Ruinen der großen Burg in **Dolceacqua.** Das Kastell entstand im 12. Jh.; die genuesische Adelsfamilie der Doria erwarb es um 1260. Für rund 450 Jahre beherrschte sie von hier aus den Ort und seine Umgebung. Die Burgruine steht zur Besichtigung offen (10–12, 15–19 Uhr, Di geschl.).

Wahrzeichen Dolceacquas ist die charakteristische mittelalterliche Brücke über den Nervia. Ihr geschwungener Bogen hat eine Spannweite von 33 m. Claude Monet, der 1884 von Bordighera aus

Die mittelalterliche Brücke ist das Wahrzeichen von Dolceacqua

hierher kam, notierte in seinem Tagebuch: »Der Ort ist großartig, die Brücke ein Juwel an Leichtigkeit.« Zwischen Burg und Brücke erstreckt sich am Hang der alte Ortsteil Terra. In den engen Gassen befinden sich zahlreiche Galerien; manche Kunsthandwerker pflegen noch die örtliche Tradition, Gebrauchsgegenstände aus Olivenholz herzustellen. Der Glockenturm der Barockkirche Sant'Antonio wurde auf der alten Stadtmauer errichtet.

 Auskunft: Via Patrioti Martiri 22, ☎ 20 66 66. **Vorwahl:** 01 84.

Hotel: ***Da Gianni,* Via Liberazione 35, ☎ 20 61 36. Das einzige Hotel in Dolceacqua.

Restaurant: *Gastone,* Piazza Garibaldi 2, ☎ 20 65 77, Mo (abends) und Di geschl. Gute lokale Gerichte.

Einkaufen: In der Umgebung wird der Rossese di Dolceacqua erzeugt, einer der bekanntesten ligurischen Weine. Mehrere Weinhandlungen im Ort laden zum Probieren und Einkaufen ein.

Verkehrsverbindungen: Mehrfach täglich Busse nach Ventimiglia.

Ein kurzer Abstecher führt oberhalb von Dolceacqua aus dem Nervia-Tal nach **Apricale.** In dem malerischen Dorf scheint eine Häuserkaskade den Hang hinabzu-

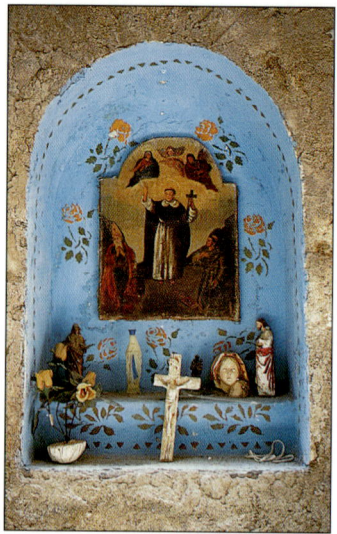

In Pigna

und der spätmittelalterlichen, im 19. Jh. umgebauten Pfarrkirche. Rechts an San Bartolomeo vorbei führt die reizvolle, zum Teil noch gedeckte Via Cavour zur mittelalterlichen Friedhofskirche Sant'Antonio.

Nach weiteren 10 km folgt als letzter größerer Ort des Tals **Pigna.** Die Altstadt ist ein Gewirr verschachtelter, meist überwölbter dunkler Gassen am Hang. Nicht zufällig heißen sie im lokalen Dialekt *chibi* (von *cupi* = dunkel). Manche Passagen wirken düster und verfallen, andere Winkel sind außerordentlich reizvoll. Überall entdeckt man Brunnen, alte Portale und Fensterrahmungen, geschwungene Gassen und Treppenwege. Die mittelalterliche Anlage des Städtchens ist noch gut erhalten, allerdings sind viele Häuser verfallen – eine Folge der starken Abwanderung.

Pigna war jahrhundertelang ein Vorposten der piemontesischen Könige auf der Südseite der Seealpen. Von der früheren Burg im Ortszentrum existieren nicht einmal mehr spärliche Reste, doch der Aufstieg zur Piazza Castello lohnt trotzdem: wegen des schönen Ausblicks auf die Landschaft und den benachbarten Ort Castel Vittorio. Etwas unterhalb stehen an der Piazza XX Settembre die Loggia della Piazza Vecchia aus dem 15. Jh. und die interessante Pfarrkirche San Michele. Das 1450 erbaute Gotteshaus hat ein schönes Portal und eine Rosette mit einem

stürzen, doch keine Sorge: Apricale ist seit 700 Jahren stabil. Viele Einwohner sind in den letzten Jahrzehnten fortgezogen; statt dessen wohnen hier nun zahlreiche Ausländer, darunter viele Künstler. Seit 1964 veranstaltet die Comunità Artistica Nervina Ausstellungen und Feste; die Künstlergemeinschaft hat auch dafür gesorgt, daß viele Hauswände der Hauptgasse Via Roma mit Wandbildern zeitgenössischer Maler (meist aus den frühen siebziger Jahren) versehen wurden. Auf dem freskengeschmückten Weg gelangt man zur hübschen Piazza Vittorio Emanuele mit dem barokken Oratorio di San Bartolomeo

bunten Glasfenster, das die Apostel darstellt. Im dreischiffigen Innenraum springt die große, mit vergoldetem hölzernen Schnitzwerk verzierte Altartafel ins Auge. 36 farbenfrohe Bilder des Renaissance-Malers Giovanni Canavesio (1482) zeigen den hl. Michael und andere Heilige sowie Szenen aus dem Neuen Testament.

Restaurant: *La Posta,* Via San Rocco 60, ☎ 01 84-24 16 66. Nur mittags geöffnet (Juli/Aug. und an Wochenenden auch abends), Do geschl. Preiswerte, bei den Einheimischen beliebte Trattoria; Vorbestellung ratsam!

Verkehrsverbindungen: Ventimiglia–Apricale/Pigna täglich drei bzw. fünf Verbindungen, letzter Bus zurück am späten Nachmittag.

Hinter Pigna steigt die Straße in Kurven an zum Langan-Paß (1127 m). Dann geht es steil hinunter in die **Valle Argentina,** eines der schönsten ligurischen Täler. In rund 30 km führt es vom Meeresspiegel auf 2200 m Höhe. Der küstennahe Teil ist eine enge, tief eingeschnittene Schlucht. Auf den Höhen stehen eindrucksvolle, zum Teil fast verlassene Bergdörfer. Am Talschluß – den wir auf unserer Route zuerst erreichen – weitet sich die Valle Argentina zu einer offenen Wiesenlandschaft vor dem Hintergrund der Berge.

Molini di Triora war ursprünglich, wie der Name sagt, der ›Mühlenort‹ für das größere Triora. Einige der einst 23 Mühlen sind noch

in Betrieb. Das runde Brot der Gegend *(pane di Triora)* genoß einen besonderen Ruf; das Korn der Bergfelder und die vorzügliche Qualität des Wassers gaben ihm seinen Eigengeschmack. Noch heute hat die größte Sehenswürdigkeit in Molini mit dem Essen zu tun: Der Lebensmittelladen La Bottega di Angelamaria zeigt ein unglaubliches, aber ästhetisches Durcheinander von Aprikosen, Äpfeln, Nüssen, Knoblauch sowie Kräutern, Blumen, Ansichtskarten, Zitronen, Zeitungen, Kichererbsen, Honig, Würsten, Weinflaschen und vielem mehr. Hinter der Verkaufstheke spielt Angelamaria Zucchetto in Look und Gehabe mit der Hexentradition von Triora (s. unten) und füttert die Kunden mit Probebissen, als wolle sie sie mästen wie den Hänsel im Märchen. Keine Angst – man kommt unverhext, wenn auch vermutlich mit einigen Freßpaketen beladen aus dem Geschäft heraus! (Di geschl., am Wochenende geöffnet).

Kulinarischer Art ist auch das Wappentier von Molini. Überall im Ort sind Schnecken aufgemalt, und selbst Grappa heißt hier *Latte di Lumache* (Schneckenmilch). Im September findet das Schneckenfest statt, bei dem die schleimigen Leckerbissen reichlich zum Verzehr angeboten werden.

Hotel: **Santo Spirito,* Piazza Roma 21, ☎ 01 84-9 40 19, Fax 9 40 19. Familienbetrieb mit angenehmer Atmosphäre.

In **Triora** sind Hexen allgegenwärtig: Es gibt ein Hexendenkmal und Hexenlikör, Hexen aus Ton, Stoff und Glas, Hexen-Ansichtskarten und gelegentlich sogar einen Hexen-Kongreß, zu dem sich seriöse Wissenschaftler/innen einfinden. Ob immer noch praktizierende Zauberinnen hier tätig sind, verrät einem niemand, aber ohne Zweifel hat das Bergdorf auf 800 m Höhe magische Züge: Triora strahlt eine stellenweise unheimliche Faszination aus. Die Lage hoch über dem Argentina-Tal ist großartig, die Berglandschaft der Umgebung eindrucksvoll, die mittelalterliche Ortsanlage mit Plätzen, Gassen, Innenhöfen und Brunnen wunderschön. Aber manche Gebäude sind völlig verfallen, Kräuter und Büsche überwuchern das Mauerwerk, das Rathaus auf dem Hauptplatz steht als Ruine da. Schönheit und Verfall liegen hier dicht beieinander.

Das hat gute Gründe. In wenigen Orten Liguriens ist der Kontrast von einstiger Bedeutung und heutiger Randlage so ausgeprägt. Durch Triora führten einst die Verbindungswege vom oberen Roya-Tal zum Meer; vor allem aber machten Viehzucht und Weidewirtschaft das Städtchen reich. Im 13. Jh. lebten auf dem Gemeindegebiet etwa

In der Berglandschaft bei Triora wird es einsam; Weiden, Wälder und die Gipfel der Seealpen beherrschen das Bild

acht- bis zehnmal so viel Menschen wie heute. Im eigentlichen Ortszentrum, das gegenwärtig noch 200 ständige Bewohner beherbergt, künden zehn Kirchen, viele kostbar verzierte Palazzi, die Ruinen von fünf Burgen und drei Stadttore (einst waren es sieben) vom alten Glanz.

Die überwölbte Hauptgasse Via Roma führt zur zentralen Piazza della Collegiata. Die mittelalterliche **Assunta-Kirche** wurde 1775 vollständig umgebaut. Sie behielt aus der Entstehungszeit (13./14. Jh.) nur noch den unteren Teil des Glockenturms und das gotische Portal. Im Innenraum hängt ein sehenswertes Tafelbild der »Taufe Christi« von dem sienesischen Maler Taddeo di Bartolo (1397).

Geht man gegenüber der Kirche in die Via Camurata und dann gleich wieder nach links, so gelangt man in den altertümlichsten Stadtteil, das **Quartiere della Sambughea** – ein Labyrinth düsterer Gäßchen und Treppenwege. Ruinenromantik findet man auch an vielen anderen Stellen Trioras. Dazwischen bieten sich immer wieder herrliche Ausblicke in die Landschaft.

Eine besonders schöne Aussicht über Dorf und Berge genießt man vom Platz bei der Kirche San Dalmazio, den man von der Piazza della Collegiata über die Via Cima erreicht. In der Nähe befindet sich die **Höhle Cabotina.** Hier trafen sich der Überlieferung nach die ›Hexen‹ von Triora. Sie sind in die

Geschichte eingegangen, weil die Akten eines Inquisitionsprozesses von 1588 vollständig erhalten blieben. Gegen zahlreiche Frauen, die angeblich Schuld an einer Mißernte trugen, wurde damals Anklage erhoben. Einige von ihnen starben im Gefängnis oder unter der Folter, 15 wurden verurteilt. Die Erinnerung an das brutale Verfahren ist im Tal bis heute lebendig. Das kleine **Heimatmuseum** dokumentiert ausführlich den Prozeß (Museo Etnografico, Sa 15–18, So 10–12 und 15–18 Uhr).

Sehenswert ist auch die am Ortsrand gelegene **Kirche San Bernardino** mit einem 1463 geschaffenen Freskenzyklus biblischer Szenen von einem unbekannten Meister. Eine Sehenswürdigkeit ganz anderer Art ist die 2 km von Triora entfernte moderne **Argentina-Brücke** bei Loreto, an der sich im Sommer zahlreiche Bungee-Springer vergnügen.

 Hotel: **La Colomba d'Oro, Corso Italia 66, ☎ 01 84-9 40 51, Fax 9 40 89. Angenehme Unterkunft, Zimmer mit Aussicht auf die Landschaft.

 Restaurant: In der *Colomba d'Oro* (s. oben) ißt man ausgezeichnet, doch Vorsicht mit den Vorspeisen: Im normalen Menu kommen rund zehn Antipasti-Gänge auf den Tisch – köstlich, aber schlicht und einfach nicht zu schaffen!

Einkaufen: *Bottega della Strega,* Corso Italia 48 (Mi geschl.). Spezialitäten dieser Gebirgsgegend für

Feinschmecker: hausgemachte Marmeladen, eingelegte Pilze und Tomaten, Kräuterlikör, vorzüglicher Schafskäse, Saucen, Berghonig (mit so seltenen Sorten wie Alpenrosenhonig – *miele di rododendro*).

🚌 **Verkehrsverbindungen:** Busse nach San Remo achtmal täglich, So und feiertags fünfmal täglich.

Unter allen Kommunen Liguriens hat nur Genua eine größere Fläche als Triora – zur Gemeinde gehören 7000 ha, auf denen nicht mehr als 500 Personen leben! Das gesamte Gebiet steht unter Naturschutz; hier lassen sich schöne Wanderungen unternehmen. Mit dem Auto gelangt man bis Verdeggia auf 1092 m Höhe. Das **Verdeggia-Tal** war bereits in der Bronzezeit besiedelt. Heute befinden sich hier zahlreiche Steinbrüche. Der Schiefer dieser Gegend ist von ungewöhnlich guter Qualität; er wird vor allem für Billard-Tische genutzt.

🚶 Von Verdeggia aus kann man in gut 3 Std. den Monte Saccarello (2200 m), den höchsten Berg Liguriens, besteigen. Etwas unterhalb des Gipfels befindet sich eine Schutzhütte (Rifugio San Remo, Schlüssel in der Bar Tavernetta in Triora, ☎ 01 84-9 43 92).

Talabwärts liegt in 16 km Entfernung von Triora **Montalto Ligure** beeindruckend am Hang. Ein Bummel durch die Gassen des mittelalterlich geprägten Dorfes ist reizvoll. Die Pfarrkirche San Giovanni Battista zeigt ein Polyptychon des »Hl. Georg« von Lodovico Bréa (1516), dessen Familie aus Montalto stammte; der bedeutende Renaissance-Maler hat vor allem in Nizza und Umgebung gewirkt, aber auch im nahegelegenen Taggia (s. unten). Etwas unterhalb des Ortskerns steht die hübsche spätromanische Friedhofskirche San Giorgio; der Innenraum ist mit Fresken des 14. Jh. geschmückt (16–20 Uhr, So und feiertags auch 9.30–12 Uhr, Mo und Di geschl.).

Auch **Badalucco,** einst ein wichtiger Verkehrsknotenpunkt, weist noch eine intakte mittelalterliche Anlage auf. Die Einwohner pflegen den Ort besonders liebevoll. Zahlreiche Häuser in den alten Gassen sind blumengeschmückt, viele wurden von zeitgenössischen Künstlern mit Wandbildern verziert. Die alte Santa-Lucia-Brücke schwingt sich elegant über den Fluß; auf ihrem Scheitelpunkt steht eine kleine Kapelle aus dem 16. Jh.

✕ **Restaurants:** *Canon d'Oro,* Via Boeri 32, ☎ 01 84-40 80 06, Mo geschl. Urige Trattoria mit regionaler Küche. Wenig Auswahl, aber ausgezeichnete Qualität. *Ca'Mea,* Strada Statale Km 13,8, ☎ 01 84-4 01 73, Mo geschl. Zu Recht beliebtes Ausflugslokal an der Hauptstraße (1 km in Richtung Taggia). Die große Pilz-Skulptur vor dem Restaurant weist deutlich auf die Spezialität des Hauses hin. Vorzügliche Antipasti. Über den immer wiederholten Scherz, den Tiramisù in einem Nachttopf zu servieren, kann man geteilter Meinung sein, über die Qualität des Essens nicht.

Montalto Ligure

 **Verkehrsverbindungen:** Busse
San Remo – Badalucco – Montal-
to Ligure Mo–Sa achtmal täglich, So
und feiertags fünfmal täglich.

Taggia liegt 3 km vom Meer entfernt am Ausgang des Argentina-
Tals. Die Kleinstadt hat einen vorzüglich erhaltenen mittelalterlichen Ortskern und ist eines der
wichtigsten Kunstzentren Liguriens. Das Städtchen präsentiert
sich bescheiden: Nur wenige der
historischen Gebäude in den dunklen Gassen wurden aufwendig
restauriert, viele wirken sogar heruntergekommen. Doch die geschlossene Bausubstanz und die
reizvollen Architekturdetails sind
interessant, auch wenn nichts edel
herausgeputzt ist.

Nach Taggia trägt die charakteristische Olivenart der Riviera di Ponente, die Taggiasca, ihren Namen.
Die aromatische kleine Frucht wurde vermutlich von Benediktiner-

mönchen an der Küste heimisch gemacht. Heute stehen in der Umgebung allerdings vorwiegend Gewächshäuser; das wichtigste Gebiet des Olivenanbaus liegt jetzt weiter östlich in den Tälern von Imperia.

Etwas außerhalb der Altstadt steht am südlichen Ortsrand das 1490 fertiggestellte **Kloster San Domenico** (9–12 und 15.30–17 Uhr, Do und So geschl.). Die Dominikanerabtei wurde mit den Spenden zahlreicher Adelsfamilien – u. a. der Visconti und Sforza aus Mailand und der Grafen von Ventimiglia – erbaut; an der Ausstattung wirkten bedeutende Renaissance-Künstler mit. Für drei Jahrhunderte bildete das Kloster den kulturellen Mittelpunkt der Region.

Über dem Hauptportal der **gotischen Abteikirche** ist ein Pietà-Relief aus dem 16. Jh. angebracht: Im Innenraum befinden sich fünf Gemälde von Lodovico Bréa aus den Jahren 1483–1513.

Wunderschön ist der blumengeschmückte **Kreuzgang** an der rechten Seite der Kirche. Die kleinen Säulen stammen von einem älteren Bau des 13. Jh. Von hier gelangt man in die **Klosterräume:** das Refektorium, den Kapitelsaal (mit einem Kreuzigungs-Fresko von Canavesio) und ein kleines Museum, dessen schönstes Werk wiederum von Lodovico Bréa stammt: die »Pietà« mit 15 Szenen des Lebens Jesu.

Von San Domenico gelangt man zum südlichen **Stadttor Porta dell'Orso.** In der anschließenden Via Lercari findet sich gleich links (Haus Nr. 10) ein bemerkenswertes Schiefer-Relief mit der »Anbetung Christi«. An der folgenden Piazza Farini stehen der barocke **Palazzo Lercari** und ein hübscher Brunnen aus dem 15. Jh., die **Fontana Braki.** Man biegt nach links in die Via Gastaldi, erreicht die Piazza Gastaldi mit der **Barockkirche Santi Giacomo e Filippo,** geht durch einen Gang unter dem Palazzo Lombardi hindurch und gelangt in die alte Hauptstraße Via Soleri. Sie ist von jahrhundertealten Häusern und Bogengängen und Palazzi gesäumt.

Über den Viale Rimembranza und die Via Anfossi erreicht man den **Pontelungo,** eine eindrucks-

Taggia hat einen gut erhaltenen mittelalterlichen Ortskern und ist eines der
wichtigsten Kunstzentren Liguriens

volle, 1450 errichtete Brücke über
das Flüßchen Argentina (die beiden östlichen Bögen stammen
noch aus der romanischen Epoche). Der Bau hat 16 Bögen und
eine Länge von 260 m. Wesentlich
gigantischer ist allerdings das Auto-
bahn-Viadukt im Hintergrund; es
setzt einen merkwürdigen Kontrast
zu der historischen Brücke.

Zurück über die Via Anfossi und
dann nach rechts biegend, kommt
man zur hübschen Piazza Santissima Trinità. Man steigt kurz über die
Salita Campo Marzio an, wendet
sich dann nach rechts in die Via
San Dalmazzo. Diese passiert

das nördliche Stadttor Porta del
Colletto und führt außerhalb der
Altstadt zu dem romanischen Bau
der **Madonna del Canneto,** einer
ehemaligen Benediktinerkirche. Auf
dem Rückweg lohnt es sich, der
Via San Dalmazzo mit ihren mittelalterlichen Häusern weiter stadt-
einwärts zu folgen. Nach rechts
führen von hier die Via Littardi und
die Via Santa Lucia in die verwinkelten dunklen Gassen des ältesten
Ortsteils von Taggia.

 Feste: Mitte und Ende Februar
werden zum *Benedikts-Fest*
große Feuer entzündet und historische
Szenen nachgespielt. Zum *Fest der hl.
Magdalena* am dritten So im Juli gehört
ein Totentanz, der wohl noch auf heid-
nische Kulte zurückgeht.

 Verkehrsverbindungen: Busse
nach San Remo alle 30 Min.

Breite Strände, alte Städte

Breite Strände, alte Städte: Von Imperia bis Albenga

Zwischen Imperia und Albenga finden sich schöne Strände und deshalb einige der wichtigsten Badeorte der Küste. Neben Meeresfreuden bietet die Gegend Kunstgenüsse: Unbedingt sehenswert sind die gut erhaltenen Zentren von Porto Maurizio, Cervo und Albenga. Auch die Architektur vieler Dörfer des Hinterlands ist noch ganz mittelalterlich geprägt. Diese Orte liegen oft inmitten ausgedehnter Olivenhaine, aus denen das beste Öl Liguriens kommt.

Imperia

Imperia ist keine Stadt, sondern ein Städtepaar. 700 Jahre lang hatten die benachbarten Orte Porto Maurizio und Oneglia ein getrenntes Schicksal, bis sie 1923 zusammenkamen und den neuen Namen erhielten, der nichts mit einem ›Imperium‹ zu tun hat, sondern sich von dem Fluß Impero herleitet. Doch die beiden vereinten Stadthälften (mit gegenwärtig insgesamt 40 500 Einwohnern) bewahrten ihren unterschiedlichen Charakter. Porto Maurizio mit der malerischen Altstadt auf einem Hügel über dem Meer hat das historische Ambiente gut bewahrt, Oneglia wirkt geschäftig und modern.

Oneglia hatte lange Zeit eine Ausnahmestellung an der vorwie-

gend von Genua beherrschten Küste: Es gehörte seit 1576 zu Piemont-Savoyen. Der Ort wurde zur zweitwichtigsten Hafenstadt des Königreichs neben Nizza. Relativ früh entstanden Fabriken, insbesondere in der Lebensmittelbranche; schon im 19. Jh. florierten Nudel- und Ölproduktion in großem Stil. Sie spielen noch immer eine wichtige Rolle; daneben ist heute auch die Herstellung pharmazeutischer Produkte von Bedeutung.

Hafen und Industrie prägen das Stadtbild; unter touristischem Gesichtspunkt ist es nicht sonderlich interessant. Das **Hafenviertel** hat allerdings einen gewissen herben Charme. Unter den Arkaden am Wasser finden sich viele gute Fischrestaurants. Auch die anderen Reize der Stadt sind vorwiegend kulinarischer Natur. Es gibt exzel-

Imperia-Oneglia

lente Cafés und Lebensmittelge-schäfte, und die einzige nennens-werte ›Sehenswürdigkeit‹, das **Oli-ven-Museum** (Museo dell'Olivo, auf dem Gelände der Firma Fratelli Carli in der Via Garessio beim Bahnhof, 9–12 und 15–18 Uhr, Di und So geschl.) zeigt Dokumente, Geräte und archäologische Fund-gegenstände zur Geschichte des Ölbaums und des Olivenöls.

In **Porto Maurizio** dagegen bie-tet die **Altstadt** das vollständige Re-pertoire mediterraner Küstenorte: Treppenwege, Torbögen, farbige Häuser, flatternde Wäsche, brök-kelnden Putz und Plätze mit dem Panoramablick aufs Meer. Dabei wirkt nichts künstlich herausge-

putzt; das Urlaubsleben, das hier ohnehin nicht so heftig tobt wie in den Nachbarorten, konzentriert sich auf die am Meer gelegenen Ortsteile Foce und Borgo Marina.

Porto Maurizio ist vermutlich schon römischen Ursprungs und war auch in der Völkerwande-rungszeit von einiger Bedeutung. Seit dem 13. Jh. gehörte es als treu-er Verbündeter zu Genua. Die An-lage des *centro storico* geht im we-sentlichen auf das 12. und 13. Jh. zurück. Trotz schwerer Schäden beim Erdbeben von 1887 ist die hi-storische Bausubstanz noch weit-gehend erhalten.

Ein Rundgang beginnt beim im-posanten klassizistischen **Dom San Maurizio,** der größten Kirche Ligu-riens. Er wurde ab 1781 erbaut und sollte mit seinen enormen Ausma-ßen den damaligen Wohlstand der

Von Imperia bis Albenga

Stadt dokumentieren. Das gelang nur zum Teil: Die überdimensionierte Kuppel brach 1821 zusammen und mußte durch eine kleinere ersetzt werden. Erst nach 57jähriger Bauzeit wurde die Kirche fertiggestellt.

Über die Via Porta Nuova, Via Fossi, Via Vianelli und Via Santa Caterina gelangt man zum **Klarissinnenkloster** aus dem 18. Jh.; auf seiner Rückseite erhebt sich ein sehenswerter, auf den alten Stadtmauern errichteter **Arkadengang** wie ein riesiger Balkon über der Küste. In westlicher Richtung gelangt man von hier zur **Kirche San Pietro** mit einer schwungvollen spätbarocken Fassade; vom Platz vor dem Bau genießt man schöne Blicke aufs Meer und auf die – allerdings zersiedelten – Hügel der Umgebung. An der rechten Seite der Kirche steigt man an zum höchsten Punkt der Altstadt, der **Piazza Parasio,** an der einst der Palazzo des genuesischen Gouverneurs stand. Sich nach links wendend, gelangt man wieder zu einem Aussichtsplatz, kommt dann über Treppenwege und die Via Acquarone neuerlich zum Dom.

Die Via San Maurizio, Via Cascione (links halten) und Via De Tommaso führen zum Ortsteil **Foce** am Meer. Auf einem schönen Uferweg kann man oberhalb von ruhigen Kiesstränden in zehn Minuten zum Ortsteil **Borgo Marina** spazieren, wo sich das Badeleben abspielt und die meisten Hotels stehen.

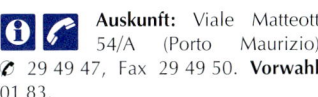 **Auskunft:** Viale Matteotti 54/A (Porto Maurizio), ✆ 29 49 47, Fax 29 49 50. **Vorwahl:** 01 83.

Hotels (alle in Porto Maurizio): *** *Corallo,* Corso Garibaldi 29, ✆ 66 62 64, Fax 66 62 65. Direkt am Ufer, alle Zimmer mit Meerblick. *** *Ariston,* Via Privata Rambaldi 2, ✆ 6 37 74, Fax 66 68 45. Ruhige Lage am Hang. ** *Al Porto,* Via Privata Rambaldi 13, ✆ 6 49 67. Familiär und freundlich im Hafenviertel. * *Costa,* Via Cascione 184, ✆ 6 13 48. Am Rand der Altstadt, das ungepflegte Äußere täuscht, innen nett und sauber. * *Mimosa,* Via Privata Sant'Antonio 19, ✆ 6 26 61. Ruhig in Meernähe, einfach.

Restaurants: Viele Fischrestaurants findet man am Hafen von Oneglia, z. B. *La Patria,* Piazza De Amicis 13 (Di geschl.), ein seit 1865 bestehender Familienbetrieb. Ganz in der Nähe ein Imbiß mit einer großen Auswahl unter 700 Weinen: *Enoteca Pane e Vino,* Calata Cuneo 33/A. In Porto Maurizio befindet sich die vorzügliche *Pizzeria Sciabecco* (Via Nizza 33, ✆ 6 19 21, nur abends geöffnet, Mi ge-

schl.). Der sizilianische Wirt Salvatore Saiola wurde von der Pizzabäcker-Vereinigung APES zweimal als ›Europameister‹ ausgezeichnet.

 Cafés: In Oneglia die *Bar Agostino,* Piazza Dante 4, und die altmodische *Gelateria-Pasticceria Piccardo,* Piazza Dante 1, mit reichem Kuchenangebot; in Porto Maurizio das *Vittoria,* Viale Matteotti 10.

 Einkaufen: In Oneglia gibt es vorzügliche Lebensmittelgeschäfte mit den Spezialitäten der Region. Ausgezeichnete Konserven (Olivenpaste, Sardellen, Pilze, Marmeladen u.v.a.) sowie Olivenöl erhält man bei *Le Delizie del Frantoio,* Piazza De Amicis 14, Wein bei *Enoteca Pane e Vino,* Calata Cuneo 33/A, Olivenöl im *Frantoio Bianco,* Via Nazionale 245. Markt am Domplatz in Porto Maurizio Mo und Do (vormittags).

 Feste: An Fronleichnam wird die Via Carducci mit Blütenteppichen ausgelegt *(Infiorata).* Am 10. Juli: *Fest des Ortspatrons Mauritius.*

 Kino: Das 1914 eröffnete *Cinema Centrale* (Via Cascione 52, ✆ 6 38 71) mit vorzüglichem Programm erhielt 1992 einen Preis als Italiens originellstes Filmtheater.

 Schiffahrt: Von Anfang Juni bis Mitte Sept. läuft täglich um 13 Uhr das Schiff Corsaro zur Beobachtung von Walen und Delphinen aus. Die halbtägige Fahrt kostet für Erwachsene 50 000 Lire, für Kinder von 6–14 Jahren 25 000 Lire. ✆ 28 00 72 oder 03 36-68 88 29.

 Baden: Sandstrände in Porto Maurizio, Ortsteil Borgo Marina.

Ruhige, etwas abgelegene Kiesstrände zwischen Borgo Marina und Foce.

Verkehrsverbindungen: Häufige Bahnverbindungen entlang der gesamten Küste; direkte Züge auch nach Rom und Mailand, nach Deutschland und in die Schweiz. Busse halbstündlich in Richtung San Remo sowie Diano Marina/Andora; in Andora Anschluß Richtung Finale Ligure/Savona. Busse fahren in Oneglia ab Piazza Dante, in Porto Maurizio ab Hafen.

In 5 km Entfernung von Imperia bietet **Diano Marina** die ersten großen Sandstrände östlich der Côte d'Azur. Der ausgedehnte Badeort (7000 Ew.) war im letzten Jahrhundert ein wichtiges Zentrum des Handels mit Olivenöl. Bei einem Erdbeben wurde er 1887 in Schutt und Asche gelegt und entstand anschließend vollständig neu. In Diano Marina finden sich daher keine winkligen Gassen wie andernorts in Ligurien, sondern eine planmäßig errichtete Anlage vergleichsweise breiter, rechtwinklig angeordneter Straßen. Das 1892 in neugotischem Stil erbaute Hotel Paradiso an der Uferpromenade markierte den Beginn der touristischen Entwicklung. Heute lebt Diano Marina zum größten Teil von den Badeurlaubern, denen mehr als hundert Unterkünfte zur Verfügung stehen.

Die weite Bucht war bereits in der Eisenzeit besiedelt. Die Römer errichteten hier im 2. Jh. v. Chr. eine Siedlung, die sie der Diana weihten. Im städtischen Museum (Museo Civico, Viale Matteotti) sind frühgeschichtliche und römische Funde ausgestellt, darunter Material von einem antiken Frachtschiff, das beim Nachbarort San Bartolomeo al Mare vom Meeresgrund gehoben wurde. Das Museum war allerdings Anfang 1998 wegen Restaurierung geschlossen, der Zeitpunkt der Wiedereröffnung noch unbestimmt.

Auskunft: Piazza Martiri della Libertà 1, ☎ 49 69 56, Fax 49 43 65. **Vorwahl:** 01 83.

Hotels: **** *Diana Majestic,* Via degli Oleandri 15, ☎ 49 54 45, Fax 49 40 39. Komfortables Haus in einem großen Park, alle Zimmer mit Meerblick, gut geführt, Atmosphäre und Ästhetik allerdings etwas steril. *** *Arc en Ciel,* Viale Torino 21, ☎ 49 52 83, Fax 49 69 30. Wunderbare Lage zwischen Palmen und Pinien direkt am Meer, große Sonnenterrasse. *** *Villa degli Aranci,* Via Capoccaccia 8, ☎ 49 73 04, Fax 49 70 47. Stilvoll eingerichtete Villa im Orangengarten. ** *Tina,* Viale Torino 24, ☎ und Fax 49 41 45. Am Strand, das Panorama aus den Zimmern variiert zwischen Hinterhofblick und Meersicht. * *Mary,* Via Purgatorio 2, ☎ und Fax 49 55 69. Direkt an der Bahnlinie, aber gepflegt und freundlich, guter Komfort.

Camping: *Angolo di Sogno,* Viale Torino 27, ☎ 40 64 20. Am westlichen Ortsrand direkt am Meer.

Restaurants: *Caprice,* Corso Roma Est 19, ☎ 40 50 61. Gute Küche bei mittleren Preisen. *Dei Cacciatori,* Via Borghetta 6, ☎ 4 30 26, Di geschl. Eine angenehme ländliche Trattoria im 8 km entfernten Evigno.

 Feste: An Fronleichnam wird die Piazza Martiri della Libertà bei der *Infiorata* mit einem Blütenteppich von 4000 m² geschmückt.

 Baden: Ausgedehnte, breite Sandstrände.

 Einkaufen: Di Wochenmarkt auf der Piazza Giovanni XXIII.

 Verkehrsverbindungen: Häufige Bahnverbindungen entlang der Küste. Halbstündlich Busse nach Imperia/San Remo sowie Andora; in Andora Anschluß nach Finale Ligure/Savona.

Oliventäler:
Im Hinterland Imperias

Die drei Täler, die sich von Imperia in die Berge hinaufziehen, sind das wichtigste Anbaugebiet für Oliven in Ligurien. Vor allem Dolcedo im gleichnamigen Tal ist ein Zentrum der Ölproduktion. Aber auch in der oberen Valle dell'Impero und in vielen anderen Orten der Gegend erhält man – oft in Familienbetrieben – Öl von guter Qualität (s. S. 92 f.).

Sobald man den unmittelbaren Einzugsbereich der Provinzhauptstadt Imperia verläßt, gelangt man in reizvolle Landschaften. Die Landflucht war in dieser Region weniger ausgeprägt als anderswo im ligurischen Hügel- und Bergland, die Dörfer sind noch belebt. Bis auf etwa 500 m Höhe wird das Bild durch ausgedehnte Olivenpflanzungen an den Talhängen geprägt. In höheren Lagen treten Buchen- und Kastanienwälder an die Stelle der Ölbäume. In den zahlreichen kleinen Bergdörfern drängen sich die Häuser eng aneinander, nur die Kirchtürme ragen sichtbar über den Dächern hervor. Ab und zu trifft man am Weg auf eine geschwungene alte Brücke oder eine einsam gelegene Kapelle. Eigentliche ›Sehenswürdigkeiten‹ gibt es in diesem Gebiet kaum, aber ein geruhsamer Bummel durchs Land vermittelt harmonische und angenehme Eindrücke.

Im Dolcedo-Tal gelangt man von Imperia aus zunächst nach **Dolcedo,** mit 1200 Einwohnern die größte Ansiedlung des Gebiets. Das hübsche Ortsbild wird geprägt vom Ponte Grande, einer 1292 errichteten Brücke über das Flüßchen Prino. Gut erhalten ist auch die mittelalterliche Loggia del Comune.

Etwa 3 km talaufwärts zweigt in Molini ein Sträßchen zu den schönen Orten Valloria und Villatella ab. **Valloria** zeigt noch das Originalbild eines alten ligurischen Bergdorfs. Von Villatella genießt man weite Ausblicke auf die Landschaft der Umgebung. Ein Maultierpfad in westlicher Richtung führt in gut 15 Min. zur einsam gelegenen Barockkirche Madonna della Neve.

Ölbäume und Olivenöl

Ölbäume stehen überall in Ligurien. Meist muß man sich nur ein kurzes Stück von der Küste entfernen, um auf die silbergrün schimmernden Olivenpflanzungen zu stoßen. In vielen Tälern des Hinterlands prägen sie das Landschaftsbild. Bis auf 600–700 m Höhe bedecken sie die Hänge. Vermutlich seit rund 1000 Jahren wird hier Olivenöl produziert. Vor allem Benediktinermönche förderten die Verbreitung des Ölbaums. Sie schufen durch Aufpropfen die Taggiasca-Olive, die ihren Namen nach dem Ort Taggia trägt und noch heute eine ligurische Spezialität darstellt.

Das ligurische Olivenöl hat nicht das ausgeprägte Olivenaroma wie das toskanische oder umbrische; es schmeckt feiner, aber weniger intensiv. Es eignet sich besonders gut für Fischgerichte, da es deren Eigengeschmack nicht übertönt. Oft hat es ein leicht süßliches Aroma; die Farbe ist gelb (nicht grün, wie bei den Ölen aus Mittelitalien).

Beim Olivenöl gibt es große Qualitätsunterschiede. Daß nur Extra-Vergine-Öl (also Öl aus der ersten Pressung) akzeptabel ist, hat sich inzwischen herumgesprochen. Öl ohne dieses Prädikat ist von minderer Qualität, sowohl in geschmacklicher wie in gesundheitlicher Hinsicht. Aber die Bezeichnung Extra-Vergine allein gibt noch keine ausreichende Garantie. Sie kann von allen Ölen beansprucht werden, deren Säuregehalt unter 1 % liegt. Das aber ist gleichsam die untere Anstandsgrenze: Erstklassige Öle haben vielfach nur 0,1–0,2 % Säure.

Zahlreiche Faktoren spielen bei der Produktion hochwertigen Öls eine Rolle: der Boden, auf dem die Bäume stehen; der Reifegrad der Oliven und die Art der Ernte; die Schnelligkeit der Weiterverarbeitung; die Methoden der Ölgewinnung aus den Früchten. Die qualitätssteigernden Verfahren sind kostenintensiver, so daß gutes Olivenöl normalerweise seinen Preis hat. Verhältnismäßig billig ist es nur, wenn kleine Produzenten ihre Arbeitszeit mit wenig Geld veranschlagen.

Die Ernte findet gewöhnlich zwischen November und Januar, manchmal auch noch im Februar und März statt. Der beste Erntezeitpunkt liegt relativ früh: Wenn die Oliven beginnen, sich schwarz zu färben, das Fruchtfleisch aber noch hell ist. Diese nicht ganz ausgereiften Oliven geben das optimale Öl, aber der Ertrag liegt niedriger als bei später geernteten Früchten. Nach der Ernte müssen die Oliven möglichst schnell weiterverarbeitet werden, denn sobald sie nicht

mehr am Baum hängen, entwickeln sich chemische Reaktionen (z. B. Oxidationsprozesse), die zu Lasten der Qualität gehen.

Die Früchte kommen nun in die Ölmühle, wo sie zunächst mit Kernen und Schalen gemahlen werden, bis eine feste, homogene Masse entsteht. Aus diesem Olivenbrei wird, entweder durch Auspressen in einem Preßstock oder durch Zentrifugieren, das Öl gewonnen. Das traditionelle Verfahren der kalten Pressung ist langsamer und arbeitsintensiver, es gibt aber die besten Resultate. Beim Zentrifugieren dagegen verlieren sich Geschmacks- und Nährstoffe, weil die Ölmasse erhitzt und mit warmem Wasser vermischt wird. Manche Produzenten erhitzen auch bei der Pressung den Ölbrei. Dadurch löst das Öl sich leichter aus der Masse. Gute Qualität ergibt aber nur die Kaltpressung.

Unter günstigen Umständen können Ölbäume Hunderte von Jahren alt werden. Schon immer wurden sie bei vielen Völkern als besondere, vielfach sogar als heilige Pflanzen gesehen. Bei den Griechen war der Ölbaum der Athene geweiht. Die olympischen Sieger wurden mit Olivenzweigen bekränzt. In der Bibel verkündet ein Ölbaumzweig Noah das Ende der Sintflut. Die jüdischen Könige wie die des christlichen Mittelalters wurden mit Öl gesalbt. Als besonderer Frevel galt es, in Kriegszeiten die Ölbäume des Gegners zu fällen: Neugepflanzte Ölbäume brauchen fünf bis zehn Jahre, bis sie wieder Frucht tragen. Auch im heutigen Italien dürfen die Bäume selbst vom Besitzer nicht ohne Genehmigung gefällt werden.

Auf der Hauptstrecke erreicht man zwischen Molini und Vásia den landschaftlich schönsten Abschnitt der Tour. Das kurvige Sträßchen windet sich zwischen Ölbaumhainen dahin; immer wieder genießt man weite Ausblicke auf die Berglandschaft und das Meer. Von Vásia fährt man im Caramagna-Tal bergab. Von Caramagna Ligure lohnt der Abstecher zum gut erhaltenen alten Dorf **Montegrazie** und der **Wallfahrtskirche Nostra Signora delle Grazie** in herrlicher, aussichtsreicher Lage. Im Innenraum des 1450 erbauten Gotteshauses (Schlüssel beim Pfarrer von Montegrazie) befindet sich ein Freskenzyklus des späten 15. Jh. Er zeigt das »Jüngste Gericht« und das »Leben Johannes' des Täufers« (von Tommaso und Matteo Biasacci), die »Passion Christi« (von Pietro Guidi) und »Geschichten des heiligen Jakob« (von Gabriele della Cella).

Restaurants: *Al Terziere,* Via Borgo 4, Torrazza, ✆ 01 83-78 00 38, Mo geschl. Das beliebte, preisgünstige Restaurant wird von einem früheren Boxchampion geführt. Das vollständige Menü – rund 15 Gänge! – schlägt schwache Esser spielend k. o. Viel Zeit und leere Mägen mitbringen. *Dell'Olivo,* Via Case Martini, Vásia, ✆ 01 83-28 21 79, nur abends geöffnet, Mo geschl. Gute ländliche Trattoria, auch hier ein vielgängiges Menü, Gemüse, Obst, Öl und Wein aus eigenem Anbau.

Verkehrsverbindungen: Wochentags zahlreiche Busse von Imperia nach Dolcedo/Molini.

Im Impero-Tal erreicht man zunächst **Pontedassio,** wo sich das Historische Spaghetti-Museum befindet. Das 1956 von dem Nudelfabrikanten Agnesi eingerichtete Museum ist nach Voranmeldung zugänglich (Museo storico degli Spaghetti, Via Garibaldi 96, ✆ 01 83-29 13 51). Ein kurzer Abstecher führt von hier in das Dorf **Bestagno** mit einer gewaltigen mittelalterlichen Burgruine.

Ein kleines Stück talaufwärts empfiehlt es sich, die parallel zur Hauptstraße verlaufende Bergstrecke über die alten Dörfer Gazzelli, Chiusánico und Torría einzuschlagen. Bei der hübschen Ortschaft **San Lazzaro Reale,** in der eine schöne mittelalterliche Brücke sehenswert ist, biegt das Impero-Tal nach Westen. Die **Alta Valle dell'Impero** ist noch immer ganz bäuerlich geprägt, die Landschaft ist weitgehend intakt, und die abgelegenen Dörfer sind ausnahmslos reizvoll: Borgomaro, wo jahrhundertelang sieben Ölmühlen direkt am Fluß standen, Aurigo, Ville San Pietro, Cónio, Poggialto.

Von Ville San Pietro kann man auf sehr schmalen, kurvigen Bergstraßen weiterfahren zum Passo del Maro (1064 m), Colle d'Oggia (1167 m) und in die Valle Argentina oder über San Bernardo di Cónio (986 m) und Rezzo ins Arroscia-Tal; beide Strecken sind schön, aber etwas mühselig zu fahren. Einfacher und sehr empfehlenswert ist es, von San Lazzaro Reale auf dem direkten Weg (N 28) bis Pieve di Teco zu fahren und von dort dem Arroscia-Tal bis Albenga zu folgen (s. S. 109).

🍴 **Restaurants:** *L'Ulivo,* Torria, ☎01 83-5 25 76. Sa und So geöffnet, wochentags vorher anrufen! Gute traditionelle Küche mit Spezialitäten wie Brennessel-Ravioli *(ravioli con le ortiche)* und Hackfleisch mit Trüffeln und Olivenöl *(zingara). Il Giardino,* Via Roma 33, Lucinasco, ☎ 01 83-5 23 67, Mi geschl. Gute Landküche, Wildgerichte, nicht teuer.

🌴 **Einkaufen:** *Dino Abba,* Via Roma 2, Lucinasco. Sehr feines Olivenöl; Preis, aber auch Qualität sind deutlich höher als bei den meisten anderen Produzenten der Gegend.

🚌 **Verkehrsverbindungen:** Mo–Sa täglich mehrere Busse von Imperia (Oneglia) nach Pontedassio/Borgomaro, fünf Fahrten bis Aurigo.

Cervo

Cervo ist ein Schmuckstück unter den Orten der Riviera di Ponente. Über dem mittelalterlichen Häusergewirr, das sich an einem Hügel direkt über dem Meer hinaufzieht, erhebt sich die schwungvolle Barockkirche San Giovanni Battista (s. Abb. S. 34/35); vom Kirchplatz genießt man eines der schönsten Küstenpanoramen. Hinter Steinmäuerchen wachsen im Dorf Palmen, Zitronen- und Ölbäume. Das ganze Jahr über blühen Blumen in

leuchtenden, starken Farben. Immer wieder öffnen sich aus schmalen Gassen und Treppenwegen herrliche Ausblicke auf das Meer.

Der Ort von heute 1300 Einwohnern wurde erstmals im 11. Jh. erwähnt. Vermutlich gab es aber hier schon in älteren Zeiten eine Ansiedlung. *Cervo* bedeutet Hirsch – das Lieblingstier der römischen Jagdgöttin Diana, an deren Kult auch der Name des benachbarten Städtchens Diano erinnert. Im 13. Jh. ließ Genua Cervo mit Stadtmauern und Türmen befestigen, um die Küstenstraße zu kontrollieren. Später spezialisierten sich die

Cervo

Seefahrer des Ortes auf die Korallenfischerei; sie bauten eigens dafür ausgerüstete Schiffe, die *coralline*, und gelangten auf ihren Fahrten bis nach Nordafrika und auf die Balearen. Im kleinen **Heimatmuseum in der Burg** sind unter anderem Ausrüstungsgegenstände für den Korallenfang zu sehen (9–12.40 und 15–18.30 Uhr, So geschl.).

Aus den beträchtlichen Einnahmen der Korallenfischer wurde auch der spätbarocke Bau von **San Giovanni Battista** finanziert. Die hochaufragende, geschwungene Fassade der Kirche prägt das gesamte Ortsbild. Mit seiner Heiterkeit und Leichtigkeit paßt der eindrucksvolle Bau, der zu den bedeutendsten Werken des ligurischen Barock zählt, vorzüglich in die Atmosphäre Cervos. Er wurde nach Plänen von Giovanni Battista Marvaldi ab 1686 errichtet. Eine Freitreppe führt von dem kleinen gepflasterten Kirchplatz zum Portal. Hoch oben an der Fassade erblickt man das Relief eines Hirschs, das auf den Ortsnamen anspielt. Die verspielten Stuckornamente des reichgeschmückten Innenraums stammen aus dem 18. Jh.

Etwas unterhalb von San Giovanni Battista steht das **Oratorium** der hl. Katharina aus dem 13. Jh. mit einem schönen Portal im romanisch-gotischen Übergangsstil.

Auskunft: Piazza Castello 1, 📞 und Fax 40 81 97. **Vorwahl:** 01 83

Hotel: * *Bellavista,* Piazza Castello 2, 📞 40 80 94. Einzige Unterkunft im alten Ortskern, einfach und korrekt, mit preiswertem Restaurant.

Restaurant: *San Giorgio,* Via Volta 19, 📞 40 01 75, Mo (abends) und Di geschl. Gute Fischküche zu gehobenen Preisen.

Fest: Der deutsche Pianist Arnulf von Arnim organisiert jährlich Anfang September die *Internationale Sommerakademie Cervo* mit Meisterkursen für junge Musiker. Teilnehmer und Dozenten veranstalten während dieser Zeit zahlreiche Konzerte.

Baden: Nur ein kleiner Strand unterhalb des alten Ortes, die schöneren Strände befinden sich in den Nachbarorten Diano Marina und Laigueglia.

Verkehrsverbindungen: Halbstündlich Busse nach Imperia/San Remo und nach Andora, in Andora Anschluß Richtung Finale Ligure/Savona.

Marina di Andora ist eine gesichtslose Ansiedlung, doch erreicht man von hier in kurzer Fahrt (2 km in Richtung Autobahnauffahrt, kurz vor der Autobahn Hinweisschildern »Castello« folgen) die Kirche **Santi Giacomo e Filippo,** einen der schönsten mittelalterlichen Sakralbauten der Region. Das romanisch-gotische Gotteshaus aus dem späten 13. Jh. wurde in hellem Steinmauerwerk errichtet; besonders schön sind das gestufte Portal und die Apsispartie. Als Glockenturm dient ein Wehrturm. Er bewachte einst den

Zugang zur benachbarten Burg, von der auf der Hügelkuppe noch einige Ruinen erhalten blieben.

Hinter Andora folgt die Küstenstraße dem Felsvorsprung des Capo Mele. Hier endet die Riviera dei Fiori. Der hübsche Badeort **Laigueglia** (2500 Ew.) liegt an der Bucht von Alassio. Er hat ähnlich gute Strände wie die Nachbarstadt, wirkt aber viel intimer und ruhiger. Der Verkehr wird um den alten Ortskern herumgeleitet; farbige Häuser umgeben kleine, meist zum Meer hin offene Plätze, Orangenbäume verströmen ihren Duft. Trotz des Badebetriebs ist die Atmosphäre eines ehemaligen Fischerdorfs noch spürbar. Am Meer steht als einziges

Überbleibsel der alten Befestigungsanlagen der Torrione del Cavallo, ein Wachtturm aus dem 16. Jh. Die Kirche San Matteo, ein Zentralbau des 18. Jh., zeigt eine lebendige, bewegte Barockfassade sowie hübsche mehrfarbige Majolikakuppeln auf den beiden Glockentürmen. An der zentralen Fußgängerstraße Via Dante finden sich noch mehrere Barockpalazzi.

Oberhalb von Laigueglia liegt zwischen Olivenhainen das winzige Dorf **Colla Micheri.** Es wurde von dem norwegischen Völkerkundler Thor Heyerdahl restauriert, der 1949 durch seine Pazifik-Überquerung mit dem Floß Kon-Tiki Weltruhm erlangte. Heyerdahl ließ sich dauerhaft in Colla Micheri nieder. Er hat sich immer wieder für den Schutz der ligurischen Landschaft und der alten Orte engagiert.

Laigueglia

Auskunft: Via Roma 150, ℰ 69 00 59, Fax 69 91 91. **Vorwahl:** 01 82.

 **Hotels:** *** *Windsor,* Piazza XXV April 7, ℰ 69 00 00, Fax 69 00 22. Relativ einfaches Drei-Sterne-Haus in schöner zentraler Lage, eigener Strand, viele Zimmer mit Meerblick. ** *Mariella,* Via Dante 190, ℰ 69 03 56, Fax 69 03 78. Das originellste Hotel im Ort: zentrale Lage, sehr persönlich geführt, Antiquitäten-Ausstattung, Fresken an den Wänden, Stuckgewölbe. * *Aurora,* Piazza Libertà 8, ℰ 69 03 54. In der Altstadt direkt am Meer. ** *Villa Bianca,* Piazza Maglione, ℰ 69 00 74. Preiswerte Pension in Bahnhofsnähe.

Camping: *San Sebastiano,* Via San Sebastiano 23, ℰ 60 04 20. Schattig in kleinem Wald in der Nähe des Ortszentrums.

Restaurants: *Vascello Fantasma,* Via Dante 105, ℰ 49 98 97, Mo geschl. Elegantes Fischrestaurant, gehobene Preise. *Il Pescatore,* Piazza Garibaldi 7, ℰ 69 01 24, Mi geschl. Einfachere Fischküche.

Feste: *Sbarco dei Saraceni:* Darstellung eines Sarazenenüberfalls in historischen Kostümen (Anfang August); *Fest des Ortsheiligen San Matteo* am 21. September.

Baden: Feiner, ausgedehnter Sandstrand.

 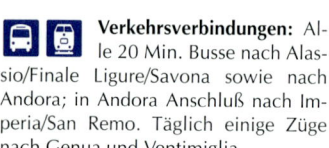 **Verkehrsverbindungen:** Alle 20 Min. Busse nach Alassio/Finale Ligure/Savona sowie nach Andora; in Andora Anschluß nach Imperia/San Remo. Täglich einige Züge nach Genua und Ventimiglia.

Alassio

Der Überlieferung nach wurde Alassio im 6. Jh. von Mailändern gegründet, die vor dem Ansturm des germanischen Volksstamms der Langobarden nach Ligurien auswichen. Heute gibt es in Alassio kein Ausweichen mehr vor den Germanen: Im Sommerhalbjahr ist der wichtigste Badeort der Riviera di Ponente (11 500 Ew.) zum guten Teil in deutscher Hand. Man erhält problemlos »Kännchen deutscher Kaffee«, deutsches Bier sowieso, und die Länderspiele von Klinsmann & Co. werden live auf großer Leinwand übertragen. Nach der Legende hat selbst der Ortsname mit den Germanen zu tun: Er leite sich angeblich ab von Adelasia, einer Tochter des sächsischen Kaisers Otto I. Sie sei mit ihrem Geliebten vor dem Zorn des Vaters hierher geflohen, bis der Kaiser ihr schließlich verzieh.

Im Hochsommer herrscht in Alassio viel Rummel, angenehmer sind Vor- und Nachsaison. Der Touristenandrang hat seine guten Gründe: Die geschützte Lage des Ortes an einer weitgeschwungenen Bucht zwischen zwei Vorgebirgen ist optimal, der feine Sandstrand immerhin 3 km lang, das Klima besonders mild. Dazu kommen Diskotheken, Geschäfte, zahllose Restaurants und in der Saison ein relativ großes Unterhaltungsangebot. Schon Ende des 19. Jh. ›entdeckten‹ englische Touristen das dama-

Alassio

lige Fischerdorf. Seither hat sich Alassio zur Stadt entwickelt, aber das alte dörfliche Zentrum mit der langgestreckten Hauptgasse ist noch gut erhalten. Viele Häuser stehen direkt am Strand und beherbergen heute Hotels und Restaurants. Drumherum ist die weniger reizvolle, verkehrsgeplagte Neustadt gewachsen, aber am Meer und in den angrenzenden Gassen vergißt man sie schnell.

Die Sehenswürdigkeiten sind dünn gesät. Reizvoll ist der Bummel auf der Uferpromenade Passeggiata Italia und auf dem Straßenzug Via XX Settembre/Via Vittorio Veneto, der parallel zum Meer an jahrhundertealten Häusern und zahlreichen Geschäften vorbeiführt. Am nordöstlichen Rand der Altstadt steht der Wachtturm **Torrione della Coscia** aus dem 16. Jh. Die Kirche **Sant'Ambrogio** an der Via G. Bosco hat ein schönes Renaissance-Portal und einen prunkvollen barocken Innenraum. Auf dem **Muretto,** einem ›Mäuerchen‹ in der Via Dante beim Bahnhof, sind die Namenszüge zahlloser prominenter Alassio-Gäste auf Keramikfliesen gefaßt, von den glorreichen alten Zeiten mit Ernest Hemingway, Louis Armstrong, Zarah Leander, Anita Ekberg und Jean Cocteau in scharfem Abstieg zur Gegenwart, die nur durch Sternchen wie den Talkmaster Mike Buongiorno oder Skistar Alberto Tomba repräsentiert wird.

Ein Spaziergang von etwa 45 Min. führt am nordöstlichen Ortsrand über die steil ansteigende Strada Romana zum Kirchlein **Santa Croce,** das sich in schöner Panoramalage auf dem gleichnamigen Kap erhebt. Apsis und Nordwand stammen noch aus dem 11. Jh., die restlichen Bauteile wurden im 16. Jh. erneuert.

Auskunft: Via Mazzini 62. ✆ 67 70 27, Fax 67 48 74. **Vorwahl:** 01 82.

Hotels: **** *Diana,* Via Garibaldi 110, ✆ 64 27 01, Fax 64 03 04. Komfortables Haus am Ortsrand, allerdings unbedingt Zimmer zum Meer hin bestellen, zur Straße ist es laut! *** *Savoia,* Via Milano 14, ✆ 64 02 77, Fax 64 01 25. Neu durchgestylter Bau am Meer, komfortabel, über die Einrichtung ließe sich lange diskutieren. *** *Ligure,* Passeggiata Italia 25, ✆ 64 06 53, Fax 66 00 41. Solides, sorgfältig geführtes Haus in zentraler Lage an der Uferpromenade. *** *Lido,* Via IV Novembre 9, ✆ 64 01 58, Fax 66 01 98. Angenehmes Haus am Strand. ** *Badano,* Via Gramsci 36, ✆ 64 09 64, Fax 64 07 37. Kleine gepflegte Zimmer mit Balkon, Dachterrasse, eigener Strand. ** *Fanny,* Passeggiata Cadorna 11, ✆ 64 25 06, Fax 64 21 18. Ordentlich geführt, einfach, direkt am Meer. * *Pinin,* Via Bogliolo 2, ✆ 64 08 31. Korrekt, preiswert, nicht völlig ruhig.

Camping: *Monti e Mare,* Via Privata E della Valle 5, ✆ 64 30 36, Fax 64 24 27. In großem, bewaldeten Gelände zwischen Alassio und Albenga, mit eigenem Strand.

Restaurants: *Palma,* Via Cavour 5, ✆ 64 03 14, Mi geschl. Eines der besten ligurischen Restaurants, doch das Niveau der Küche ist nicht ganz so grandios wie die Preise. *Luncheonette,* Via Roma 18, ✆ 54 57 01, Mi geschl. Solide Fischküche, mittlere Preise. *La Scogliera,* Passeggiata Ciccione, ✆ 64 28 15, Mo geschl. Traditionelle ligurische Küche, aber auch Crêpes; große Terrasse am Meer.

Eis: Die *Caffé-Gelateria Giacomel* (Via Mazzini 65, beim Bahnhof) blickt auf eine über hundertjährige Tradition zurück und bietet Raritäten an wie das Basilikum- (durchaus empfehlenswert!), Kastanien-, Mandeleis und viele andere ausgezeichnete Sorten.

Einkaufen: Wochenmarkt Sa (vormittags) auf der Piazza Paccini.

Feste: Großes Feuerwerk am Abend des 15. Aug. *Festival del Mito Modernismo* in der ersten Septemberwoche: Ausstellungen, Vorträge, Lesungen literarischer Texte, Theater.

Baden: Ausgedehnte Sandstrände, wegen der flachen Ufer für Kinder besonders geeignet.

Verkehrsverbindungen: Züge entlang der gesamten Küste. Direktverbindungen auch nach Rom, Mailand, nach Deutschland und in die Schweiz. Busse (ab Piazza Libertà) alle 20 Min. in Richtung Albenga/Finale Ligure/Savona sowie Andora, in Andora Anschluß nach Imperia/San Remo.

Schiffsausflüge: Zur Insel Gallinara (s. S. 107 f.) Juli bis Mitte Sept. zweimal tägl.

Albenga

Albenga (22 500 Ew.) gehört zu den historisch bedeutendsten Städten der Riviera. Das guterhaltene mittelalterliche Zentrum zeugt von den großen Zeiten im 11.–13. Jh., als Kaufleute und Handwerker eine unabhängige Stadtrepublik errichteten. Heute lebt der Ort hauptsächlich vom Handel mit Gemüse, Obst und Blumen aus der fruchtbaren Mündungsebene des Flusses Centa; daneben gibt es eine Reihe kleiner Industrieunternehmen. Der Tourismus macht sich – im Gegensatz zu den benachbarten Badeorten Alassio und Loano – wenig bemerkbar. Das Strandleben spielt keine wesentliche Rolle; nach Albenga fährt man eher wegen der

Geschlechtertürme in Albenga

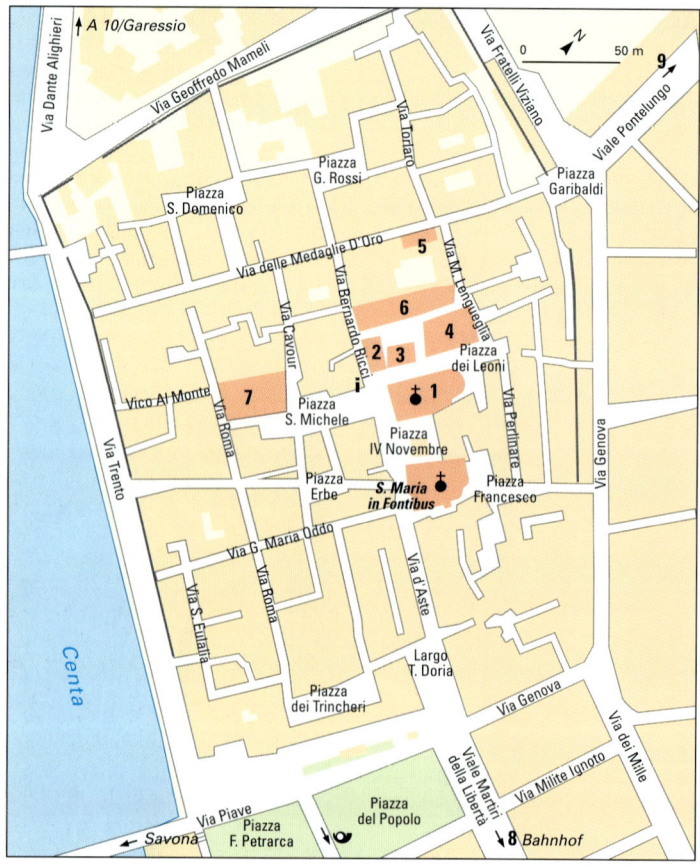

Albenga 1 Kathedrale   2 Palazzo Vecchio del Comune   3 Baptisterium
4 Palazzo Costa del Carretto di Balestrino   5 Torre Cepolla   6 Palazzo Vescovile
7 Römisches Schiffahrts-Museum   8 Fortino   9 Pontelungo

intakten Altstadt und ihrer Kunstwerke.

Der ligurische Stamm der Ingauner besiedelte vor etwa 2500 Jahren den Hügel südlich des heutigen
Zentrums. 181 v. Chr. unterwarfen

die Römer Albium Ingaunum. Sie
gründeten im 1. Jh. v. Chr. in der
Ebene die neue Stadt Albingaunum. Ab dem 11. Jh. erlebte Albenga eine Blütezeit. Handel und
Handwerk florierten, als *libero co-*

mune (freie Gemeinde) verbündete sich die Stadt mit Pisa und den deutschen Kaisern sogar gegen das mächtige Genua. Das konnte nicht gutgehen: Nach dem Tod des Stauferherrschers Friedrich II. verlor Albenga 1251 seine Unabhängigkeit; es wurde nun von den Genuesen kontrolliert. Die Pest von 1348 und vor allem die Verlagerung des Centa führten nach dem politischen auch zum wirtschaftlichen Niedergang. Weil Schwemmlandablagerungen die Mündung verstopften, wechselte der Fluß seinen Lauf. Dadurch verlandete der Hafen, und es kam zu häufigen Überschwemmungen. Albenga mußte auf den Seehandel verzichten und lebte ab dem 14. Jh. als Provinzstädtchen hauptsächlich von der Landwirtschaft.

Das historische Ambiente des *centro storico* blieb geschlossen erhalten. Um den zentralen Domplatz zieht sich ein rechtwinkliges Straßennetz, das noch auf die römische Stadtgründung zurückgeht. Es gibt angenehme Cafés, hübsche Lebensmittel- und Antiquitätenläden, und in den Altstadtgassen kann man gelegentlich Handwerkern bei der Arbeit zuschauen. Den stärksten architektonischen Akzent setzen die **Geschlechtertürme.** Solche Prestige- und Verteidigungsbauten der mächtigen Familien standen im Mittelalter in vielen italienischen Städten. Nur an wenigen Orten blieben sie erhalten. In Albenga erhebt sich noch etwa ein Dutzend dieser Bau-

ten; sie geben dem Stadtbild seinen besonderen Reiz.

Mittelpunkt der Altstadt ist die Piazza San Michele mit den repräsentativen mittelalterlichen Bauten. Die **Kathedrale** (1) entstand ab dem 11. Jh. an gleicher Stelle und in denselben Maßen wie ein frühchristlicher Vorgängerbau des 5. Jh. Sie weist Elemente aus zahlreichen Epochen auf. Die Skulpturen über dem Hauptportal sind romanisch, das Portal selbst ist barock, der Glockenturm spätgotisch. Im Innenraum erkennt man unter dem Chor Reste einer Krypta aus dem 9. Jh.

Neben der Kathedrale steht das ehemalige Rathaus, der **Palazzo Vecchio del Comune** (2). Der Bau aus dem 14. Jh. öffnet sich im Erdgeschoß mit der hübschen Loggia Comunale zur Straße hin. Die 60 m hohe Torre del Comune, der Rathausturm, war ursprünglich der Privatbau einer Adelsfamilie; er ist der höchste Geschlechterturm der Stadt. Im Rathaus befindet sich das Städtische Museum (Civico Museo Ingauno, 10–12 und 15–18 Uhr, Mo geschl.) mit Funden aus prähistorischer und römischer Zeit.

Das frühchristliche **Baptisterium** (3) neben der Kathedrale ist das kunstgeschichtlich bedeutendste Bauwerk Albengas. Es stammt vermutlich aus dem 5. Jh. Man betritt die außen zehn- und innen achteckige Taufkirche durch die Loggia Comunale (10–12, 15–18 Uhr, Mo geschl.; Eintrittskarten im Touristenbüro auf der gegenüberliegenden

Straßenseite). Antike Säulen aus korsischem Granit formen einen Umgang um das Taufbecken unter der Kuppel. Ein schönes Mosaik aus dem 5. Jh. zeigt das Christusmonogramm zwischen drei konzentrischen Kreisen – sie stehen für die Dreifaltigkeit – sowie 12 Tauben (die Apostel) und zwei Lämmer, die sich auf ein Gemmenkreuz zubewegen. Ein romanisches Fresko stellt die Taufe Christi dar. Am Außenbau finden sich schön verzierte Fenster aus dem 8. Jh. Das Baptisterium ist eines der ältesten Gotteshäuser Liguriens; mit seinen schlichten, eindrucksvollen Formen, dem Mosaik und der vielfältigen Dekoration gehört es zu den großen Kunstwerken der Riviera.

An der Rückseite der Kathedrale gelangt man zur Piazzetta dei Leoni, einem stimmungsvollen Ensemble mit der Apsis der Kirche, mittelalterlichen Häusern, dem Geschlechterturm Torre Costa und drei steinernen Renaissance-Löwen, nach denen der Platz seinen Namen trägt. Haus Nr. 1, der **Palazzo Costa del Carretto di Balestrino** (4) ist der heutige Bischofssitz; früher befand sich hier der Markt der Schuster.

Durch die Via Lengueglia gelangt man zur Via delle Medaglie d'Oro, einer der Hauptstraßen des römischen Albenga. Sie führt an beiden Enden zu alten Stadttoren. An der Straße erheben sich zahlreiche mittelalterliche Häuser und Türme; besonders bemerkenswert ist der schiefe Turm **Torre Cepolla**

(5; bei Haus Nr. 25). Bei der Einmündung der Via Bernardo Ricci befand sich das antike Forum. Auch an der Via Ricci stehen viele historische Bauten (z. B. Nr. 2, 6, 16). Sie führt zurück zum Domplatz. Unterwegs passiert man – links vom Baptisterium – den früheren Bischofspalast **Palazzo Vescovile** (6) mit dem Diözesanmuseum (Museo Diocesano, 10–13 und 15–18 Uhr, Mo geschl.). Es besitzt religiöse Kunstwerke: frühchristliche Inschriften, Sarkophage, Gemälde, liturgisches Gerät, Wandteppiche.

Das **Römische Schiffahrts-Museum** (7; Museo Navale Romano, 10–12 und 15–18 Uhr, Mo geschl.) an der Piazza San Michele verdankt seine Existenz einem Schiffbruch. Es zeigt die Reste eines antiken Frachters, der 1950 und 1962 vor der Küste in 50 m Tiefe geborgen wurde. Man fand dabei mehr als 1000 Weinamphoren – offenbar handelte es sich um einen ›Weintanker‹.

Außerhalb des alten Ortskerns bietet Albenga wenig Reizvolles. Die Vororte wirken anonym, die Umgebung ist stark zersiedelt. Etwas außerhalb der Altstadt steht das **Fortino** (8), eine kleine Festungsanlage aus dem 16. Jh., die sich ursprünglich direkt am Meer befand, heute jedoch weit von der Küstenlinie entfernt liegt. Vom nördlichen Stadttor gelangt man über den Viale Pontelungo in 10 Min. zu Fuß zum **Pontelungo** (9), einer großen mittelalterlichen

Brücke über den früheren Flußlauf des Centa.

 Auskunft: Via Ricci (Ecke Piazza San Michele), ☎ 55 84 44, Fax 55 87 40. **Vorwahl:** 01 82.

 Hotels: *** *Sole Mare,* Lungomare Colombo 15, ☎ 5 18 17, Fax 5 27 52. Korrekt, direkt am Meer, fast alle Zimmer mit Balkon (aber nicht alle mit Aussicht). ** *Ondina,* Viale Italia 41, ☎ 5 13 34, Fax 55 45 38. Einfach und ordentlich. * *Villa Rosa,* Lungomare Colombo 1, ☎ 5 05 29, Fax 54 40 29. Neubau am Ufer, sauber und freundlich. * *Italia,* Via Martiri della Libertà 8, ☎ und Fax 5 04 05. Angenehme Familienpension mit nur sieben Zimmern (alle ohne eigenes Bad), zentral und preisgünstig, allerdings sind manche Zimmer laut.

 Restaurant: *Italia* (s. oben), Via Martiri della Libertà 8, ☎ 5 04 05, Mo geschl. Gutbürgerliches Provinzrestaurant, angenehmer Service, zivile Preise.

 Cafés: Atmosphärisch reizvoll sind das *Carpe Diem,* Piazza San Michele, das *Caffè d'Aste,* Via Enrico d'Aste, und das *Piazzetta degli Artisti,* Piazza G. Rossi.
Eis: *Il Mangiatore di Cuori,* Via Enrico d'Aste 6 (beim Domplatz).

 Einkaufen: Wochenmarkt Mi (vormittags) auf der Piazza Petrarca. *Enoteca del Vascello,* Via Gian Maria Oddo 16. Große Wein- und Grappaauswahl.

Fest: *Ortsfest des hl. Michael* am 29. September

 Reizvoll ist die zweistündige Wanderung auf dem markierten **Archäologischen Wanderweg** (Itinerario Archeologico) nach Alassio. Sie führt mit Aussicht aufs Meer vorbei an antiken Ruinen zur Kirche Santa Croce am Ortsrand Alassios (s. S. 102). Einstieg: Über die Centa-Brücke in die Via Ruffini, dann rechts in Via San Calogero, von dieser links in Salita Madonna di Fatima, dann in die zweite Straße links, ab hier markiert.

 Baden: Sand- und Kiesstrände; an der Flußmündung des Centa ist das Wasser häufig verschmutzt.

 Verkehrsverbindungen: Gute Bahnverbindungen entlang der Küste. Busse nach Finale Ligure–Savona sowie Alassio–Andora alle 20 Min. (So und feiertags alle 30 Min.); in Andora Anschluß Richtung Imperia-San Remo.

Schiffsausflüge: Zur Insel Gallinara, Juli bis Mitte Sept. zweimal tägl.

Vor Albenga liegt die kleine, in Privatbesitz befindliche **Isola Gallinara** (oder Gallinaria). Sie steht unter Naturschutz und ist für Besucher nicht zugänglich. Im Sommer führen Schiffsausflüge von Albenga, Loano und Alassia um die Insel herum. An der Ostseite fallen die Felsen steil zum Meer hin ab; hier befinden sich zahlreiche Grotten. In einer von ihnen lebte der Überlieferung nach zwischen 356 und 360 der hl. Martin von Tours. Später entstand auf der Insel ein mächtiges Benediktinerkloster. Seine Überreste – heute Teil einer Villa –,

die Wehrtürme aus dem 16. Jh. und eine neugotische Kirche sind auch von fern zu erkennen. Die Flora der Insel ist äußerst vielfältig – seit 150 Jahren blieb die Natur nahezu sich selbst überlassen. Auf Gallinara gedeihen rund 270 Pflanzenarten. Einige sind extrem selten, andere – wie die Gallinara-Rose – kommen überhaupt nur hier vor.

Der Küstenabschnitt nördlich von Albenga ist eher unschön. Selbst der gewöhnlich betont nüchterne Führer des Touring Club Italiano bemerkt, die Ufer seien stellenweise ›abartig‹ zersiedelt. In **Ceriale** findet man immerhin einen hübschen Ortskern mit freundlicher Atmosphäre. Am Hauptplatz Piazza della Vittoria, der sich zum Meer hin öffnet, steht ein Wehr-

turm von 1564. Das größere, stark auf den Tourismus ausgerichtete **Loano** (11 200 Ew.) hat langgestreckte Strände und ein großes Hotelangebot. Das hübscheste Bauwerk der Altstadt ist der barocke Uhrturm mit dem Stadtwappen. Im ersten Stock des Rathauses an der Piazza Italia kann man ein römisches Fußbodenmosaik aus dem 3. Jh. bewundern.

ℹ ✆ Auskunft: Corso Europa 19, ✆ 67 60 07, Fax 67 68 18. **Vorwahl:** 0 19.

🛏 **Hotels:** *** *Villa Iris,* Viale Martiri della Libertà 14, ✆ 66 92 00, Fax 66 05 51. In schönem Park unter alten Bäumen, gut geführt, aber leider direkt an der Bahnlinie. ** *Giordana,* Piazza Mazzini 11, ✆ 66 84 66, Fax 67 53 24.

Gute Lage an der Uferpromenade. **
Milano, Corso Europa 15, ☎ 66 83 89,
Fax 67 46 86. Gepflegtes Haus am Alt-
stadtrand, etwas Straßenlärm.

 Fest: Beim *Sbarco dei Turchi* in
Ceriale (erstes Wochenende im
Juli) wird der Sarazenenüberfall von
1657 nachgespielt.

 Verkehrsverbindungen: Ab
Loano häufige Züge entlang
der Küste. Busse in Ceriale und Loano
wie in Albenga (s. S. 105).

 Schiffsausflüge: Zur Insel Gallinara ab Loano, Juli bis Mitte Sept.
zweimal tägl.

Die Täler von Albenga

Von der weiten, wirtschaftlich intensiv genutzten Ebene um Albenga gelangt man in kurzer Zeit in die
Flußtäler des Arroscia, des Neva
und des Pennavaíra. Sie bilden einen starken Kontrast zur verstädterten Küste. Hier findet man die
landschaftliche Harmonie wieder,
die in der unmittelbaren Umgebung Albengas unwiderruflich
verloren ging: silbern glänzende
Olivenhaine und sattgrüne Berg-
weiden, mittelalterliche Dörfer und
verstreute Anwesen, Wälder und
Schluchten, und unterwegs immer
wieder großartige Fernblicke.

Das **Arroscia-Tal** besucht man
von Albenga aus am günstigsten
auf einer Rundreise über Imperia

und Pieve di Teco, wenn man die
Rückfahrt auf der gleichen Strecke
vermeiden will (s. S. 93 ff.). Bei der
Fahrt talabwärts genießt man die
schöneren Panoramen; die Tour
wird daher in dieser Richtung beschrieben.

Die Kleinstadt **Pieve di Teco** hat
ein hübsches altes Zentrum mit einer von mittelalterlichen Bogengängen gesäumten Hauptstraße.
Die klassizistische Kirche San
Giovanni Battista zeugt von der
einstigen Bedeutung des Ortes,
der am Schnittpunkt mehrerer
Salzstraßen ins Piemont lag. Talabwärts erreicht man bald **Borghetto d'Arroscia.** Kurz hinter dem
Dorf steht rechts an der Straße die
Kirche San Pantaleo (11.–15. Jh.).
Sie ist mit Renaissance-Fresken
ausgemalt, aber leider meistens
geschlossen.

Ab Borghetto d'Arroscia empfiehlt sich der Umweg über eine
kurvige Bergstraße, die durch
schöne Weiler und Dörfer führt
und herrliche Panoramen bietet –
vor allem bei guter Fernsicht ein
Genuß! Man biegt in Borghetto
nach links und fährt 7 km bergauf
bis **Gazzo d'Arroscia.** Ab hier geht
es in leichtem Auf und Ab weiter
über **Aquila d'Arroscia, Vendone**
und **Arnasco,** bis man schließlich
kurz vor Albenga wieder ins Tal
gelangt. In den Dörfern spielen
Oliven- und Gemüsekulturen eine
wichtige Rolle; mehrfach findet
man am Wege kleine Ölmühlen,
die vielfach noch in Familienbesitz sind.

Restaurant: *La Baita,* Gazzo d'Arroscia, ✆ 01 83-3 10 83, Mi geschl., im Winterhalbjahr nur Fr–So geöffnet. Das vorzügliche ländliche Lokal ist vor allem für seine Pilzgerichte weithin bekannt.

Einkaufen: *Renzo Brondo,* Vendone, Ortsteil Cantone Nr. 9 (an der Straße zwischen Aquila d'Arroscia und Arnasco), ✆ 01 82-7 62 53. Öl aus biologischem Anbau, eingelegte Pilze, Tomaten und Artischocken. Außerdem zahlreiche andere Ölmühlen *(frantoi)* an der Straße.

Verkehrsverbindungen: Albenga–Pieve di Teco Mo–Sa fünf, So und feiertags drei Busse, Fahrzeit 60 Min.

Im **Neva-Tal** erreicht man zunächst **Cisano sul Neva** mit einem kleinen alten Ortskern direkt am tief in den Felsen geschnittenen Fluß. Im Nachbarort **Conscente** steht eine Burg aus dem 16. Jh. Gleich darauf zweigt die Straße ins einsame **Pennavaíra-Tal** ab. Der Abstecher lohnt wegen der schönen Landschaftsbilder, aber auch aus kulinarischen Gründen: Im nahegelegenen Castelbianco kann man vorzüglich speisen (s. unten).

Die Hauptstrecke führt im Neva-Tal weiter nach **Zuccarello** (s. Abb. S. 31). Der Ort wurde im 13. Jh. von der Adelsfamilie Clavesana zur befestigten Ansiedlung ausgebaut; seine mittelalterliche Anlage ist noch gut erhalten. Die reizvolle Hauptgasse Via Tornatore ist durchgehend von Arkaden gesäumt. Die Pfarrkirche stammt aus dem 17. Jh.,

der Glockenturm ist noch romanisch. Ein steiler Fußweg führt zu den Ruinen der Burg, von der man eine schöne Aussicht aufs Tal genießt.

Hotels: ** *Scola,* Castelbianco, Via Pennavaíra 166, ✆ und Fax 01 82-7 70 15. Angenehme, gepflegte Unterkunft mit günstigen Preisen.

Restaurants: *Bar Sport,* Cisano sul Neva, Piazza G. Gallo, ✆ 01 82-59 53 23, Mo (abends) und Di geschl. Trattoria mit ausgezeichneter ligurischer Küche. *Scola* (s. oben), Di geschl. Das ländliche Lokal überrascht in jeder Hinsicht: An den Wänden hängen Van Gogh-, Modigliani- und Klimt-Reproduktionen, das Geschirr ist elegant, die Küche ausgesprochen fein. Günstige Preise.

Verkehrsverbindungen: Albenga–Castelbianco Mo–Sa zwei, So und feiertags eine Verbindung, Fahrzeit 30 Min. Albenga–Zuccarello Mo–Sa 3–4 Busse, Fahrzeit 25 Min.; z. T. Weiterfahrt bis Castelvecchio di Rocca Barbena möglich.

Vor Erli verläßt man das Tal auf einer nach Osten abzweigenden Straße. **Castelvecchio di Rocca Barbena** ist ein mittelalterliches Dorf mit engen Gassen und Treppenwegen unterhalb einer Burg. Es war vor Zuccarello der erste Hauptort des Neva-Tals.

In **Balestrino** steht ein gut erhaltenes, noch immer von der Adelsfamilie Del Carretto bewohntes Schloß aus dem 16. Jh. (s. Abb. S. 38). Das alte Zentrum unterhalb der Burg liegt in Ruinen; es wurde nach einem Erdrutsch in den fünfziger Jahren von seinen Bewohnern verlassen.

Von Toirano führt eine schöne kurvige Bergstraße durch Fels- und Schluchtlandschaften über den Paß Giogo di Toirano (807 m) ins obere Bórmida-Tal (s. S. 133 ff.). Gleich am Beginn dieser Strecke, kurz hinter Toirano, zweigt eine Straße ab zu den **Grotte di Toirano** (Hinweisschilder; 9–12 und 14–17 Uhr). Die ausgedehnten Höhlen in schöner Felslandschaft sind auf geführten Rundgängen von 70 Min. Dauer zugänglich. Neben interessanten Tropfsteinformationen, kleinen Grottenseen und korallenförmigen Steingebilden finden sich als besondere Attraktionen 12 000 Jahre alte menschliche Fußspuren sowie die Knochen der riesigen, aufgerichtet fast 3 m großen Höhlenbären.

Restaurant: *La Greppia,* Balestrino, Via Lucifredi 9, ☎ 01 82-98 80 20, Mo geschl. Angenehme Dorftrattoria.

Verkehrsverbindungen: Loano – Grotte di Toirano täglich eine, in der Sommersaison drei Busverbindungen, außerdem einige Busse bis Toirano (von dort ca. 30 Min. Fußweg zum Höhleneingang). Fahrzeit 25 Min.

Castelvecchio di Rocca Barbena

Beliebte Badeufer

Beliebte Badeufer:
Von Finale Ligure bis Genua

Finale Ligure ist seit Jahrzehnten vor allem bei deutsch-sprachigen Gästen beliebt – mit guten Gründen, denn die Mischung aus Strandleben, Landschaftseindrücken und lockerer Atmosphäre ist optimal. Das benachbarte Noli hat ein besonders gut erhaltenes historisches Zentrum. Auf die moderne Provinzhauptstadt Savona folgen kleine Badeorte wie Albisola, Celle Ligure und Varazze, die vor-wiegend von italienischen Urlaubern aufgesucht werden.

Finale Ligure

Der Badeort (12 500 Ew.) ist ganz auf Feriengäste eingestellt, doch das hat der ›typisch‹ italienischen Atmosphäre nicht geschadet – im Gegenteil. Cafés, Läden, Bars und Trattorien werden von Einheimi-schen wie von Ausländern gemein-sam genutzt; die Urlauber schei-nen ins Alltagsleben integriert – wohl auch deswegen, weil es in Fi-nale nicht ganz so voll wird wie in anderen Zentren des Riviera-Tou-rismus. Bei etwa gleicher Einwoh-nerzahl ist die Bettenkapazität nur halb so groß wie in Alassio.

Finale Ligure besteht aus mehre-ren Ortsteilen. Finale Marina um-faßt die Altstadt mit historischen Wohnhäusern, Palazzi, belebten Fußgängergassen und hübschen Plätzen, aber auch neuere Vororte, die ausgedehnte Uferpromenade und breite Strände. Hier befinden sich die meisten Hotels, Restau-rants und Geschäfte. Am östlichen Ortsrand geht Finale Marina in das kleinere und ruhigere Finalpia über. Es liegt ebenfalls direkt am Meer, doch der Bade- und Urlaubs-betrieb ist weniger ausgeprägt als im Zentrum. 2 km landeinwärts stehen inmitten alter Wehrmauern die Häuser und Kirchen von Final-borgo, einem der besterhaltenen alten Orte Liguriens. Die befestigte Ansiedlung von strategischer Be-deutung war lange Zeit der politi-sche Mittelpunkt der Region.

Der Name Finale leitet sich von *fines* (= Grenze) her. Das Kap von Caprazoppa am südlichen Ende der Bucht bildete in der Antike die Grenze zwischen den Gebieten der Sabater und der Ingauner, zweier Stämme der ligurischen

Der Bogen der Margarethe von Österreich in Finale Ligure

Urbevölkerung. Eine kleine Ansiedlung existierte hier bereits in der Römerzeit, doch größere Bedeutung erlangte sie erst im Mittelalter unter den Màrkgrafen Del Carretto. Sie gründeten 1188 Finalborgo und machten es im 13. Jh. zur Hauptstadt ihres Territoriums. 1598 kam Finale an die spanische Krone. Unter den Spaniern entwickelte es sich zu einem wichtigen Handelszentrum. Diese Rolle verstärkte sich nach 1666 mit der Anlage der ›Strada Beretta‹, die durchs Gebirge zu den spanischen Besitzungen in der Lombardei führte. Ab 1709 gehörte die Stadt vier Jahre lang zu Österreich, anschließend zur Republik Genua.

Der Hauptplatz von **Finale Marina** ist die große, zum Meer hin offene Piazza Vittorio Emanuele II. An der Seeseite erhebt sich der monumentale **Bogen der Margarethe von Österreich;** er wurde 1666 zu Ehren der spanischen Königstochter errichtet, die auf dem Weg zur Vermählung mit Kaiser Leopold I. in Finale Station machte. Unter den Arkaden der Piazza befindet sich das immer stark frequentierte Caffè Caviglia. Hübsche Geschäfte und schöne Palazzi (z. B. Nr. 3, 6, 14) prägen die zentrale Via Roma. Die **Pfarrkirche San Giovanni Battista** hat eine schwungvolle stuckverzierte Barock-Fassade. Der Hauptaltar ist mit Marmorintarsien ausgelegt, das Chorgestühl mit Holzeinlegearbeiten verziert. Oberhalb der Via Aurelia befinden sich am östlichen Ortsrand die Ruinen der **Burg Castelfranco,** die im 14. Jh.

von den Genuesen errichtet wurde. Sie stand früher direkt am Meer, doch im Lauf der Jahrhunderte hat sich die Uferlinie verlagert.

Finalpia ist um die **Abtei Santa Maria di Pia** herum gewachsen, die erstmals 1170 erwähnt wurde. Die Klosterkirche (9–12 und 15.30–19 Uhr) hat eine Rokoko-Fassade; vom mittelalterlichen Bau blieb noch der Glockenturm erhalten. In den schönen Renaissance-Kreuzgängen befinden sich farbige Terrakotta-Reliefs der florentinischen Künstlerfamilie Della Robbia (16. Jh.).

Finalborgo, die einstige Residenz der Markgrafen Del Carretto, wurde 1449 von den Genuesen zerstört und anschließend unter den Markgrafen neu aufgebaut. Das vorzüglich erhaltene historische Stadtbild geht zum größten Teil auf das 15. Jh. zurück. In allen Ecken und Winkeln bietet Finalborgo reizvolle Ansichten. Es ist vollständig von Stadtmauern um-

Von Finale Ligure bis Genua

geben, hat hübsche alte Stadttore, schöne Plätze und blumengeschmückte Gassen. Dabei wirkt es nicht museal, sondern ist von Besuchern und Einheimischen belebt.

Man betritt den Ort durch das **Stadttor Porta Reale** aus dem 17. Jh. Gleich dahinter erhebt sich die **Pfarrkirche San Biagio.** Als einzige Überreste eines gotischen Vorgängerbaus blieben die Apsis und der ungewöhnliche achteckige Glockenturm erhalten, der leicht schräg über den Wehrmauern emporragt. Die heutige Kirche stammt aus dem Barock. Die Fassade blieb unvollendet; der große Innenraum hat zwar keine bedeutenden Einzelkunstwerke, ist aber grandios mit Gemälden, Skulpturen und einer gewaltigen Orgel ausgeschmückt.

Den Ortsmittelpunkt bildet die hübsche **Piazza Garibaldi** mit farbigen Häuserfassaden, einem Brunnen und einigen Café-Tischen vor der Bar Centrale. Durch einen barocken Torbogen erreicht man den nahegelegenen **Palazzo del Tribunale** an der gleichnamigen Piazza. Der einstige Justiz- und Verwaltungssitz der Grafschaft ist leider sehr heruntergekommen. Interessant sind die Fassadenreliefs aus dem 15. Jh. mit der Darstellung der vier Kardinaltugenden.

In besserer Verfassung zeigt sich (ebenfalls an der Piazza del Tribunale) die Rokoko-Fassade des **Palazzo Arnaldi.** Biegt man vor diesem Gebäude nach rechts, so gelangt man in einem fünfzehnminütigen Anstieg zu den Ruinen des

Das vorzüglich erhaltene Stadtbild Finalborgos geht auf das 15. Jh. zurück

Castel Gavone (s. unten). Von der Piazza Garibaldi führt die Via Nicotera zum 1452 errichteten, farbig bemalten **Stadttor Porta Testa.** Kurz vor dem Tor zweigt ein Sträßchen nach rechts ab zum **Dominikanerkloster Santa Caterina.** Die Abteikirche war einst die Grabstätte der Markgrafen; 1864–1965 diente sie als Gefängnis. Während dieser Zeit wurden starke Eingriffe in die Bausubstanz vorgenommen. Als schönstes Kunstwerk blieb der Freskenzyklus eines unbekannten Malers aus dem frühen 15. Jh. mit Szenen aus dem Marienleben erhalten. Reizvoller als das Gottes-

Nostra Signora di Loreto bei Perti

sie neu errichten. Dabei entstand der schöne Diamantenturm mit einer ungewöhnlichen Verkleidung aus spitz zulaufenden Steinen. 1714 zerstörte Genua das Kastell zum zweiten Mal – diesmal endgültig.

In der Nähe der Burgruine befinden sich die Überreste der im Mittelalter bedeutenden Ortschaft **Perti.** Die **Kirche Sant' Eusebio** besteht aus einem barocken Gotteshaus und einem älteren, gotischen Bauteil mit einer romanischen Krypta (Schlüssel zur Kirche in der benachbarten Osteria Castel Gavone). Zu Fuß erreicht man **Nostra Signora di Loreto,** einen fünftürmigen Renaissance-Bau nach dem Vorbild der von Donato Bramante erbauten Mailänder Portinari-Kapelle.

haus sind die angrenzenden Renaissance-Kreuzgänge. Vom ersten Kreuzgang aus betritt man das **Städtische Museum** (Civico Museo del Finale; 9–12 und 14.30–16.30 Uhr, Juni bis Sept. 10–12 und 15–18 Uhr, So und feiertags 9–12 Uhr, Mo geschl.) mit frühgeschichtlichen Funden aus den Höhlen der Umgebung.

Oberhalb von Finalborgo stehen die mächtigen Ruinen des **Castel Gavone** (Zugang: zu Fuß ab Piazza del Tribunale, s. oben, oder mit dem Auto in Richtung Calice Ligure, dann nach rechts nach Perti, vom Ende dieser Straße kurzer Fußweg). Die Burganlage geht auf das 12. Jh. zurück. Nach der Zerstörung durch die Genuesen 1449 ließen die Markgrafen Del Carretto

Auskunft: Via San Pietro 14, ✆ 68 10 19, Fax 68 18 04. **Vorwahl:** 0 19.

Hotels: *****Punta Est,* Via Aurelia 1, ✆ und Fax 60 61 11. Etwas außerhalb des Ortes in einem schattigen Park, Panoramalage, stilvolle Einrichtung, ausgezeichneter Komfort – eines der schönsten Hotels der Küste, entsprechende Preise (DZ um 350 DM). *****Boncardo,* Corso Europa 4, ✆ 60 17 51, Fax 68 04 19. Gutes Hotel direkt am Ufer. Auf der Straßenseite etwas Verkehrslärm, daher Zimmer zum Meer hin reservieren! ****Miramare,* Via San Pietro 9, ✆ 69 24 67, Fax 69 54 67. An der Uferpromenade, komfortable Zimmer mit Meerblick. ****Medusa,* Vico Bricchieri 7, ✆ 69 25 45, Fax 69 56 79. Engagiert geführtes Hotel im Ortszentrum. ***Villa Arianna,* Via Cappa

24, ☏ 60 06 64, Fax 60 07 85. Angenehmes Haus im Grünen am Ortsrand
von Finalpia. *Villa Ave,* Via Madonna
23, ☏ 60 06 72, Fax 60 33 85. Einfache, aber gepflegte Pension in Finalpia.

 Jugendherberge: *Wuillermin,* Via
G. Caviglia 46, ☏ und Fax
69 05 15. Geöffnet 15. März bis 15.
Okt. Wunderschöne Jugendherberge in
einer Burg über dem Ort mit Meerblick,
unbedingt reservieren!

Camping: *Eurocamping,* Via Cal-
visio 36, ☏ 60 12 40. Guter
schattiger Platz, aber 20 Fußmin. zum
Meer. *Del Mulino,* Via Piemonte, ☏
60 16 60. Zentralere Lage, Anfahrt für
Wohnwagen nicht möglich.

Restaurants: *Astor da Giovanni,*
Via Roma 9, ☏ 69 22 45, Do ge-
schl. Vorzügliche Hausmacherküche in
lässigem Ambiente. *La Tavernetta,* Via
C. Colombo 37, ☏ 69 20 10. Einfache
Trattoria mit guter regionaler Küche.
Gnabbri, Via Polupice 5 (bei Kirche San
Giovanni Battista), ☏ 69 32 89, außer
am Wochenende nur abends geöffnet,
Mo geschl. Traditionelle ligurische Spei-
sen, lebendige Atmosphäre.

Cafés: *Caviglia,* Treffpunkt von
Einheimischen und Touristen an
der zentralen Piazza Vittorio Emanuele
II. *Giovanacci,* Via Rossi 28. Mit eigener
Kaffeerösterei.

Einkaufen: Wochenmärkte Do
(vormittags) in Finale Marina, Mo
(vormittags) in Finalborgo. Antiquitätenmarkt am ersten Wochenende im Monat in Finalborgo, Piazza Santa Caterina. *Casa del Formaggio,* Via Garibaldi
13. Exzellente Käseauswahl. *Salumeria
Chiesa,* Via Tommaso Pertica 11. Käse
und Wurstwaren.

 Feste: *Ortsfest des hl. Johannes*
am 24. Juni.

Wandern: Im Hinterland von Finale finden sich schöne, z. T.
markierte Wanderwege. Auskunft beim
Touristenbüro.

Baden: Breite Sandstrände im
Ort, einsamere Strände an der
Straße nach Varigotti.

Verkehrsverbindungen:
Gute Bahnverbindungen
entlang der Küste, direkte Züge auch
nach Mailand. Busse alle 20–30 Min.
nach Albenga–Alassio–Andora (dort
Anschluß Richtung Imperia–San Remo),
stündlich nach Savona.

Die Umgebung Finales: Altopiano delle Mánie, Varigotti, Bórgio-Verezzi

Die Umgebung Finale Ligures gehört zu den landschaftlich reizvoll-
sten Küstenabschnitten der Riviera
di Ponente. Direkt hinter dem Ufer
steigt zwischen Finale und Noli die
Hochfläche der **Mánie** an. Das
dünn besiedelte, von Schluchten
durchzogene Gebiet erlebt man
am besten auf Wanderungen. Seine
steilen Kalkfelsen sind ein Kletter-
paradies für Free Climber. Eine ungewöhnliche Flora und Fauna hat
sich erhalten: seltene Pflanzenarten, aber auch die größte in Europa
vorkommende Echse, die mehr als
60 cm lange Lacerta ocellata.

Die zahlreichen Höhlen dieser Landschaft wurden schon vor 60 000 Jahren von Menschen bewohnt; die prähistorischen Funde aus den Grotten sind im Museum von Finalborgo ausgestellt (s. S. 118). Später führte die Via Iulia Augusta, eine Variante der Via Aurelia, durch das Gebiet. Aus dieser Zeit stehen im Tal des Flüßchens Ponci noch die Reste von **fünf Römerbrücken.** Von der ersten Brücke, dem besonders gut erhaltenen Ponte delle Fate, führt ein steiler Pfad zur **Feenhöhle** (Caverna delle Fate), in der man Höhlenbären-Knochen und Werkzeug aus der Steinzeit gefunden hat (Zugang: unterhalb des Dorfs Verzi den Fahrweg in die Valle Ponci einschlagen, von der Abzweigung 800 m bis zum Ponte delle Fate. Die weiter entfernten Brücken sind nur zu Fuß erreichbar).

Restaurants: Im Hinterland Finales gibt es eine Reihe guter Trattorien. *Il Portico,* Feglino, ☎ 019-69 92 07, Mo geschl. Das Restaurant ist bei den Einheimischen so bekannt, daß es sich leisten kann, auf jedes Hinweisschild am Eingang zu verzichten. Das preiswerte und reichhaltige Menü belastet den Magen mehr als die Geldbörse. Ein beliebtes Ausflugsziel ist auch die *Osteria della Briga,* ☎ 019-69 85 79, Di und Mi geschl., auf dem Mánie-Hochplateau an der Straße zwischen Finale

und Noli. Das beste Lokal der Gegend ist *Lilliput* in dem Weiler Voze (5 km von Noli), Via Regione Zuglieno 49, ☎ 7 48 00 98, Mo geschl., in der Woche nur abends geöffnet. Die exzellente, verfeinerte regionale Küche zu relativ günstigen Preisen hat dem Wirt einen Michelin-Stern eingebracht.

Wanderungen: Die Mánie sind gut durch markierte Wege erschlossen. Informationsmaterial und Kartenskizzen erhält man im Touristenbüro in Finale. Topographische Wanderkarten gibt es auch in den Buch- und Zeitschriftenläden der Region.

Charakteristisch in Varigotti sind die kleinen, in Gelb-, Rot- und Ockertönen getünchten Häuser

Östlich von Finale senken sich die Hügel steil zum Meer, so daß die Küste weitgehend vor der Zersiedlung geschützt blieb. Zwischen Varigotti und Noli windet sich die Straße unter senkrecht abfallenden Kalkfelsen entlang; streckenweise wurde sie direkt in den Fels geschlagen.

Das Dorf **Varigotti** ist ein Schmuckstück. Direkt am Strand erheben sich kleine, in Gelb-, Rot- und Ockertönen getünchte Häuser. Die flachgedeckten Bauten haben Loggien und Dachterrassen, zu denen Außentreppen emporführen; mit ihren Bögen und gerundeten Mauern wirken sie arabisch beeinflußt. Der Charakter des ehemaligen Fischerdorfs blieb gut erhalten. Ein Fußweg am östlichen Ortsrand führt zur romanischen **Kirche San Lorenzo** in einsamer Lage über dem Meer.

Auskunft: Via Aurelia 79, ✆ und Fax 69 80 13 (nur in der Saison). **Vorwahl:** 019.

Hotels: **Borgovecchio,* Via al Capo 45, ☎ 69 80 10, Fax 69 85 59. Im alten Ortskern. **Holiday,* Via Ulivi 45, ☎ 69 81 24. Familienbetrieb, einfacher und preisgünstiger als das Borgovecchio.

Camping: *Valentino,* Via Aurelia 77, ☎ 69 85 96, Fax 69 86 98. Kleiner Platz direkt am Meer, nur im Sommer geöffnet.

Wanderung: Ein schöner markierter Weg führt in gut 2 Std. (mit 300 Höhenmetern An- und Abstieg) nach Noli. Einstieg an der Hauptstraße gegenüber der Boutique del Gelato. Ein Weg zwischen Steinmauern führt von hier in 3 Min. zu einem Sträßchen, bei dem die Markierungen beginnen.

Baden: Breite Sand- und Kiesstrände im Ort; Badebuchten unterhalb der Straße in Richtung Noli.

Verkehrsverbindungen: Stündlich Busse nach Finale–Alassio–Andora sowie nach Savona.

Hinter dem Capo di Caprazoppa, dem Vorgebirge westlich von Finale, ändert sich die Stimmung: Unversehens gelangt man in einen chaotisch zersiedelten Abschnitt der Küste. Inmitten des Häuserbreis lohnt sich aber der Besuch der verschiedenen Ortsteile von Bórgio-Verezzi. In dem gut erhaltenen alten Dorf **Bórgio** ragt die Doppelturmfassade der klassizistischen Kirche San Pietro über den Dächern hervor. Am Ortsrand befindet sich die **Tropfsteinhöhle Grotta di Valdemino** (9–12 und 15–18

Uhr, Okt. bis April 9–11.35, 14.35–17.40 Uhr, Dauer des geführten Rundgangs rund 60 Min.). **Verezzi** besteht aus vier kleinen Weilern am Hang in 200 m Höhe. Weinberge und Ölbaumhaine umgeben die Häusergruppen, deren kubische Steinbauten einen eigentümlichen Reiz ausstrahlen; stellenweise wirken die engen Gassen fast orientalisch.

Noli

Noli (3500 Ew.) ist in mancher Hinsicht mit dem knapp 30 km entfernten Albenga vergleichbar. Beide Städte waren selbständige Republiken, beide erlebten durch den Seehandel im Mittelalter eine Blütezeit. Hier wie dort blieb der alte Ortskern vorzüglich erhalten, daher zeigt auch das äußere Bild mit den historischen Wohnhäusern, Kirchen und Palästen Ähnlichkeiten. Aber während Albenga in einer zersiedelten, verstädterten Landschaft liegt, ist in Noli die Umgebung reizvoll. Die steilen Hänge um die kleine Bucht haben die Bauspekulation gezügelt; der Ort liegt direkt am Meer, ist noch von den mittelalterlichen Mauern und Stadttoren umgeben, und in den engen Gassen und auf den kleinen Plätzen läßt sich wunderbar promenieren. Jahrhundertelang war Noli nur mit dem Schiff oder auf holprigen Wegen erreichbar, und

Noli

noch heute ist es außer dem benachbarten Varigotti der einzige Küstenort der Riviera di Ponente ohne Bahnhof und mit einigem Abstand zur Autobahn. Viel Platz gibt's hier nicht – so konnte sich keine Industrie ansiedeln, und Noli lebt weitgehend vom Tourismus.

Die Kaufleute aus Noli reisten durch den gesamten Mittelmeerraum; sie handelten vor allem mit Getreide, Stoffen, Gewürzen – und Sklaven. 1193 errichteten sie eine selbstverwaltete Stadtrepublik mit eigenen Statuten. Um sich gegen die Feudalherren der Umgebung zu sichern, schlossen sie einen Beistandspakt mit Genua, der rund 600 Jahre lang galt. Unter genuesi-

schem Schutz blieb Noli bis 1797 formell selbständig, obwohl es nach dem 16. Jh. nur noch ein Fischerdorf war.

Eine Besonderheit des Orts sind – wiederum wie in Albenga – die Geschlechtertürme (s. S. 105), von denen es der Überlieferung nach einst 72 gab; heute stehen davon noch acht.

An der Uferpromenade (neben dem Albergo Miramare) befindet sich die **Casa Pagliano (1)**, ein typisches mittelalterliches Bürgerhaus. Etwas weiter nördlich erhebt sich das **Rathaus** (2; Palazzo del Comune) aus dem 14./15. Jh. mit einem hohen Turm. Durch das bemalte **Stadttor Porta di Piazza** (3) gelangt man auf die hübsche **Piazza del Milite Ignoto** (4). Sie wirkt wie eine erweiterte Wohnstube; man sitzt angenehm an den Tischen des

Caffé Gino. Wer *dolci* mag, hat die Qual der Wahl: In der gegenüberliegenden Pasticceria Scalvini (mit historischer Patina – sie wurde 1890 gegründet) gibt es süße Noli-Spezialitäten wie das ›Fischerbrot‹ *(Pane del Pescatore)* mit Rosinen, Pinienkernen und kandierten Orangen und die ›Küsse von Noli‹ *(Baci di Noli)* – Kakao und Nüsse mit Schokoladenüberzug.

Die **Portici della Repubblica** (5), ein Arkadengang am Rathaus, waren früher zum Meer hin offen; solche Bögen, die sich einst die ganze Hafenfront entlangzogen, dienten als Treffpunkt der Bürger und Lagerplatz der Boote. Der Gang durchs Zentrum führt überall zu alten Wohnbauten, Türmen, Kirchen. Viele mittelalterliche Häuser stehen im ruhigen Viertel um die

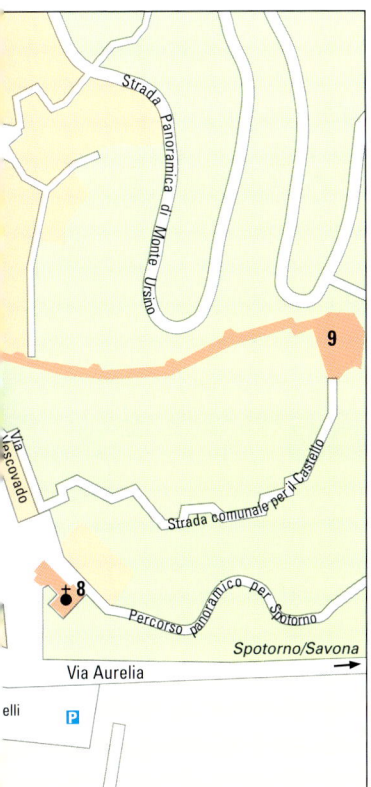

Noli
1 Casa Pagliano
2 Palazzo del Comune
3 Porta del Piazza
4 Piazza del Milite Ignoto
5 Portici della Repubblica
6 Casa Maglio
7 Kathedrale San Pietro
8 Kirche Nostra Signora delle Grazie
9 Burgruine Monte Ursino
10 Kirche San Paragorio

stadt. Ein Fußweg führt in 20 Min. weiter aufwärts zur **Burgruine Monte Ursino** (9).

Das bedeutendste Kunstwerk Nolis ist die **Kirche San Paragorio** (10) am südlichen Ortsrand (unregelmäßige Öffnungszeiten; Auskunft und Voranmeldung ✆ 019-74 89 03). Sie entstand im 11. Jh. auf den Grundmauern eines frühchristlichen Baus. Die dreischiffige Basilika hat außen schöne Majolikaverzierungen im maurischen Stil. An der Nordseite erheben sich gotische Nischengräber; der romanische Glockenturm stammt aus dem 12. Jh. Ausgrabungen haben Reste eines Baptisteriums aus dem 6. Jh. freigelegt. Im Innenraum finden sich ein bemaltes romanisches Holzkruzifix, eine Kanzel mit langobardischen Flechtbandornamenten und ein Renaissance-Tabernakel.

Via Serravalle und in der Via Colombo, z. B. die **Casa Maglio** (6; Haus Nr. 17).

Die ursprünglich romanische **Kathedrale** (7) wurde um 1600 barock verändert. Ein Barockbau ist auch die **Kirche Nostra Signora delle Grazie** (8) etwas außerhalb des Zentrums; von hier genießt man einen besonders schönen Blick auf die Bucht und die Alt-

 Auskunft: Corso Italia 8, ✆ 7 49 90 03, Fax 7 49 93 00. **Vorwahl:** 019.

 Hotels: ***Da Gino,* Via De Ferrari 6, ✆ und Fax 74 89 57. Neubau am Altstadtrand, Zimmer im obersten Stock mit Meerblick. ***El Sito,* Via Ugo La Malfa 2, ☎ 74 81 07, Fax 7 48 58 71. Etwas außerhalb (2 km zum Meer) in ruhiger aussichtsreicher Lage. ***Garden,* Via al Collegio 8, ☎ und Fax 74 89 35. Ruhig am Ortsrand gelegen, freundlich. ***Rino,* Via Cavalieri di Malta 3, ☎ 74 80 59. Am Rand der Altstadt (Zufahrt durchs nördliche Stadttor), ordentlich.

 Restaurants: *Da Gigi,* Via Sartorio 4, ☎ 7 48 51 09, Mi geschl. Gemütliche Trattoria/Pizzeria neben der Kathedrale. In der Umgebung: *Osteria della Briga* und *Lilliput,* s. oben S. 120.

 Café: Gino, Piazza Milite Ignoto. Gute Kuchen und Croissants.

 Einkaufen: Wochenmarkt Do (vormittags), Piazzale Battisti und Via Stazione. *La Crêpe,* Via Colombo 42. Ausgezeichnete Kuchen.

Fest: *Ortsfest des hl. Eugen* am zweiten So im Juli. *Regata dei Rioni* am zweiten So im Sept.: Ruderwettkampf und Umzug in historischen Kostümen zur Erinnerung an die Gründung der Stadtrepublik 1193.

Baden: Sand- und Kiesstrand.

Verkehrsverbindungen: Stündlich Busse nach Finale–Alassio–Andora und nach Savona. Halbstündlich Busse nach Spotorno, dort Bahnanschluß.

Spotorno hat eine kleine, recht hübsche Altstadt und gute ausgedehnte Sandstrände. Trotzdem wird man nicht ganz glücklich:

Neubauten, darunter viele Hochhäuser, haben das Ortsbild und die Landschaft brutal beschädigt. Einige Jugendstilgebäude erinnern noch an die Zeit, als Spotorno zu den Zielen der britischen Oberschicht zählte und sich Künstler wie D. H. Lawrence hier aufhielten.

Hotel: ***Premuda,* Piazza Rizzo 10, ☎ 019-74 51 57, Fax 74 74 16. Wunderbare Lage direkt am Strand, für einen Badeurlaub gut geeignet.

Verkehrsverbindungen: Häufige Züge entlang der Küste. Stündlich Busse nach Finale Ligure–Alassio und nach Savona.

Savona

In Savona bricht die Alltagswirklichkeit in die Ferienwelt der Riviera ein. Die Provinzhauptstadt (64 500 Ew.) lebt von Hafen, Handel und Industrie. Da ist wenig Platz für lauschige Winkel, zumal die historische Bausubstanz bei Bombenangriffen im Zweiten Weltkrieg weitgehend zerstört wurde. Doch ähnlich wie in La Spezia an der Riviera di Levante (s. S. 198 ff.) können neugierige Reisende hier ein ganz normales Italien erleben, das ja auch seine Reize hat: die Menschen auf der Straße beobachten, zwischen Geschäften, urigen Kneipen und netten Bars herumbummeln, ein paar unbekannte Sehenswürdigkeiten – von mittelalterlichen Türmen bis zu Jugendstilbauten – betrachten. Savona ist das herbe Kontrastprogramm zu Strand, Boutiquen und palmenbestandenen Uferpromenaden.

Der römische Historiker Livius erwähnt Savona als Verbündeten Hannibals gegen Rom. Im Mittelalter entwickelte sich die Stadt zu einem bedeutenden Handelszentrum. Wie Noli und Albenga war auch Savona eine freie Stadtrepublik. Die Blütezeit endete 1528, als die Genuesen mit Hilfe des Habsburgerkaisers Karl V. die Konkurrentin unterwarfen. Sie ließen absichtlich den Hafen verlanden und

zerstörten ein ganzes Stadtviertel, um Platz für die Zwingburg Priamar zu schaffen. Savonas Wirtschaft brach zusammen; binnen 150 Jahren sank die Bevölkerungszahl von 18 000 auf 6200. Erst ab 1815 nahm der Ort, durch den Anschluß Liguriens an Piemont-Savoyen begünstigt, einen neuen Aufschwung. Bald entstanden Fabriken, vor allem im Bereich der Metallurgie und des Schiffbaus; der Hafen entwickelte sich zu einem der größten Italiens. Bis heute ist Savona ein Industriezentrum geblieben; allerdings hatte es wegen seiner inzwischen veralteten Wirtschaftsstruktur in den letzten Jahrzehnten beträchtliche ökonomische Schwierigkeiten.

Im Hafen dienen enorme Speziallager zur Aufbewahrung von Korn, Zellulose und Autos. Zum

Im Hafen von Savona

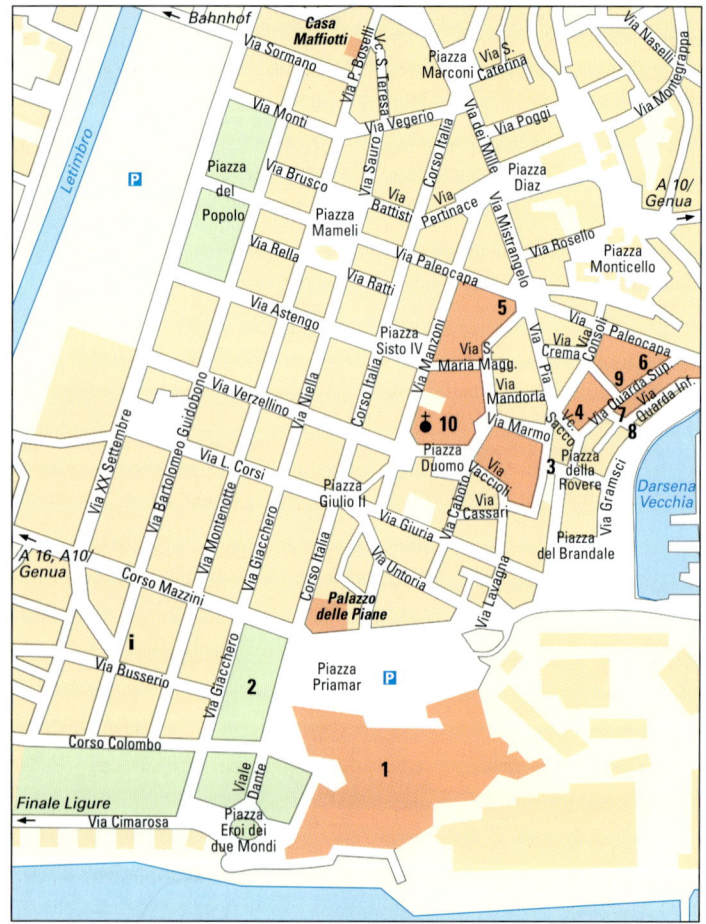

Savona 1 Festung Priamar   2 Tempietto Boselli   3 Türme Corsi, Guarnieri und Brandale   4 Palazzo della Rovere   5 Oratorio del Cristo Risorto   6 Palazzo dei Pavoni   7 Palazzo Grassi Ferrero Doria Lamba   8 Backsteinturm   9 Pinakothek   10 Kathedrale

Hinterland gehören das Industriegebiet um Cairo Montenotte, das vom Pontile Miramare mit einer direkten Kohlenseilbahn beliefert wird (s. S. 134) sowie das gesamte Piemont.

Der ursprüngliche Stadtkern liegt am alten Hafen unter der **Festung Priamar** (1). Sie wurde 1542 von den Genuesen errichtet. Heute gibt sie einer Jugendherberge und drei kleinen Museen Raum.

In der gegenüberliegendenParkanlage Giardini Priamar befindet sich der 1786 errichtete **Tempietto Boselli** (2). Der ungewöhnliche Gartenpavillon ist mit hübschen Keramiken verziert.

In den Straßen am alten Hafen (Darsena Vecchia), spürt man besonders deutlich die Zerstörungen des Zweiten Weltkriegs. Zwischen Parkplätzen und Neubauten ragen isoliert die mittelalterlichen **Geschlechtertürme Corsi, Guarnieri** und **Brandale** (3) auf.

Bei der Piazza del Brandale beginnt die Hauptstraße des mittelalterlichen Savona, die Via Pia. Sie war einst von prunkvollen Palazzi gesäumt. Der **Palazzo della Rovere** (4; Nr. 28) aus dem späten 15. Jh., heute Gerichtsgebäude, zeugt noch von dieser Zeit. Er wurde im Auftrag des späteren Papstes Julius II. von Giuliano da Sangallo errichtet. Die Via Pia führt zu der hübschen Piazza della Maddalena und weiter zur breiten Via Paleocapa, der Hauptgeschäftsstraße des Zentrums. An der Einmündung steht das **Oratorio del Cristo Risorto** (5; oder della Santissima Annunziata, 16–18.30 Uhr). Die Kirche hat eine sehenswerte Rokoko-Ausstattung. Das geschnitzte Chorgestühl am Eingang mit Darstellungen der Passion Christi und der Auferste-

hung wurde Ende des 15. Jh. von einem unbekannten deutschen Künstler geschaffen.

Ein bemerkenswerter Jugendstilbau mit Pflanzen- und Vogelmotiven auf farbigen Kacheln ist der 1912 errichtete **Palazzo dei Pavoni** (6) von Alessandro Martinengo (Via Paleocapa 5). Der Jugendstil – in Italien Liberty genannt – ist auch anderswo in Savona vertreten, z. B. am ebenfalls von Martinengo entworfenen Palazzo delle Piane (Corso Italia 31, bei der Priamar-Festung) und in der Casa Maffiotti (Via Boselli 4).

Als einzige Altstadtgasse hat die Via Quarda Superiore die Bombardements des letzten Krieges relativ unversehrt überstanden. Sie lag in der Wohngegend der reichen Kaufleute. Der **Palazzo Grassi Ferrero Doria Lamba** (7; Nr. 16), heute Sitz der Handelskammer, ist ein Beispiel für den aufwendigen Lebensstil des damaligen Großbürgertums.

In seiner Nachbarschaft stehen ein **Backsteinturm aus dem 13./14. Jh.** (8) und eines der originellsten Lokale der Stadt, die Osteria Bacco mit einem großen Wandgemälde, Schiffsmodellen an der Decke und einem Aquarium für immer frische Schalentiere. Im wenige Schritte entfernten Palazzo Del Carretto ist die städtische **Pinakothek** untergebracht (9; Pinacoteca Civica, Mo–Sa 8.30–12.30 Uhr). Sie besitzt schöne Werke von Künstlern des 15. Jh. wie Lodovico Bréa, Vincenzo Foppa und Giovanni Mazone.

Die **Kathedrale** (10) entstand um 1600, ihre Fassade erst 1886. Der Innenraum birgt ein Taufbecken des 12. Jh., ein Marmorkruzifix des 15. Jh. und das schöne Gemälde der Madonna mit Heiligen von Albertino Piazza (1517).

Vom Renaissance-Kreuzgang betritt man die 1481–83 erbaute ›Sixtinische Kapelle‹ (Besichtigung Di, Do 10.30–11.30, Sa 16–17 Uhr nach vorheriger Anmeldung: tägl. 17–18 Uhr unter ✆ 82 59 60). Sie entstand wie ihre berühmte römische Namensschwester im Auftrag Papst Sixtus' IV. und diente als Mausoleum für die Eltern des Kirchenfürsten. Der Innenraum wurde im 18. Jh. mit farbigen Rokoko-Stuckverzierungen und einem Deckenfresko geschmückt.

Auskunft: Via B. Guidobono 125r, ✆ 8 40 23 21, Fax 8 40 36 72. **Vorwahl:** 019.

Hotels: ****Riviera Suisse,* Via Paleocapa 24, ✆ 85 08 53, Fax 85 34 35. Zentrale Lage, Doppelfenster schützen gegen den Straßenlärm; einige preiswerte Zimmer ohne Bad. ****Ariston,* Via Giordano 11r, ✆ 80 56 33, Fax 85 32 71. Am Meer etwa 1 km außerhalb des Zentrums.

Jugendherbergen: *Priamar,* Corso Mazzini, ✆ und Fax 81 26 53, ganzjährig geöffnet. In der Festung am Hafen. *Villa de' Franceschini,* Via alla Stra' 29, Conca Verde, ✆ und Fax 26 32 22, 15. März bis Sept. Großer Neubau auf einem Hügel am Stadtrand (4 km vom Zentrum), behindertengerecht.

Restaurants: *Osteria Bacco,* Via Quarda Superiore 17, ✆ 8 33 53 50, So geschl. Originelles Lokal mit guter Fischküche. *Vino e Farinata,* Via Pia 15, kein ✆, So und Mo geschl. Urige Trattoria, eine der ältesten der Stadt, preisgünstige ligurische Gerichte. *Lo Stregatto,* Vico della Mandorla 13, ✆ 85 42 63, Sa und So geschl. Ungewöhnlich in Italien: Als Hauptgang gibt es ausschließlich Gemüsegerichte. Empfehlenswert sind aber auch Nudeln, Käse und *dolci.*

Einkaufen: Lebensmittelmarkt täglich in der Via Giuria. Antiquitätenmarkt am ersten Wochenende des Monats auf der Piazza Chabrol.

Fest: Berühmt ist die prunkvolle *Karfreitagsprozession.*

Verkehrsverbindungen: Häufige Bahnverbindungen entlang der gesamten Küste, direkte Züge auch nach Mailand, Deutschland und in die Schweiz. Der etwas außerhalb gelegene Bahnhof ist vom Zentrum (Piazza Mameli) mit den Bussen 2 und 5 erreichbar. Busse (ab Piazza del Popolo): stündlich nach Finale Ligure–Alassio–Andora, alle 20 Min. (So und feiertags alle 40 Min.) nach Albisola–Varazze. Mehrfach täglich Busse in die anderen Orte der Provinz Savona.

Von Albisola nach Varazze

Albisola besteht aus den beiden Gemeinden Albisola Marina und Albisola Superiore, die verwaltungsmäßig getrennt, aber faktisch längst zusammengewachsen sind;

die offizielle Grenze bildet das Flüßchen Sansobbia. **Albisola Marina** (6000 Ew.) hat eine jahrhundertealte Tradition der Porzellan- und Keramikproduktion. Im 17. Jh. gründeten Meister aus Albisola sogar wichtige, noch heute bestehende Keramikzentren in Frankreich, z. B. in Nevers. Immer noch gibt es im Ort viele Handwerker und Töpferläden, doch bieten sie kaum noch künstlerisch interessante Ware mehr an. Objekte aus der früheren Produktion – die Blütezeit lag im 17. und 18. Jh. – finden sich vor allem im **Keramikmuseum** (Museo Trucco, Albisola Superiore, Corso Ferrari 191, 10–12 Uhr, So und feiertags geschl.), daneben auch in der barocken Villa Faraggiana (Via Salomoni, 10. April bis 15. Sept. 15–19 Uhr, Di geschl.).

Der kleine alte Ortskern erstreckt sich um die Fußgängergasse Via Italia. Drumherum stehen Neubauten an einer Bucht mit guten Stränden. Die Uferpromenade wurde 1963 mit Keramikfliesen und -bildern geschmückt, die zum Teil von zeitgenössischen Künstlern wie Lucio Fontana, Asger Jorn, Aligi Sassu u. a. stammen.

In **Albisola Superiore** (11 500 Ew.) liegt das alte Zentrum etwas vom Meer entfernt oberhalb der Bahnlinie. Am Bahnhofsplatz sind einige römische Grundmauern der alten Poststation Alba Docilia freigelegt worden. Daneben steht die frühchristliche Kirche San Pietro; sie stürzte 1887 bei einem Erdbeben ein und wurde anschließend

mit den Originalteilen rekonstruiert. Neben der Autobahneinfahrt liegt die Villa Gavotti, ein schöner Barockbau mit herrlichem Garten und einer interessanten Inneneinrichtung (nur unregelmäßig geöffnet; Auskunft bei der Gemeinde, ☎ 48 22 95).

Auskunft: Piazza Sisto IV, ☎ 4 00 20 08, Fax 4 00 30 84. **Vorwahl:** 019.

Hotels (in Marina): ****_Garden,_ Viale Faraggiana 6, ☎ 48 52 53, Fax 48 52 55. Komfortabler Neubau am Meer, gut geführt, Garten. ***_Villa Chiara,_ Viale Faraggiana 5, ☎ 48 05 90, Fax 48 52 55. Stilvolles Haus unter gleicher Leitung wie das benachbarte Garden. **_Splendor,_ Via Repetto 108, ☎ 48 17 96. Gepflegtes kleines Hotel in Meernähe.

Restaurants: _La Familiare,_ Piazza del Popolo 8 (Marina), ☎ 48 94 80, Mo geschl. Traditionelle ligurische Küche. _Riobasco,_ Piazza della Libertà 9 (Superiore), ☎ 48 33 47, So geschl. _Cucina casalinga_ zu günstigen Preisen, Fischgerichte.

Strände: Gute Sand- und Kiesstrände.

Verkehrsverbindungen: Häufige Zugverbindungen nach Savona und Genua. Busse alle 20 Min. (So und feiertags alle 40 Min.) nach Savona und Varazze.

Celle Ligure zeigt im hübschen Ortskern noch die typische Anlage der ligurischen Fischerdörfer. Die Hauptgasse durchzieht das gesamte Zentrum und verbreitert sich dabei gelegentlich zu einem malerischen Platz; die farbigen Häuser an der Südseite schauen direkt aufs Meer. Ein guter Sandstrand lädt zum Baden ein. Die Umgebung ist allerdings auch hier modern verbaut. Die meisten Unterkünfte liegen in dem neueren Ortsteil Piani.

Hotels: ***Pescetto, Via Poggi 4, ☎ 99 00 03, Fax 99 37 57. In der Altstadt, allerdings direkt an der Hauptstraße gelegen. ***Villa Costa, Via Tabor 10 (Piani), ☎ 99 00 20, Fax 99 36 08. Die meisten Zimmer mit Meerblick.

Varazze (14 000 Ew.) hat ein lebendiges Zentrum mit einer ausgedehnten Uferpromenade. Durch den

Celle Ligure

1287 m hohen Monte Beigua ist der Ort nach Norden hin geschützt und weist daher ein günstiges Mikroklima auf; im letzten Jahrhundert war er ein bevorzugtes Ziel des Oberschicht-Tourismus. Die Zitronengärten, die damals die Stadt umgaben, gehören allerdings der Vergangenheit an; heute stehen Neubauten an ihrer Stelle. Die Stadt rühmt sich einer langen Tradition des Schiffsbaus, die noch heute in verschiedenen Werften fortgesetzt wird. Aus Varazze stammt auch der Seefahrer Lanzarotto Malocello, nach dem die Insel Lanzarote ihren Namen trägt.

Die **Kirche Sant'Ambrogio** im Ortszentrum wurde im 16. Jh. errichtet. Von einem mittelalterlichen Vorgängerbau blieb noch der Glockenturm erhalten. In der vierten Kapelle rechts befindet sich ein schönes Tafelbild von Giovanni Barbagelata (1500) mit einer Dar-

stellung des von Heiligen und Engeln umgebenen hl. Ambrosius.

Eine weitere, romanische Ambrosius-Kirche stand etwas weiter nördlich. Am Ende der Via Paseri erheben sich die beeindruckenden **Backsteinruinen** dieses Gotteshauses; die Fassade (mit gotischem Portal) und der Glockenturm sind direkt in die alten Stadtmauern eingefügt.

 Auskunft: Viale Nazioni Unite 1, ✆ 93 50 43, Fax 9 72 98. **Vorwahl:** 019.

 Hotels: ****El Chico, Strada Romana 63, ✆ 93 13 88, Fax 93 24 23. Herrliche Lage im Park mit Meerblick, komfortabel. ****Genovese Villa Elena*, Via Coda 16, ✆ 9 75 26, Fax 93 42 77. Villa der Jahrhundertwende mit Stuckdecken, Mosaikböden, Kronleuchtern; kleiner Garten. **Guya, Via Robello 10, ✆ 9 75 82, Fax 93 25 90. Korrektes Zwei-Sterne-Hotel, zentral und ruhig gelegen. *Doria, Piazza Doria 6, ✆ 93 01 01, Fax 93 01 37. In der Altstadt in Bahnhofsnähe, freundlich und sauber.

 Camping: *Il Portigliolo*, Via Genova 48, ✆ 9 08 56. In Meernähe.

 Restaurants: *La Mola*, Via Marconi 17/A, ✆ 93 24 69, Mo geschl. Gutes Lokal am Stadtrand, vorwiegend Fischgerichte. *Cavetto*, Piazza Santa Caterina 7, ✆ 9 73 11. Raffinierte ligurische Küche, gehobene Preise.

Fest: *Ortsfest der hl. Katharina* am 30. April.

Baden: Sowohl Sand- wie auch Kiesstrand.

 Verkehrsverbindungen: Gute Bahnverbindungen entlang der Küste, direkte Züge auch nach Mailand. Busse alle 20 Min. (So und feiertags alle 40 Min.) in Richtung Savona.

Auf Varazze folgen die beiden Badeorte Cogoleto und Arenzano. Sie bieten keine besonderen Attraktionen. In Voltri gelangt man dann bereits in den ausgedehnten Stadtbereich von Genua, der sich über gut 25 km bis Nervi erstreckt.

Im Hinterland:
Die Bórmida-Täler

Nördlich der Linie Finale Ligure–Savona ziehen sich die letzten Ausläufer der Seealpen hin; der Hauptkamm hat in diesem Gebiet mit 800–1000 m nur noch eine relativ geringe Höhe. Hier entspringen die drei Flüsse Bórmida di Millésimo, Bórmida di Pállare und Bórmida di Mállare, die sich weiter nördlich im Piemont vereinigen. Im Oberlauf strömen die Flüßchen zwischen Wiesen und Gehölz dahin, an den Hängen ziehen sich ausgedehnte Wälder hinauf. In dieser einsamen Landschaft gibt es nur wenige, verloren wirkende Orte. Reizvolle, auch für Radtouren gut geeignete Straßen folgen den Flußufern. Unversehens endet die Idylle an der Autobahn Savona–Turin: Das Gebiet um Altare, Cárcare und Cairo Montenotte zählt zu den Zonen mit der größten Industriedichte Liguriens. Nördlich und östlich davon beginnt der Apennin; hier gelangt man wieder in dünn besiedelte Hügel- und Berglandschaft.

Millésimo war vermutlich schon in der Römerzeit bewohnt. Eine mächtige mittelalterliche Burgruine überragt das Städtchen. Im Zentrum erweitert sich die Hauptstraße zur von Arkadengängen gesäumten Piazza Italia. An der Nordseite des Platzes erhebt sich die **Torre,** die im 15. Jh. errichtete Residenz der Feudalherren Del Carretto. Die Via Ponte Vecchio führt zur **mittelalterlichen Brücke** über den Bórmida. Bei einer Überschwemmung 1878 wurde einer der ursprünglich zwei Bögen zerstört; an seiner Stelle befindet sich heute ein metallener Fußgängersteg.

Cárcare war im 19. Jh. ein bevorzugter Aufenthaltsort von Landschaftsmalern. Heute hat sich die Stimmung geändert: Der Ort liegt in einer Industriezone mit mehreren Chemiewerken, die wegen der starken Umweltbelastung seit langem politisch umstritten sind.

Altare weist eine ehrwürdige Tradition der Glasproduktion auf. Angeblich wurde sie bereits um das Jahr 1000 von flämischen Einwanderern begründet. Altare-Glas war früher ein Markenzeichen; Kirchenfenster, Leuchter, Vasen und Trinkgefäße wurden in viele europäische Länder exportiert. Noch immer gibt es im Ort mehrere Glasfabriken und einige Glasbläsereien. Im Glasmuseum (Via San Se-

bastiano, Mo–Sa 15–18 Uhr) sind knapp 300 Objekte aus der Zeit seit 1889 ausgestellt, darunter viele Jugendstilarbeiten. Der Besuch der Kleinstadt lohnt aber vor allem für eine Pause im vorzüglichen Restaurant Da Quintilio (s. unten).

Cairo Montenotte (13 800 Ew.) ist die einzige Stadt des ligurischen Hinterlands mit mehr als 10 000 Bewohnern. Sie hat ein winziges altes Zentrum mit dem Stadttor Porta Soprana und der Arkadenstraße Via dei Portici. Auffälliger ist die gigantische Kohleseilbahn zum Transport des Brennmaterials direkt vom Hafen Savona in das Industriegebiet. Die 1912 errichtete, 1936 und 1979 ausgebaute Anlage mit ihren 415 großen Pfeilern ist 17 km lang; die Kohlekarren legen die Strecke in rund 90 Min. zurück.

An der Grenze zum Piemont überrascht das merkwürdige Erosionsgebiet von **Piana Crixia** mit interessanten Naturbildern. 3 km hinter Dego findet man auf einer Anhöhe rechts der N 30 das Hotel Castello del Fungo. Hier führt ein Sträßchen nach rechts durch den Weiler Borgo zum ›Fungo‹, einem 14 m hohen, pilzförmigen Fels. Sein gigantischer ›Hut‹ hat einen Durchmesser von 4 m. Nach weiteren 2 km der Hauptstraße biegt man nach links ab in Richtung Alba. Zwischen der Abzweigung und dem Dörfchen San Massimo erstreckt sich ein Gebiet bizarrer Ton- und Steinformationen. Mehrere markierte Wanderwege durchziehen die ungewöhnliche Landschaft.

Piana Crixia

geschl. Sehr preiswerte Hausmacherküche, bei den Einheimischen beliebt.

Auskunft: Calizzano, Piazza San Rocco, ✆ 7 91 93,
Fax 7 92 83 (Juni bis Sept.). **Vorwahl:**
019.

Hotels: ***_Alpino,_ Osiglia-Rossi
Nr. 8, ✆ 54 20 90. In der Nähe
des Stausees. **_Castello del Fungo,_ Piana Crixia, Via Borgo 1 (N 30, 3 km ab
Dego), ✆ 57 00 73. Freundlicher Familienbetrieb.

Restaurants: _Da Quintilio,_ Altare, Via Gramsci 23, ✆ 5 80 00,
So (abends) und Mo geschl. Exzellente
kreative Küche in einem Lokal mit hun-
dertjähriger Tradition, milde Preise.
Ponte, Murialdo-Ponte, ✆ 5 36 10, Do

Einkaufen: _Pasticceria Supato,_
Millésimo, Piazza Italia 38. Gute
Backwaren. _La Bottega del Caffè,_ Millé-
simo, Piazza Italia 22. Ansprechende
Auswahl an _dolci,_ Kaffee, Marmeladen,
eingelegtem Obst usw. Spezialität
Millésimos sind die Schokoladen-Rum-
Pralinen _Millesini al Rhum._

Wandern: Zahlreiche markierte
Wege durchziehen das Gebiet –
besonders schön im Spätherbst während der Laubfärbung! Information und
Kartenmaterial bei den Touristenbüros
in Finale Ligure, Savona und Calizzano.

Verkehrsverbindungen: In alle
Ortschaften täglich mehrere Busse ab Savona.

Hauptstadt der Region: Genua

Hauptstadt der Region: Genua

Fast die Hälfte der Bewohner Liguriens wohnt in Genua, dem kulturellen und ökonomischen Zentrum der Region (655 700 Ew.). Überall pulsiert das städtische Leben: im Hafenviertel und den Altstadtgassen, in edlen Geschäften und auf lauten Märkten, in eleganten Cafés und einfachen Kneipen. Nicht nur die Atmosphäre, sondern auch die Sehenswürdigkeiten machen Genua zu einem lohnenden Reiseziel: Kirchen und Museen besitzen große Kunstwerke, und der moderne Meerwasser-Zoo ist einzigartig in Europa (Stadtplan s. hintere Umschlaginnenklappe).

Stadtgeschichte

Das heutige Stadtgebiet wurde vor etwa 2500 Jahren besiedelt. Grabfunde deuten darauf hin, daß die Einwohner bereits um 400 v. Chr. Handelskontakte nach Süditalien und Griechenland pflegten. Wahrscheinlich war Genua schon damals eine Hafenstadt.

Im Gegensatz zu den anderen ligurischen Stämmen verbündeten die Bewohner Genuas sich frühzeitig mit Rom. Ihre Handelsinteressen ließen es ihnen nicht geraten erscheinen, mit der neuen Großmacht in Konflikt zu treten. Aber Genuas Bedeutung im römischen Reich blieb dennoch bescheiden, denn die wichtigste Straße Liguriens, die Via Aemilia Scauri, führte in großem Abstand an der Stadt vorbei.

Im 4. Jh. wurde Genua zum Bischofssitz. In den folgenden Jahrhunderten hatte es nur geringe politische und wirtschaftliche Macht. Erst im 11. Jh. begann ein großer Aufschwung. Genuesische Kriegsschiffe und Soldaten beteiligten sich am ersten Kreuzzug. Dafür erhielt die Stadt Niederlassungen und Handelsprivilegien im östlichen Mittelmeerraum; später dehnte sie ihren Einfluß nach Spanien und Nordafrika aus. Im 12. Jh. gehörten zum genuesischen Kolonialreich unter anderem die Inseln Korsika, Chios und Lemnos sowie die spanischen Städte Almeria und Tortosa.

In langen Auseinandersetzungen mit Pisa konnte sich Genua als wichtigste Macht der italienischen Westküste behaupten; doch trotz vieler Anstrengungen gelang es nicht, auch Venedig zu besiegen. Die venezianische Aristokratie hielt gegen äußere Feinde konsequent zusammen, die Genuesen dagegen schwächten sich in ständigen inneren Konflikten. Konkurrierende Adelsfamilien riefen skrupellos auswärtige Mächte zur Hilfe. Franzosen, Spanier und Mailänder gewannen so immer mehr Einfluß und beherrschten im 15. Jh. abwechselnd die Stadt. Mit der Eroberung Konstantinopels durch die Türken 1453 und der Entdeckung des Seewegs nach Amerika 1492 schien auch die ökonomische Macht Genuas ruiniert, denn der Mittelmeerhandel verlor nun seine Bedeutung.

Doch Genua erholte sich von diesen Schlägen – im Gegensatz zu den meisten anderen italienischen Städten. Der als unbesiegbar geltende Admiral Andrea Doria stellte seine Flotte 1528 in den Dienst des Kaisers Karl V.; zum Ausgleich wurde seiner Heimatstadt politische Unabhängigkeit zugesichert. Genuesische Geschäftsleute gewannen als Bankiers der spanischen Krone nun eine Schlüsselrolle im europäischen Finanzwesen. Sie profitierten von den enormen Gewinnen, die Spanien aus der Eroberung Amerikas zog. Vom 16. bis ins 18. Jh. zirkulierte ihr Geld gewinnbringend in ganz Europa, und Genua entwickelte sich zur reichsten Stadt des Kontinents.

Mit dem Einmarsch der napoleonischen Truppen verlor die Republik 1797 ihre Selbständigkeit;

Die Porta Soprana in Genua wurde im 12. Jh. erbaut

nach dem Wiener Kongreß kam Ligurien 1815 an das Königreich Piemont-Savoyen. Die Einigung Italiens 1860 brachte der Stadt erneut eine wirtschaftliche Führungsrolle. Sie entwickelte sich zu einem der wichtigsten Industrie- und Hafenzentren des noch weitgehend agrarisch geprägten Landes. Diese Stellung konnte Genua bis nach dem Zweiten Weltkrieg bewahren; dann aber wurde es – wie ganz Ligurien – in wirtschaftlicher und kultureller Hinsicht von anderen italienischen Regionen überflügelt.

Um San Lorenzo

Genuas größte Kirche ist der **Dom San Lorenzo** (1). Er wurde ab 1100 errichtet, aber erst 1550 fertiggestellt. Reicher Reliefschmuck, vielfarbige Gewändeportale, ein Rosenfenster und mehrere Löwenskulpturen schmücken die gotische Fassade des 13. Jh. Im prunkvollen Innenraum spiegelt sich die lange Baugeschichte des Gotteshauses. Die schwarz-weiß gestreiften Bögen stammen aus dem 13. Jh., die vergoldete Decke aus der Barockzeit, die farbigen Glasfenster aus dem 19. Jh.

Tympanon des Doms San Lorenzo in Genua

Die ältesten Kunstwerke im Innenraum sind die Fresken über dem Hauptportal. Ein unbekannter Meister stellte hier um 1300 das Jüngste Gericht und die Verherrlichung Marias dar. Lazzaro Tavarone schuf 1622–24 über dem Hauptaltar einen Freskenzyklus mit Legenden des hl. Laurentius. Die Kapelle Johannes' des Täufers im linken Seitenschiff hat eine reiche Renaissance-Dekoration von Domenico Gaggini (um 1555). Hier wurde früher die Asche Johannes' des Täufers aufbewahrt. Genuesische Kaufleute hatten die Reliquie 1098 in Kleinasien erworben, damit ihre Heimatstadt mit Venedig konkurrieren konnte, das die sterblichen Überreste des hl. Markus besaß. Mark Twain berichtet noch 1869, Frauen dürften die Kapelle nur an einem Tag im Jahr betreten,

»wegen der Feindschaft, die sie immer noch gegenüber diesem Geschlecht hegen, weil der Heilige um der Befriedigung der Laune der Salome willen ermordet worden war.«

Zum **Domschatz** (Museo del Tesoro di San Lorenzo, halbstündlich Führungen Mo–Sa 9–11, 15–17.30 Uhr) gelangt man vom linken Seitenschiff aus. Sein kostbarster Besitz ist der »Sacro Cantino«, eine orientalische Glasschüssel aus dem 9. Jh., die der Überlieferung nach von Christus beim Abendmahl benutzt wurde. Sehenswert sind auch die kostbaren Reliquienschreine, die liturgischen Geräte und das Papstgewand aus dem 15. Jh.

Wenige Schritte vom Dom entfernt befindet sich die **Piazza San Matteo,** der besterhaltene mittelalterliche Platz Genuas. Hier wohnte einst das mächtige Adelsgeschlecht der Doria. Ihre 1308 fertiggestellte Familienkirche **San Matteo** (2) ist mit Stucken und Gemälden aus dem späten 16. Jh. geschmückt.

Der **Palazzo Ducale** (3) entstand um 1600 als repräsentatives Gebäude der genuesischen Oberschicht. Er wurde im Lauf der Jahrhunderte immer wieder umgebaut. Die monumentale klassizistische Fassade des 19. Jh. prägt seine heutige Erscheinung. Die farbig bemalte Seitenfassade ist zur weitläufigen Piazza De Ferrari ausgerichtet, an deren Nordseite sich das **Opernhaus Carlo Felice** (4) erhebt. Der Bau des späten 19. Jh. wurde im Zweiten Weltkrieg stark beschädigt

und zu Beginn der neunziger Jahre nach einem Entwurf von Aldo Rossi neu gestaltet.

Die **Jesuitenkirche** (5; Chiesa del Gesù oder Sant' Ambrogio) aus dem 16./17. Jh. besitzt zwei Werke von Peter Paul Rubens, der sich mehrfach in Genua aufhielt: die »Beschneidung Christi« am Hauptaltar und »Der hl. Ignatius heilt einen Besessenen« in der dritten Kapelle links.

Wenige Schritte führen von hier zum 1155 errichteten **Stadttor Porta Soprana** (6) an der modernen Piazza Dante. Vor dem Tor stehen das **Kolumbus-Haus** (7), in dem der Entdecker angeblich seine Jugendjahre verbrachte, und der mittelalterliche **Kreuzgang von Sant'Andrea** (8), der nach der Zerstörung des gleichnamigen Klosters 1904 hier aufgestellt wurde.

In den Gassen der Altstadt

Die verwinkelte Altstadt von Genua wartet mit immer neuen Überraschungen auf. Genuas *centro storico* ist – im Unterschied zu den Zentren anderer norditalienischer Städte – kein Viertel der wohlhabenden Bürger, der Büros und vornehmen Geschäfte, sondern sozial völlig gemischt. Hier leben Arbeiter und Angestellte, Ladenbesitzer und Obdachlose, Straßenhändler und Künstler. Glanz und Verfall liegen dicht beieinander. Nach Geschäftsschluß fühlt man sich nicht mehr überall wohl, denn in manchen Gassen sind dann zwielichtige Typen in der Überzahl. Doch tagsüber ist die Altstadt belebt und sicher; allenfalls vor Taschendieben sollte man sich vorsehen.

Das historische Zentrum bildet zugleich ein ›Einkaufszentrum‹ eigener Art. In vielen Straßen steht ein Laden neben dem anderen. Alle Preis- und Qualitätsstufen sind vertreten. Schmuggelzigaretten werden auf umgestülpten Kartons feilgehalten; Musik schallt aus Autoradio-Läden, aber auch aus marokkanischen Garküchen und tunesischen Patisserien; Lebensmittelgeschäfte bieten Käse, Würste, hausgemachte Nudeln, Oliven und Pesto-Sauce an. Viele Geschäfte sind trotz der manchmal etwas dekadenten Umgebung ausgesprochen elegant. Man findet schicke Modeboutiquen und Galerien, Musikinstrumente, Kunsthandwerk, Antiquitäten und Bücher.

Inmitten des Gassengewirrs stehen mehrere kunstgeschichtlich interessante Bauwerke. **San Donato** (9) ist die besterhaltene romanische Kirche der Stadt. Der Bau des 12. Jh. hat einen achteckigen Glockenturm. Vom linken Seitenschiff gelangt man in die Kapelle des hl. Josef mit dem farben- und figurenreichen Bild »Anbetung der Könige« des flämischen Renaissance-Malers Joos van Cleve. In der »Heiligen Familie« (von Domenico Piola, 17. Jh.) im gleichen Raum

hält ausnahmsweise Josef – und nicht Maria – das Christuskind im Arm. Das ungewöhnliche Motiv erklärt sich dadurch, daß die Zunft der Zimmerleute, die das Gemälde in Auftrag gab, ihren Schutzpatron besonders hervorheben wollte.

Auch **Santa Maria di Castello** (10) stammt aus der Romanik, wurde aber in späteren Epochen umgebaut. Säulen und Kapitelle des Innenraums sind zum größten Teil antik. Die Kirche ist mit schönen Frührenaissance-Bildern geschmückt, darunter einem Madonnenfresko von Lorenzo Fasolo an der Eingangswand und der »Mystischen Hochzeit der hl. Katharina« von einem unbekannten Meister in der ersten Kapelle links. Durch die Sakristei gelangt man in das angrenzende Kloster. Die Loggia dell' Annunciazione im ersten Stockwerk zeigt ein Meisterwerk von Justus von Ravensburg, das 1451 geschaffene Verkündigungs-Fresko. In der Klosterbibliothek im zweiten Stock finden sich ein Kruzifix aus der Zeit um 1100 und eine weitere Darstellung der Verkündigung: ein großes Altarbild von Giovanni Mazone (um 1470) in einem holzgeschnitzten gotischen Rahmen.

Das Herz der Altstadt schlägt im Bezirk zwischen Piazza Soziglia und Piazza Caricamento in der Nähe des alten Hafens. Um die **Loggia dei Mercanti** (11), eine repräsentative Bogenhalle des späten 16. Jh., stehen die Stände der Blumenhändler und Bouquinisten. Die

Via degli Orefici führt von hier zur Piazza Soziglia mit einem der traditionsreichsten Kaffeehäuser der Stadt, dem 1828 von vier Engadiner Brüdern gegründeten **Caffè Klainguti** (12). Die Schweizer Zuckerbäcker hatten in Genua einen sensationellen Erfolg; Giuseppe Verdi sandte ihnen nach seinem Besuch ein Dankschreiben mit den Worten: »Liebe Klainguti, Eure Falstaff [eine Kuchensorte des Hauses] sind besser als meiner!« Ganz in der Nähe befinden sich zwei weitere elegant eingerichtete Konditoreien mit Spiegeln, holzgeschnitzten Wandschränken, Stukkaturen und Kristallüstern aus der Zeit der Jahrhundertwende: Pietro Romanengo fu Stefano (Via di Soziglia 76) und A. Ved. Romanengo (Via degli Orefici 35).

Die Gemäldegalerie im **Palazzo Spinola** (13) zeigt vorwiegend Werke genuesischer Künstler, aber auch Arbeiten von Antonello da Messina, Anton van Dyck und Joos van Cleve (Mo 9–13, Di–Sa 9–19, So 14–19 Uhr). Die Inneneinrichtung dieses Stadtpalais wurde weitgehend im Originalzustand des 18. Jh. belassen, so daß man einen einzigartigen Einblick in die Wohnkultur der genuesischen Oberschicht erhält. In der nahegelegenen **Via della Maddalena** befinden sich besonders viele Antiquitätengeschäfte.

Die Via del Campo führt zum **Stadttor Porta della Vacca** (14) aus dem 12. Jh., ihre Verlängerung Via di Pré zur Kirche des Templerordens **San Giovanni di Pré** (15). Das 1180 errichtete, im 18. Jh. umgebaute Gotteshaus ist zweigeschossig. Die Oberkirche war ausschließlich den Templern – und später den Malteserrittern, welche die Kirche 1420 übernahmen – vorbehalten; ›normale‹ Gläubige durften nur die Unterkirche betreten. Das benachbarte Gebäude der **Commenda** (16) hat eine elegante Renaissance-Loggia; es diente als Unterkunft und Krankenhaus für Pilger auf der Fahrt ins Heilige Land.

In der Altstadt von Genua

Sichtbare Kontraste

Genua heute

Stärker als andere Orte des wohlhabenden Norditalien wird Genua von wirtschaftlichen und sozialen Spannungen erschüttert. Gerade die frühere ökonomische Pionierrolle schafft der Stadt heute Schwierigkeiten. Ein guter Teil der Industrie ist überaltert; einstige Schlüsselbranchen wie Schiffbau, Chemie und Stahlproduktion befinden sich in der Krise.

Der Hafen hat einen katastrophalen Niedergang erlebt. Er beschäftigt heute weniger als die Hälfte der Arbeitskräfte von 1975. Nur noch rund 10 % aller für Norditalien bestimmten Schiffsfrachten laufen über Genua, der größere Teil wird über Häfen in Mitteleuropa wie Rotterdam und Hamburg angeliefert. Einige wichtige Unternehmen der Stadt sind Industriekolosse, oft mit staatlicher Beteiligung, denen ein wesentlicher Vorzug der italienischen Wirtschaft fehlt: die Flexibilität und Kreativität der kleinen und mittleren Betriebe. Mit einer Arbeitslosenquote von fast 15 % nimmt Genua in Norditalien eine unerfreuliche Spitzenposition ein.

Spannungen entstehen auch zwischen den Einheimischen und den zahllosen sozial kaum integrierten, meist aus Nordafrika stammenden Einwanderern. Vor allem in der Altstadt hausen Hunderte von *extracomunitari* (wie die Italiener die Nicht-EG-Ausländer nennen) in Kellern und verlassenen Häusern, oft ohne sanitäre Anlagen. Auf offener Straße spielt sich der Drogenhandel ab, der von ausländischen Gruppen beherrscht wird. Mehrfach kam es in den letzten Jahren zu tätlichen Auseinandersetzungen zwischen italienischen ›Bürgerwehren‹ und Farbigen. Bei den Bürgermeisterwahlen 1997 verfehlte der parteilose Arzt Sergio Castallenata mit 48,5 % nur knapp die Mehrheit; er hatte eine schärfere Kontrolle der Immigration zu einem Hauptpunkt seines Programms gemacht.

Soziale Probleme und Wohlstand, städtebaulicher Verfall und Eleganz liegen in Genua dicht nebeneinander. In der Altstadt sieht man vornehme Cafés und verdreckte Gassen, nobel restaurierte Palazzi und heruntergekommene Häuser, feine ältere Damen und Drogendealer unmittelbar nebeneinander. Die Widersprüche einer modernen Großstadt bleiben hier nicht verdeckt wie anderswo, sie springen unmittelbar ins Auge.

Das Hafenviertel

Genuas altes Hafenviertel stellt ein eigentümliches urbanistisches Gemisch dar. Bis ins 19. Jh. war der Hafen eng mit der Stadt verbunden. An diese Epoche erinnern noch die Arkadengänge der Via di Sottoripa und der Palazzo di San Giorgio. Mit der Industrialisierung zerriß die direkte Beziehung von Docks, Werften, Plätzen und Gassen. Zwischen dem Ufer und der Altstadt entstanden breite Verkehrsschneisen. Auf der neu angelegten Piazza Caricamento errichtete man einen – heute nicht mehr existierenden – Güterbahnhof. Die Sopraelevata, eine vierspurige Hochstraße am Meer, besiegelte definitiv die Trennung von Hafen und städtischem Leben.

Vor den Kolumbus-Feiern 1992 verpflichtete die Stadtverwaltung bekannte Architekten für eine Neugestaltung des Viertels. Federführend war der aus Genua stammende Renzo Piano, der unter anderem das Centre Pompidou in Paris entworfen hat. Zwar wurden seine Vorstellungen nur zum Teil verwirklicht (insbesondere gelang es nicht, die frühere Verbindung des *centro storico* mit dem Meer vollständig wiederherzustellen), doch in den alten, heute nicht mehr genutzten Hafenanlagen entstanden interessante moderne Bauten und eine Reihe von Touristenattraktionen. Der Hafenbereich, der bis in die achtziger Jahre aus der Stadt

ausgegrenzt war, ist damit für Besucher wieder anziehend geworden.

An der Piazza Caricamento steht der **Palazzo di San Giorgio** (17). Er wurde 1260 erbaut und diente ursprünglich als Rathaus. 1291 ging er an die Zollbehörde über, 1407 an die mächtige Staatsbank Banco di San Giorgio. Die Bank ließ den Palazzo im späten 16. Jh. umbauen. Wenig später entstanden die Fresken von Lazzaro Tavarone an der dem Hafen zugewandten Seite.

Von der Piazza Caricamento verläuft die mittelalterliche Arkadengasse Via di Sottoripa parallel zum Ufer. Unter den Bogengängen mit kleinen Restaurants und Geschäften, Imbißbuden und Kiosken herrscht immer ein reges Treiben. Einst war die Via di Sottoripa eine echte Hafenstraße. Heute trennen die breite Via Gramsci und vor allem die ästhetisch brutale Hochstraße sie vom Meer. An der Via di Sottoripa befinden sich zwei lebhafte Märkte: der Lebensmittelmarkt an der Piazza dello Statuto und in unmittelbarer Nähe der Kleidermarkt an der Piazza Sant'Elena.

Den größten Anziehungspunkt im Hafen bildet das **Acquario** (18; Di, Mi, Fr 9.30–19 Uhr, Do, Sa, So 9.30–20.30 Uhr, Mo geschl. Einlaß bis 17.30 bzw. bis 19 Uhr. Vorsicht: An Wochenenden und Feiertagen ist der Andrang oft extrem stark; da jeweils nur eine begrenzte Anzahl von Besuchern eingelassen wird, muß man dann lange anstehen!). Der 1992 eingerichtete größte Meerwasser-Zoo Europas hat sich binnen kurzer Zeit zu einem der meistbesuchten Touristenziele Italiens entwickelt. Mit gutem Grund: Die rund 5000 Fische und anderen Meerestiere werden vorzüglich präsentiert, große Bassins stellen ganze Ökosysteme dar: das ligurische Meer, ein Korallenriff, Flüsse im tropischen Urwald u. a. Besonders beliebt bei den Besuchern sind Delphine, Haie, Robben und Pinguine – vor allem natürlich während der Fütterung. Erklärungstafeln geben ausführliche Erläuterungen auf italienisch und englisch.

Neben dem Acquario ankert die Galeone »Neptune«, ein in Originalgröße nachgebautes, **spanisches Kriegsschiff** des 16. Jh. Es wurde 1982 für Roman Polanskis Film »Piraten« konstruiert. Das mit alten Kanonen bestückte Schiff ist vor allem für Kinder interessant (10–18 Uhr).

Beim Acquario befindet sich auch die Anlegestelle für **Hafenrundfahrten.** Die Schiffe starten im allgemeinen stündlich ab 10 Uhr zu Fahrten von etwa 45 Min. Dauer.

Renzo Piano entwarf den **Bigo** (19), das Symbol der Kolumbus-Feiern 1992. Die 40 m hohe Konstruktion ist einem gewaltigen Mastbaum nachempfunden. Ein sich drehender Panorama-Aufzug führt auf eine Plattform, von der man eine gute Aussicht auf Stadt und Hafen genießt (Di–Fr 11–13 und 15–18 Uhr, Sa–So 11–13 und 14–20 Uhr, Mo geschl.).

Die ehemaligen **Baumwollspeicher** (20; Magazzini del Cotone) wurden von Renzo Piano und Peter Chermayeff zu einem Messe- und Ausstellungsgelände ausgebaut. Der **Padiglione del Mare** (21; April bis 15. Sept. 10–18 Uhr, 16. Sept. bis März Di, So 10–18 Uhr) zeigt Rekonstruktionen historischer Räume: eine Waffenkammer, eine Kaufmannswohnung, eine Straße mit Läden und Werkstätten, eine alte Werft usw. Die **Città dei Bambini** (22; 10–18 Uhr, Mo geschl.) bietet unter Anleitung von Pädagogen zahlreiche Aktivitäten für Kinder. Die Kleineren können sich an einem Hausbau-Projekt beteiligen, für Größere gibt es beispielsweise einen nachgebauten Ameisenhaufen, in dem man die Welt ›aus der Perspektive der Ameisen‹ erlebt, daneben zahlreiche, z. T. computergestützte Lernspiele.

Die Straßen der Paläste

Der wachsende Wohlstand der genuesischen Bankiers seit dem 16. Jh. hatte eine Neugestaltung der Stadt zur Folge. Die alten Palazzi im mittelalterlichen Zentrum genügten den Bedürfnissen der reichen Familien nicht mehr. Sie ließen daher am Altstadtrand eine Prachtstraße anlegen und errichteten an dieser *Strada Maggiore* (der heutigen Via Garibaldi) repräsentative Palazzi im manieristischen Stil;

später kamen einige Barockbauten dazu. Die französische Schriftstellerin Germaine de Staël bezeichnete die Strada Maggiore zu Beginn des 19. Jh. als »Königin der Straßen«. Noch immer wirken die prunkvollen Gebäude dieses ehemaligen Wohnquartiers der Reichen höchst beeindruckend. Im 17. Jh. dehnte sich das Luxusviertel weiter aus; als neue Palaststraße entstand die Via Balbi in der Nähe des heutigen Bahnhofs Principe.

In der **Via Garibaldi** – seit 1984 Fußgängerzone – läßt es sich gut flanieren. Sie wurde nach einem einheitlichen Plan angelegt. Die meisten Palazzi folgen demselben Grundmuster: An Portal und Vorhalle schließt sich ein repräsentativer, oft erhöht gelegener Innenhof an. Da nur wenig ebenes Terrain zur Verfügung stand, steigen die Gebäude meist am Hang an; vom Vestibül führt dann eine Freitreppe zum Hof und den Wohntrakten. Oft befindet sich an der Rückseite des Gebäudes, weit über dem Eingangsniveau, noch ein Garten.

Die Mehrzahl der Bauten entstand zwischen 1560 und 1580. Ihre hohen, massigen Fassaden sind aufwendig geschmückt. Jedes Detail verrät Wohlstand und Freude an der Selbstdarstellung: die mit Reliefs geschmückten Portale und Fensterrahmungen, die antiken Motive der Pilaster, Säulen, Triumphbögen und Friese, die sorgfältig gestalteten Balkone und Gesimse. Der Blick fällt in freskengeschmückte Eingangshallen und prunkvolle Innenhöfe.

Der **Palazzo Spinola** (23; Nr. 5) ist außen mit verblichenen Wandmalereien dekoriert. Der **Palazzo Podestà** (24; Nr. 7) zeigt einen reichen Reliefschmuck und im Hof einen schönen Felsbrunnen. Der 35 m lange **Palazzo Doria-Tursi** (25; Nr. 9), der größte Bau der Straße, dient heute als Rathaus; hier kann man sich zwanglos im aufwendig gestalteten Innenhof bewegen.

Die Barockbauten Palazzo Bianco (Nr. 11) und Palazzo Rosso (Nr. 18) beherbergen die schönsten Gemäldegalerien der Stadt. Im **Palazzo Bianco** (26; Di, Do, Fr 9–13, Mi, Sa 9–19, So 10–18 Uhr, Mo geschl.) finden sich bedeutende Werke niederländischer Maler (Gérard David, Jan Provost, Hans Memling, Anton van Dyck, Jacob Ruisdael), außerdem Bilder von Lodovico Bréa, Filippino Lippi, Caravaggio, Zurbarán und Murillo. Der **Palazzo Rosso** (27; geöffnet wie Palazzo Bianco) zeigt unter anderem schöne Bilder der venezianischen Renaissance (Tintoretto, Tizian, Veronese u. a.).

Im Gegensatz zur Fußgängerzone Via Garibaldi ist die Via Balbi eine stark befahrene, abgasgeschwängerte Straße. Ihre Barockpalazzi lassen sich daher nicht genießerisch betrachten. Sie entstanden ab 1602 zunächst auf Initiative der Jesuiten und der schwerreichen Familie Balbi, die hier sieben Bauten besaß. Neben zwei Kirchen standen in der Via Balbi allein acht Klöster! Der **Palazzo Reale** (28; Nr. 10) ist mit einer Front von 100 m Länge

Palazzo Reale

der größte Palastbau der Stadt. Er wurde zwischen 1643 und 1655 errichtet und später mehrfach umgebaut. Das ehemalige **Jesuitenkolleg** (29; Nr. 5) von 1634–36 dient heute als Hauptgebäude der Universität.

Außerhalb des Zentrums

Im 19. Jh. verlagerten sich die Wohnquartiere der genuesischen Bourgeoisie auf die Hügel oberhalb des Zentrums und an den östlichen Stadtrand. Die wohlhabenden Bürger bauten Patrizierhäuser und Villen über dem Getriebe des proletarischen Genua und in den ruhigen Vororten am Übergang zur Riviera di Levante. Die Fahrt in die **Oberstadt** lohnt sich heute vor allem wegen der schönen Blicke über Stadt und Hafen. Am schnellsten und bequemsten gelangt man mit Standseilbahnen und Aufzügen auf die Höhe, z. B. mit dem Lift Piazza Portello-Castelletto oder mit der Zahnradbahn Largo della Zecca-Righi. Vom Hügel **Righi** (302 m) hat man das umfassendste Panorama. Um die Großstadt ziehen sich kahle, von Festungen gekrönte Höhenzüge; Hochhaussiedlungen wuchern in die Täler und enden abrupt an steilen Hügeln; die Autobahn umrundet die Stadt auf Brücken und in Tunneln; nicht weit davon entfernt ziehen sich schmale Bergpfade die Hänge hinauf. Die chaotische Architektur Genuas ist beim besten Willen nicht schön zu nennen; schon im 19. Jh. bemerkte der schweizerische Historiker Jacob Burckhardt: »Genua, wo es aussieht, als hätten Kinder Theaterdekorationen vierten Ranges schräg und quer auf Felsen hingestellt…« Aber weil sie unmittelbar an elementar wirkende Natur – an das Meer und die kargen Berge – grenzt, gewinnt die Stadtlandschaft doch einen starken eigenen Reiz.

Das Panorama Genuas eröffnet sich – nicht ganz so umfassend wie vom Righi – auch vom schönen **Park Villetta Dinegro** beim Piazzale Mazzini. In dem ehemaligen Botanischen Garten gedeihen einige seltene Pflanzenarten. Von den Aussichtsterrassen blickt man über die Altstadt aufs Meer und auf Genuas Wahrzeichen, den 1543 erbauten Leuchtturm (Lanterna). In der Parkanlage befindet sich das **Museum ostasiatischer Kunst** (Museo di Arte Orientale E. Chiossone, Di, Do–So 9–13 Uhr, Mo und Mi geschl.). Es besitzt eine ungewöhnliche Sammlung japanischer Kunstwerke vor allem aus dem 17.–19. Jh.; daneben zeigt es wertvolle chinesische und siamesische Skulpturen.

Unter den östlichen Stadtvierteln ist **Boccadasse** bemerkenswert, das mit seinen farbigen Häusern wie ein Fischerdorf mitten in der Stadt wirkt. Sonntags ist die kleine Piazza am Ufer meist überfüllt von Ausflüglern. Das etwas weiter stadtauswärts gelegene **Quarto dei Mille** trägt seinen Namen nach den ›Mille‹, den tausend

Freiwilligen, mit denen Giuseppe Garibaldi 1859 von hier nach Sizilien aufbrach. Der erfolgreiche Feldzug gegen das Königreich Neapel trug entscheidend zur Einigung Italiens bei.

Nervi wurde erst 1926 nach Genua eingemeindet und zeigt immer noch einen ausgeprägten Eigencharakter. Villen und Gartenanlagen erinnern an die Zeit um die Jahrhundertwende, als der Ort zu den beliebtesten Aufenthaltsorten der Riviera gehörte. Elegante Geschäfte, vor allem in der Via Oberdan, zeugen vom Lebensstil der wohlhabenden Bürger, die hier wohnen – in unmittelbarer Nähe der Großstadt und doch mit allen Vorteilen eines Badeorts. Vom kleinen Hafen führt die Fußgängerpromenade **Passeggiata Anita Garibaldi** oben auf dem Felsufer entlang. Sie passiert die **Parkanlagen Serra-Gropallo** und **Grimaldi** mit zahlreichen exotischen Pflanzen. In der Villa Serra ist ein **Museum moderner Kunst** mit Werken italienischer Künstler des 19. und 20. Jh. untergebracht (Via Capolungo 3, Anfang 1998 allerdings auf unbestimmte Zeit geschlossen).

Die westlichen, traditionell proletarischen Bezirke haben wenig touristische Reize. Auch die Vorstadt **Pegli**, die einst als eleganter Badeort und Wohnsitz von Aristokraten außerhalb des Stadtbereichs lag, macht mit Industriezonen und einem dichten Straßennetz keinen reizvollen Eindruck mehr. Sie hat allerdings noch zwei sehenswerte

Der Friedhof Staglieno

Der Schriftsteller Evelyn Waugh hat den Cimitero di Staglieno ein »Museum der bürgerlichen Kunst« genannt, »im Vergleich zu dem der Père Lachaise ein Nichts ist.« Auf dem großen Friedhof am Stadtrand von Genua liegen zwar keine berühmten Toten wie auf der bekannteren Begräbnisstätte in Paris, doch der Prunk und die Lebendigkeit der Denkmäler von Staglieno sind einzigartig. 1830 hatte die Stadtverwaltung die Anlage eines neuen Friedhofs beschlossen; er sollte den Reichtum Genuas spiegeln und auch den Lebenden Freude bereiten. Der klassizistische Architekt Carlo Barabino entwarf eine streng symmetrische Anlage, die unter der Leitung seines Mitarbeiters Giovanni Battista Resasco 1844–51 erbaut wurde. Mark Twain beschrieb sie 1869 als »eine breite Marmorkolonnade, die sich um eine große unbesetzte Fläche herumzieht; der weite Fußboden besteht aus Marmor, und auf jeder Platte befindet sich eine Inschrift… Wenn man die Mitte des Ganges hinabschreitet, sieht man zu beiden Seiten Mahnmale, Grabmäler und Bildwerke, die vorzüglich gearbeitet und voller Anmut und Schönheit sind.« An den Friedhof, meinte Twain, »werden wir uns noch erinnern, wenn wir die Paläste schon längst vergessen haben.«

In Staglieno durften auch Ausländer und Nichtkatholiken bestattet werden – ein für die weltoffene Hafenstadt Genua charakteristisches Zeichen der Toleranz. Der Geist des Friedhofs ist ohnehin nicht von religiösem Purismus geprägt, im Gegenteil: Ein Hauch von Frivolität und Erotik wird an vielen Gräbern spürbar, und der Prunk, den reiche Bürger und Aristokraten hier entfalten, hat mit Glaubensstrenge wenig zu

Villenanlagen. In den Terrassengärten der **Villa Pallavicini** legte Michele Canzio um 1840 Grotten, Teiche und Pavillons an. In der Villa ist ein **Archäologisches Museum** untergebracht; es zeigt prähistorische, altligurische, etruskische und römische Funde (Via Pallavicini 11, Di–Do 9–19, Fr, Sa sowie zweiter und vierter So im Monat 9–13 Uhr). Die nahegelegene **Villa Doria Centurione** stammt aus der ersten Hälfte des 16. Jh. und ist damit eines der ältesten erhaltenen Palais Genuas. In dem mit Fresken ausgemalten Gebäude befindet sich das **Schiffahrtsmuseum** (Museo Navale, Piazza Bonavino 7, Fr, Sa 9–19, Di–Do sowie erster und dritter So im Monat 9–13 Uhr), das unter anderem Rekonstruktionen der Karavellen des Kolumbus, Seekarten, Galionsfiguren und nautisches Gerät besitzt.

tun. Viele weibliche Gestalten sind nur spärlich bekleidet, steinerne Liebespaare bleiben im Tod vereint, und ein Apotheker hat sich eine Venus-Skulptur aufs Grab setzen lassen – angeblich diente seine Geliebte als Modell. Viele Auftraggeber ließen die Grabmäler schon zu Lebzeiten anfertigen; so kontrollierten sie ihr Bild für die Nachwelt. Oft fielen diese Darstellungen heroisch aus, nicht selten unfreiwillig komisch; erstaunlich viele Denkmäler sind aber einfach konsequent realistisch.

Im Aufwand, der mit den Gräbern getrieben wurde, aber auch in der Anordnung des Friedhofs spiegelt sich die soziale Struktur. Die Aristokraten bauten sich Grabkapellen um die Cappella dei Suffragi in beherrschender Position am Hang. In den Wandelhallen des Porticato Inferiore steht die Grabmäler-Galerie des Bürgertums. Die Kleinbürger wurden in mehrstöckigen Grabkammer-Anlagen ohne Skulpturenschmuck – den sogenannten Kolumbarien – bestattet, die Armen kamen in Sammelgräber.

Die beiden bekanntesten Monumente entstanden allerdings nicht für Angehörige der Oberschicht. Giovanni Battista Grasso entwarf das Grabmal für Giuseppe Mazzini, den aus Genua stammenden Kämpfer für die Einheit Italiens. Caterina Campodonico wurde erst nach ihrem Tode berühmt – eben durch ihr Grab. Die arme Straßenhändlerin hatte ihr Leben lang jede Lira beiseitegelegt, um sich ein Monumentalgrab in Staglieno leisten zu können. Es ist ihr gelungen: Kein Denkmal wird häufiger besucht als dasjenige der schlichten Frau, die sich mit ihrer Ware – Nüssen und Brezeln – hat darstellen lassen.

Anfahrt: Bus 34 ab Piazza Corvetto oder Bhf. Principe, ca. 30 Min. Fahrzeit.

Auskunft: Bahnhof Principe, ☎ 2 46 26 33; Porto Antico, beim Aquarium, ☎ 2 48 71, Fax 2 46 76 58; Flughafen Cristoforo Colombo, ☎ 2 41 52 47. **Vorwahl:** 0 10.

Hotels: Während der Bootsmesse *Salone Nautico,* die gewöhnlich Mitte Oktober stattfindet, sind die Hotels langfristig ausgebucht; für diesen Zeitraum unbedingt rechtzeitig reservieren! ****Savoia Majestic,* Via Arsenale di Terra 5, ☎ 2 46 41 32, Fax 26 18 83. Zentrale Lage am Bahnhof Principe. Die Zimmer nach vorn – z. T. mit guter Aussicht – sind nicht völlig ruhig. ****Villa Pagoda,* Via Capolungo 15 (Stadtteil Nervi), ☎ 3 72 61 61, Fax 32 12 18. Elegantes Haus in schönem Park, manche Zimmer mit großer Terrasse. ***Europa,* Vico Monachette 8, ☎ 2 46 35 37, Fax 26 10 47. In Bahnhofsnähe, angenehme ruhige Zimmer, eigener Parkplatz. ***Agnello d'Oro,* Vico Monachette 6, ☎ 2 46 20 84, Fax 2 46 23 27. Gleich neben dem Hotel

Europa, etwas einfacher. ***Galles,* Via Bersaglieri d'Italia 13, ✆ 2 46 28 20, Fax 2 46 28 22. Engagiert geführt, leider auch bei geschlossenen Fenstern etwas Straßenlärm. ****Cairoli,** Via Cairoli 14, ✆ 2 46 14 54, Fax 2 46 75 12. Familiär, tadellose einfache Zimmer. ****Villa Bonera,** Via Sarfatti 8 (Stadtteil Nervi), ✆ 3 72 61 64, Fax 3 72 85 65. Traditionsreiches, relativ einfaches Haus. *Da Gioia,* Piazza Colombo 4, ✆ 58 01 45, *Ricci,* Piazza Colombo 4, ✆ 59 27 46. Einfache, aber korrekte Hotels im Marktviertel beim Bahnhof Brignole.

Adressen behindertengerechter Hotels finden sich in der Broschüre »Guida di Genova per persone disabile« (s. unten).

Jugendherberge: *Ostello della Gioventù,* Via Costanzi 120, ✆ und Fax 2 42 24 57. Neubau am Hang oberhalb des Zentrums, behindertengerecht. Zufahrt: Standseilbahn ab Largo della Zecca oder Bus 40 ab Bahnhof Brignole.

Camping: *Villa Doria,* Via Doria 15 (Stadtteil Pegli), ✆ und Fax 6 96 96 00. Angenehmer, schattiger Platz; ganzjährig geöffnet.

Restaurants: *Da Genio,* Salita San Leonardo 61, ✆ 58 84 63, So geschl. Gutbürgerliches Restaurant mit klassischen ligurischen Gerichten. *Pintori,* Via San Bernardo 68, ✆ 20 08 84, So und Mo geschl. Vorwiegend sardische Küche gehobener Qualität, riesige Weinkarte. *Da Rina,* Via Mura della Grazie, ✆ 20 79 90, Mo geschl. Charakteristisches Restaurant mit fünfzigjähriger Tradition. *Bakari,* Vico del Fieno 16, ✆ 2 47 61 70, So geschl. Gemütliches, persönlich geführtes Lokal; Reservierung empfohlen. *Enoteca Sola,*

Via Barabino 120, ✆ 59 45 13, So geschl. Weinstube mit anspruchsvoller Küche. *Ugo,* Via dei Giustiniani 86, ✆ 29 83 02, So und Mo geschl. Einfaches Altstadtlokal mit regionalen Gerichten. *Sà Pesta,* Via dei Giustiniani 16, So geschl. Genuesische Hausmacherküche.

Cafés: *Klainguti,* Piazza Soziglia 102, s. oben S. 143. *A Ved. Romanengo,* Via degli Orefici 35. Schöne Einrichtung vom Beginn des Jahrhunderts. *Mangini,* Piazza Corvetto 3. Elegant mit Kristallüstern und alten Gemälden ausgestattet. *Balilla,* Via Cesarea 111. Große Gelati-Auswahl.

Einkaufen: Lebensmittelgeschäfte sind Mi nachmittags, alle anderen Läden Mo vormittags geschlossen.

Mode: Die elegantesten und teuersten Geschäfte stehen in der *Via Roma.* Zahlreiche, z. T. sehr preiswerte Läden in der Altstadt. Edle Schuhe, auch Maßanfertigung: *Fratelli Rocca,* Via Chiossone 14 (bei Piazza San Matteo).

Antiquitäten: Mehrere Geschäfte in Via Garibaldi, Via Roma, Via Cairoli und Via XXV Aprile, viele andere verstreut in der Altstadt, vor allem um die Via della Maddalena. *Antiquitätenmärkte* am ersten Sa im Monat im Innenhof des Palazzo Ducale, am ersten So in der Altstadt (Via della Maddalena, Via di Soziglia u. a.), am vierten So im Stadtteil Pegli, Lungomare beim Molo Torre.

Bücher: *Bozzi,* Via Cairoli 2. Großes Angebot an Werken über Genua und Ligurien. *Costa Art & Music,* Salita di San Matteo 23–29. Kunstbuchhandlung, CDs, Kunstfotografien.

Passage bei der Via Roma

In Genuas Markthalle

Wein und Spirituosen: *Migone,* Piazza San Matteo.

Süßwaren: *Pietro Romanengo fu Stefano,* Via di Soziglia 76 und Via Roma 51. *A Ved. Romanengo,* Via degli Orefici 35. *Casati,* Salita Santa Caterina 39.

Lebensmittelmärkte: Großer Markt Mo–Sa in der Markthalle bei Piazza Colombo, kleinerer Markt Mo–Sa an der Piazza dello Statuto beim Hafen.

Kulturprogramm: Kino-, Theater-, Konzertveranstaltungen usw. erfährt man aus den Tageszeitungen »La Repubblica« und »Secolo XIX« sowie aus der monatlich erscheinenden »Agenda di Genova«, die an Zeitungskiosken (z. T. auch bei den Informationsbüros) erhältlich ist.

Theater: *Teatro Carlo Felice,* Piazza De Ferrari, ✆ 58 93 29. Das Opernhaus Genuas, auch Veranstaltungsort von Konzerten. *Politeama Genovese,* Via Bacigalupo 2, ✆ 8 39 35 89; *Teatro della Corte,* Via Duca d'Aosta, ✆ 5 34 22 00; *Teatro della Tosse,* Piazza Negri 4, ✆ 2 47 07 93; *Teatro Duse,* Via Bacigalupo 6, ✆ 5 34 22 00; außerdem zahlreiche kleinere Theater.

Programmkinos: *Carignano d'Essai,* Viale Villa Glori 8, ✆ 5 70 23 48 (auch Filme in englischer Originalfassung); *Chaplin,* Piazza Cappuccini 1, ✆ 88 00 69; *Fritz Lang,* Via Acquarone 64, ✆ 21 97 68; *Lumiere,* Via V. Vitale 1, ✆ 50 59 36.

Live-Musik: *Black Power Discobar,* Viale Brigate Partigiane 3, ✆ 5 53 63 59; *Booze'n'Blues,* Via Montevideo 16, ✆ 3 62 30 12; *Cotton Club,* Via Cesare Cabella 5, ✆ 81 62 27; *Rodizio Brasileiro,* Via Giacometti 36, ✆ 50 71 20.

Behinderte: Bei den Informationsbüros sind die Broschüren »Guida di Genova per persone disabili« (Führer durch Genua für Behinderte) sowie »Provincia senza barriere« (Provinz Genua: Von Genua bis Sestri Levante) in italienischer Sprache erhältlich. Auch für Leser ohne Italienischkenntnisse sind die zahlreichen Adressen (Hotels, Restaurants, Banken, Geschäfte, Museen, Kinos, Parks) sowie die Vorschläge für die Stadtbesichtigung – mit Kartenskizzen – verständlich und hilfreich.

Hauptpost: Via Dante 4, Mo–Fr 8–18 Uhr.

Mietwagen: *Albaro,* Corso Sardegna 8, ✆ 57 09 10; *Europcar,* Via Rimassa 106, ✆ 58 08 67; *Robba,* Via Buranello 182, ✆ 6 45 93 37 und mehrere andere Firmen.

Taxi: ✆ 59 66. **Innerstädtische Verkehrsmittel:** Busfahrkarten (in Tabacchi-Geschäften erhältlich, nicht im Bus) kosten 1500 Lire und gelten 90 Minuten auf dem gesamten Netz; in dieser Zeit kann man im Stadtbereich auch einmal mit dem Zug fahren. Tageskarten *(biglietto giornaliero turistico)* für Bus und Bahn kosten 5000 Lire. Ein Plan der Buslinien ist bei den Touristenbüros erhältlich. Standseilbahnen und Aufzüge verbinden an mehreren Stellen Unter- und Oberstadt, z. B. Largo Zecca-Righi und Piazza Portello-Castelletto.

Verkehrsverbindungen: Von den beiden Hauptbahnhöfen Genova Brignole und Genova Piazza Principe fahren etwa stündlich **Züge** entlang der Küste in Richtung Ventimiglia und La Spezia. Häufige Direktverbindungen nach Turin, Mailand und Rom; direkte Züge auch nach Bologna, Florenz, Venedig, Neapel, nach Deutschland und in die Schweiz. **Direktflüge** vom Flughafen Cristoforo Colombo u. a. nach Rom, München (Sa/So zwei, Mo–Fr drei Flüge), Zürich (täglich vier Flüge). Der Flugplatz ist vom Stadtzentrum mit einem Flughafenbus erreichbar (Haltestellen an den Hauptbahnhöfen, Fahrzeit ab Bhf. Principe rund 20 Min.). **Fluggesellschaften** (Flughafen Cristoforo Colombo): Alitalia ✆ 14 78 65 64 12, Air Dolomiti (Flüge nach München) ✆ 1 67 01 33 66, Swissair ✆ 6 50 53 55/6 51 17 37. **Mit dem Pkw:** Parkplätze in der Stadt sind schwierig zu finden, gebührenpflichtige Parkplätze z. T. sehr teuer. Da häufig Autos aufgebrochen werden, sollte man auch bei kurzem Aufenthalt den Wagen möglichst ganz leerräumen – auch das Autoradio nach Möglichkeit entfernen!

Klassische Ferienorte

Idyllisches Seefahrer-
städtchen – Camogli

Treffpunkt der Upper Ten –
Portofino

Jachthafen und Boutiquen –
Santa Margherita Ligure

Verblichener Ruhm – Rapallo

Lebendige Kleinstadt –
Chiavari

Die Bucht der Stille –
Sestri Levante

Camogli

Klassische Ferienorte:
Von Camogli bis Sestri Levante

Am Vorgebirge von Portofino und der weiten Bucht des Golfo di Tigullio reiht sich ein bekannter Urlaubsort an den anderen, vom malerischen Camogli über das elegante Santa Margherita Ligure bis zur farbigen Kleinstadt Sestri Levante. Alle Orte haben gut erhaltene historische Zentren. Am Monte Portofino erlebt man eine völlig naturbelassene Küstenlandschaft.

Camogli

»Oben von der Straße herab nimmt es sich am Rand des sich kräuselnden, in der Sonne funkelnden Meeres geradeso aus, als wäre es einem Modellbaukasten entnommen. Steigt man auf gewundenen Maultierpfaden hinab, stellt es sich als ein winziges simples Seefahrerstädtchen heraus, als der rauheste, salzigste, für Piraten bestgeeignete Ort, der mir je zu Gesicht kam.« Charles Dickens' Beschreibung von 1845 läßt sich heute nur teilweise nachvollziehen. Wie ein ›Seefahrerstädtchen‹ wirkt Camogli (6000 Ew.) noch immer, doch macht es eher einen schmucken als einen rauhen Eindruck. Alles ist hier Farbe: Die Gelb-, Rot- und Ockertöne der Häuser am Ufer, die Pastellfarben der Kirche, das tiefe Grün der Vegetation, das Blau des Wassers.

Das Ortsbild wird von dichtgedrängten, bis zu sieben Stockwerken hohen Wohnhäusern geprägt. Diese ›Wolkenkratzer‹ der vorindustriellen Epoche wirken aber keineswegs erdrückend; vielmehr schließen sie sich wie zu einem kompakten Farbbild zusammen. Auf der kleinen Halbinsel an der Uferpromenade liegt die Kirche Santa Maria Assunta so fotogen, als hätten ihre Architekten schon vor Jahrhunderten an zukünftige Postkarten gedacht. Im Hafen dümpeln Fischerboote und Ausflugsdampfer vor sich hin, am Ufer hängen noch wie zu Charles Dickens' Zeiten die Netze.

Seit jeher fuhr ein Großteil der Einwohner zur See; einheimische Kapitäne waren unter anderem an der Entdeckung der Azoren und an der Eroberung Algeriens durch die Franzosen beteiligt. Im 19. Jh. erlebte die Stadt eine heute kaum noch vorstellbare Blütezeit. Auf den örtlichen Werften wurden besonders leistungsfähige Handelsschiffe gebaut; die einheimischen Reeder erfanden eine Art Leasing-Verfahren und ließen ihre Segler für Firmen in ganz Europa fahren. Vorübergehend besaßen sie rund 1000 Schiffe, doppelt so viel wie Hamburg oder Genua! Seine wichtige Rolle im europäischen Seehandel verlor das Städtchen erst mit dem Aufkommen der Dampfschiffahrt Ende des 19. Jh. – auf die neue Technik war es nicht eingestellt, und Camogli entwickelte sich zum wirtschaftlich unbedeutenden Fischerort zurück.

Der mittelalterliche Ortskern befindet sich auf der Halbinsel um die Kirche Santa Maria Assunta und in den unmittelbar angrenzenden verwinkelten Gassen. Später dehnte sich der Ort in südöstlicher Richtung aus – zunächst mit Häusern zu beiden Seiten der heutigen Uferpromenade. Erst 1914 wurden die Bauten an der Meerseite abgerissen und der Strand angelegt. Das Stadtbild ist in seiner gegenwärtigen Form also nicht einmal 100 Jahre alt.

Eigentliche ›Sehenswürdigkeiten‹ hat Camogli kaum – sehenswert ist der Ort selbst. Die **Kirche Santa Maria Assunta** stammt ursprünglich aus dem 13. Jh., wurde aber vielfach umgebaut. Im Innenraum herrschen barocke Stilelemente vor. Daneben steht das

Camogli

Castel Dragone aus dem 12. Jh.; die kleine Festung beherbergt das **Acquario Tirrenico** (10–12, Fr–So auch 14–18 Uhr, Mo geschl.), in dem die örtlich verbreiteten Fischarten zu sehen sind. Das **Schifffahrtsmuseum** (Museo Navale Via G. B. Ferrari 41, 9–12 Uhr, Mi, Sa, So auch 15–18 Uhr, Di geschl.) zeigt Schiffsmodelle, Ausrüstungsgegenstände u. a. aus der ruhmreichen Geschichte der Camoglieser Seefahrt.

Auskunft: Via XX Settembre 32, ☎ 77 02 35. **Vorwahl:** 01 85.

Hotels: ****Cenobio dei Dogi, Via Cuneo 34, ☎ 77 00 41, Fax 77 27 96. Luxushotel in einem Park direkt am Meer, obere Preisklasse. ***Casmona, Salita Pineto 13, ☎ 77 00 15, Fax 77 05 30. Schöne Lage im Ortskern, fast alle Zimmer mit Meerblick, etwas nachlässig geführt. **La Camogliese, Via Garibaldi 55, ☎ 77 14 02, Fax 77 40 24. Gepflegtes kleines Hotel, Zimmer zum Meer hin reservieren!

Camping: Der einzige Campingplatz zwischen Genua und Rapallo liegt in der Ortschaft Cassa oberhalb von Bogliasco: Genova Est, Via Marconi, ☎ 010-3 47 20 53.

Restaurants: Vento Ariel, Calata Porto, ☎ 77 10 80, Mi geschl. Gutes, aber teures Lokal am Hafen; der fangfrische Fisch kommt von den Booten direkt in die Küche. La Camogliese, Via Garibaldi 78, ☎ 77 10 86, Mi geschl. Etwas preisgünstigeres Fischrestaurant an der Uferpromenade. In der Umgebung: La Cucina di Nonna Ninna, San Rocco, Via Molfino 126, ☎ 77 38 35, Mi geschl., in der Woche nur abends geöffnet. Ausgezeichnete regionale Küche, mittlere Preise.

Einkaufen: Antiquitätenmarkt im benachbarten Recco am dritten So des Monats.

Feste: Sagra del Pesce am zweiten So im Mai: In der angeblich größten Pfanne der Welt (4 m Durchmesser) wird Fisch gebraten und kostenlos unter den Besuchern verteilt. Stella Maris am ersten So im Aug.: Bootsprozession zur Punta Chiappa am Monte Portofino. Ortsfest in Recco am ersten Wochenende im Sept. mit einem der aufwendigsten Feuerwerke Italiens.

Wandern: Zahlreiche gut markierte Wege am Monte Portofino. Kartenmaterial ist in Camogli erhältlich.

Baden: Breiter Kiesstrand im Ort. Ein guter Badeplatz (Felsufer) findet sich auch an der Punta Chiappa (Bootslinie Richtung San Fruttuoso).

Verkehrsverbindungen: Die Parkplatzsuche gestaltet sich im Hochsommer und generell an Wochenenden extrem schwierig. Empfehlung: In Recco parken, von dort zu Fuß (2 km), mit Bahn oder Bus (alle 45 Min.), im Sommer auch Linienboote. Häufige Züge der Linie Genua–La Spezia. Busse nach Santa Margherita Ligure und Rapallo Mo–Sa etwa stündlich, So und feiertags etwa alle zwei Stunden.

Schiffe: Nach Punta Chiappa–San Fruttuoso in der Saison und So stündlich, sonst 4–5mal täglich.

Von Camogli bis Sestri Levante

San Fruttuoso

Das 2 km von Camogli entfernte **Recco** wurde im Zweiten Weltkrieg vollkommen zerstört. Ziel der wiederholten Bombenangriffe war der große Bahnviadukt, der sich auch heute – längst wiederaufgebaut – quer durch den Ort zieht. Die Kleinstadt (10 300 Ew.) bietet nur kulinarische Attraktionen; sie gilt als ›Hauptstadt‹ der pizza-artigen *focacce* (s. S. 48), die angeblich nirgendwo so gut gemacht werden wie hier.

Restaurants: Berühmt für die Spezialität *focaccia* sind beispielsweise die *Focacceria Manuelina*, Via Roma 300, ☎ 72 00 19, nur abends geöffnet, Di geschl. und *Ö Vittorio*, Via Roma 160, ☎ 7 40 29, Do geschl.

In einer kleinen Bucht am Vorgebirge von Portofino steht das Kloster San Fruttuoso, einer der abgelegensten Sakralbauten der Region. Es ist nur mit dem Schiff oder zu Fuß erreichbar. Die Kinder des winzigen Ortes um die Abtei haben bei starkem Seegang keinen Unterricht – dann ist die Schule in Camogli nicht erreichbar…

Das Kloster wurde im 8. Jh. gegründet, als der Bischof des spanischen Tarragona vor den Sarazenen hierher floh; er brachte die Reliquien des Märtyrers Fructuosus mit. Im 13. Jh. gelangte die Abtei unter die Herrschaft der mächtigen genuesischen Adelsfamilie Doria. Nach dem Ende des Klosterlebens

im 16. Jh. zogen Fischer ein und bauten die Abtei um. Sie mauerten die gotischen Fenster zu, teilten die Säle in kleinere Zimmer auf und errichteten Anbauten. 1915 zerstörte eine Überschwemmung einen Teil der Anlage. Eine Restaurierung zu Beginn der neunziger Jahre fügte neue Bauelemente hinzu. Fenster, Steinfußböden, Wasserspeier, Säulen wurden z. T. völlig neugestaltet, z. T. verändert. San Fruttuoso ist also eine architektonische Collage aus vielen Jahrhunderten. Dennoch wirkt das Kloster faszinierend. Die fantastische Lage in der einsamen Bucht wiegt alle Restaurierungssünden auf.

20 Menschen leben das ganze Jahr über in San Fruttuoso. Vor allem außerhalb der Saison ist die Atmosphäre einzigartig – es ist dann das ruhigste Küstendorf Liguriens. Hinter der Abtei erhebt sich ein alter Wachtturm, drumherum stehen die wenigen Häuser, im Hintergrund steigen Felsen und steile, mit Buschwald bewachsene Hänge an. Im Hochsommer und an Wochenenden wird die Stimmung allerdings durch den starken Ausflugsverkehr beeinträchtigt; dann füllt sich schnell der kleine Strand, und von Abgeschiedenheit ist nichts mehr zu spüren.

Das Kloster San Fruttuoso fasziniert durch seine Lage in einer einsamen Bucht

Die **Abteikirche** geht auf das Ende des 10. Jh. zurück und ist damit eines der ältesten Gotteshäuser Liguriens; allerdings entspricht das heutige Bild im wesentlichen dem Zustand des 16. Jh.; die Fassade ist modern.

Die dem Meer zugewandte Seite des **Abtspalasts** erhielt 1934 ihre heutige Gestalt. Damals versuchte man, einen ›Originalzustand‹ wiederherzustellen, indem man die gotischen Fenster rekonstruierte.

Der **Kreuzgang** stammt dagegen zu einem guten Teil noch aus dem 11. Jh., das Obergeschoß aus dem 13. Jh. Die gotischen **Familiengräber der Doria** wurden 1275–1305 errichtet (Öffnungszeiten des Klosters: März/April 10–13 und 14–16 Uhr, Mai bis Okt. 10–13 und 14–18 Uhr, Nov. bis Jan. nur an Wochenenden 10–13 und 14–16 Uhr, im Feb. sowie das ganze Jahr über Mo geschl.).

 Hotel: *Da Giovanni, ✆ 77 00 47, Mai bis Sept.

 Restaurants: Die drei kleinen Fischrestaurants von San Fruttuoso sind gut, aber teuer.

 Fest: Ende Juli *Bootsprozession* zum ›Cristo degli Abissi‹ statt, einer bronzenen Christus-Statue, die 1954 in der Bucht versenkt wurde.

Wandern: Ein gut zu gehender markierter Weg führt in 2 Std. nach Portofino, eine sehr viel schwierigere Wanderung auf schmalen Pfaden in knapp 4 Std. nach Camogli.

Baden: Kleiner, im Hochsommer und an Wochenenden oft überfüllter Kiesstrand.

 Schiffe: Ab Camogli und Portofino in der Saison und So stündlich, sonst vier- bis fünfmal täglich.

Portofino

Sie waren alle da: Humphrey Bogart und Clark Gable, Frank Sinatra und Ingrid Bergman, Liz Taylor und Richard Burton, Rex Harrison und Lilli Palmer. In den fünfziger Jahren war Portofino bei den Stars des amerikanischen Show-Business ›in‹, und »I lost my heart in Portofino« wurde zum Hit. Es sieht ja auch wirklich aus wie das Fischerdorf aus dem Bilderbuch (s. Titelabb.): Farbige Häuser, überragt von einem Kirchturm, drängen sich in einer kleinen Bucht; die Piazza öffnet sich zum Hafen; auf der Höhe stehen eine Burg und einige im Buschwald versteckte Villen. Als Ziel des Nobeltourismus blieb Portofino intakt erhalten; gegen die einflußreichen Oberschicht-Angehörigen, die hier ihre Ferien verbringen, konnten auch die entschlossensten Bauspekulanten nichts ausrichten.

1870 ›entdeckte‹ der britische Konsul in Genua, Montague Yeats-Brown, das Dorf und erwarb die Burg als Feriensitz. Ihm folgten zahlreiche Angehörige der europäischen Hocharistokratie, darunter der deutsche Baron Alfons von Mumm und Lord Carnarvon, der Entdecker des Tut-Ench-Amun-Grabes. Später kamen Industrielle und der internationale Jet-Set. Italienische Super-Reiche wie Silvio Berlusconi haben noch immer Villen in Portofino. Die Einheimischen sind fortgezogen oder mischen im Spiel ums Geld erfolgreich mit: Der Ort verzeichnet das statistisch höchste Pro-Kopf-Einkommen aller italienischen Kommunen, die Wohnungen mit Meerblick haben höhere Quadratmeterpreise als Luxusappartements in Mailand oder Rom.

Ein Besuch lohnt auf jeden Fall – in Portofino folgt ein Fotomotiv aufs andere. Doch die Atmosphäre wirkt arg gestylt und von einem Eigenleben des Orts ist nichts mehr zu spüren. Eher unerfreulich ist ein Ausflug am Wochenende, wenn große Besuchermassen anrollen.

Der Name leitet sich vom lateinischen Portus Delphini her – nicht etwa von ›feiner Hafen‹, wie man angesichts der hier ankernden Luxusjachten denken könnte. Im Mittelalter gehörte das Dorf zunächst zur nahegelegenen Abtei San Fruttuoso, dann zu Rapallo und damit zur Republik Genua.

In den Gassen um die Hafenpiazza wimmelt es von schicken und teuren Boutiquen; große Namen der italienischen Mode wie Gucci, Armani, Trussardi sind mit eigenen Geschäften vertreten. Ein gut fünfminütiger Anstieg führt zur **Kirche San Giorgio,** von der man die beste Aussicht auf den Ort genießt. Auf einem Fußweg erreicht

Wanderweg am Monte Portofino

man in 15 Min. die Punta del Capo, die Spitze des kleinen Vorgebirges mit schönem Panorama über den Tigullio-Golf bis Sestri Levante.

 Auskunft: Via Roma 35, ✆ 26 90 24. **Vorwahl:** 01 85.

Hotels: *****Splendido,* Viale Baratta 16, ✆ 26 95 51, Fax 26 96 14. Jahrhundertwende-Villa in herrlicher Panoramalage über dem Ort, eines der exklusivsten Hotels Italiens (Doppelzimmer ab 750 DM). In der Eingangshalle hängen die Fotos der vielen prominenten Gäste, die das Hotel seit seiner Gründung 1901 aufsuchten. ***Eden,* Vico Dritto 20, ✆ 26 90 91, Fax 26 90 47. Die preiswertere Alternative im Ortskern, immer noch mit kräftigem Portofino-Zuschlag (DZ um 200–300 DM).

 Fest: *Ortsfest des hl. Georg* am 23. April.

Wandern: Viele markierte Wege im Naturschutzgebiet des Monte Portofino. Kartenmaterial und Informationen erhält man in Camogli.

Baden: In Portofino selbst keine Strände. Der Zugang zum guten Sandstrand im nahegelegenen Paraggi ist teuer; man kann dort aber auch kostenlos am Felsufer baden.

Verkehrsverbindungen: Von der Anfahrt mit dem Auto ist abzuraten. Die Zufahrt nach Portofino wird entsprechend der Zahl freier Parkplätze reguliert, oft muß man lange warten. Hohe Parkgebühren. Linienbusse ab Santa Margherita alle 25 Min., Fahrtzeit 15 Min.

Schiffsverbindungen: Ab Sestri Levante, Rapallo, Chiavari, Santa Margherita.

Santa Margherita Ligure

Santa Margherita Ligure ist einer der mondänsten Badeorte der Riviera (s. Abb. S. 2/3). Die Zahlen sprechen für sich: 60 % der Gästebetten stehen in Vier- und Fünf-Stern-Hotels, insgesamt kommen in der Kleinstadt (11 000 Ew.) viermal weniger Touristen unter als im etwa gleichgroßen Alassio. Der Massentourismus ist ausgesperrt, das gehobene Bürgertum bleibt unter sich. Dennoch wirkt ›Santa‹, wie die Einheimischen den Ort nennen, nicht steril oder versnobt, denn anders als das benachbarte Portofino hat es ein einigermaßen reges Eigenleben.

Die Geschäfte an der ausgedehnten Uferpromenade sind allerdings konsequent auf die auswärtige Klientel eingestellt. Die lange Reihe der Modeboutiquen wird nur ab und zu unterbrochen durch einen Juwelier, eine Parfümerie, einen Schiffsverleih, ein Maklerbüro oder allenfalls eine Bar. Auch der Jachthafen, in dem Luxusboote jeder Art ankern, macht deutlich, wer Santa Margherita ansteuert.

Das Fischer- und Bauerndorf blieb jahrhundertelang bedeutungslos, bis Mitte des 19. Jh. der Nobeltourismus einsetzte. Dann aber brach die Reihe berühmter Gäste nicht mehr ab. Es kamen Schriftsteller wie Friedrich Nietzsche, André Gide, Franz Werfel, Hugo von Hofmannsthal und Max Frisch, Schauspieler wie Greta Garbo, Humphrey Bogart, Liz Tay-

Caffè Colombo

lor, Yves Montand und vor allem die gekrönten Häupter dieser Welt: die italienische Königin Margherita von Savoyen, Haile Selassie, Rainier von Monaco, Hussein von Jordanien und viele anderen. Im Luxushotel Imperial Palace wurde 1922 der Rapallo-Vertrag zwischen Deutschland und der Sowjetunion unterzeichnet. Die Stadtgrenzen verliefen damals anders als heute, das Imperial Palace gehörte zu Rapallo; daher wurde es kein ›Santa-Margherita-Vertrag‹.

Nach Santa Margherita fährt man nicht zum Besichtigen – es gibt kaum ›Sehenswürdigkeiten‹. Interessanter ist es hier, Atmosphäre zu schnuppern und ziellos durch das Städtchen zu bummeln. Im kleinen Ortskern stehen farbige Bauten in warmen Gelb-, Rot- und Ockertönen; viele sind mit Trompe l'œil-Motiven wie Scheinfenstern oder -balustraden bemalt. Manche Hotels und Geschäfte zeigen die historische Patina der Jahrhundertwende, z. B. das schon erwähnte Imperial Palace und das Miramare. Das traditionsreiche **Caffè Colombo** und die **Farmacia Internazionale** – beide an der Uferstraße Via Pescino – sind mit Jugendstil-Schnitzereien geschmückt. Die pseudo-barocke Fassade der Hauptkirche **Santa Margherita d'Antiochia** aus dem 17. Jh. wurde erst 1876 geschaffen. Von der schönen **Parkanlage Villa Durazzo** (April bis Sept. 9–19, Okt. bis März 9–12, 14–16 Uhr) aus dem 16. Jh. genießt man herrliche Blicke auf den Tigullio-Golf.

Im Jachthafen

Auskunft: Via XXV Aprile 2/B, ☎ 28 74 85, Fax 28 30 34. **Vorwahl:** 01 85.

Hotels: *****Imperial Palace,* Via Pagana 19, ☎ 28 89 92, Fax 28 42 23. Historisches Luxushotel im Park mit Meerblick. ***Jolanda,* Via L. Costa 6/A, ☎ 28 75 12, Fax 28 47 63. Freundlicher Familienbetrieb, stilvoll mit Antiquitäten eingerichtet. **Ulivi,* Via Maragliano 28, ☎ 28 78 90, Fax 28 25 25. Kleiner Vorgarten mit Palmen und Orangenbäumen, Zimmer z. T. etwas abgewohnt. *Azalea,* Via Roma 60, ☎ 28 81 60. Ordentliches einfaches Haus.

Restaurants: *Il Frantoio,* Via Giuncheto 23, ☎ 28 66 67, Di und Mi (mittags) geschl. Anspruchsvolles Lokal mit zivilen Preisen, die Küchenqualität schwankt allerdings. *Conte Moro,* Via Goito 18, So geschl. Einfache Trattoria mit regionaler Küche. In der Umgebung: *Oreste,* San Lorenzo della Costa, Via Aurelia 54, ✆ 28 79 34, Di geschl. Angenehmes Landgasthaus.

 Café: *Colombo,* Via Pescino 13. Traditionsreiches Jugendstilcafé.

 Fest: *Ortsfest der hl. Margherita* am 20. Juli.

 Baden: Kiesstrand. Guter Sandstrand in San Michele di Pagana (2 km Richtung Rapallo) und in Paraggi (s. S. 165).

 Verkehrsverbindungen: Häufige Züge der Linie Genua–La Spezia, direkte Züge auch nach Mailand, Deutschland und in die Schweiz. Busse alle 25 Min. nach Portofino, alle 15–25 Min. nach Rapallo, alle 50 Min. nach Camogli.

 Schiffe: Nach Portofino, San Fruttuoso und Rapallo.

Rapallo

›Rapallizzazione‹ ist im Italienischen ein feststehender Begriff geworden. Er bedeutet: Zerstörung durch Zersiedlung. Klaus Mann konnte noch 1931 über Rapallo schreiben: »Villen gruppieren sich um eine Bucht. Das altmodisch-feine Privathaus beherrscht das Bild … Bürgerlich-friedlich. Sehr, sehr

neunzehntes Jahrhundert.« Heute ufert die Kleinstadt (29 500 Ew.) mit gesichtslosen Nachkriegsbauten in die Umgebung aus, und nur das kleine Altstadtzentrum mit dem pittoresken Lebensmittelmarkt und hübschen Geschäften hat noch eine ansprechende Atmosphäre. An der palmenbestandenen Uferpromenade finden sich zwar einige Belle-Epoque-Hotelbauten; doch anders als das benachbarte Santa Margherita hat Rapallo seinen noblen Touch längst verloren.

Vor dem Zweiten Weltkrieg war es vor allem bei Künstlern beliebt. Der irische Dichter William Butler Yeats schwärmte 1928: »Dies ist ein unbeschreiblich schöner Ort.« Auch Ezra Pound, Gerhart Hauptmann, Hermann Hesse, Ernest Hemingway und viele andere hielten sich hier auf. Friedrich Nietzsche verfaßte im Winter 1882–83 in Rapallo den ersten Teil von »Also sprach Zarathustra«.

Heute verbringen viele Pensionäre aus den Städten der Po-Ebene hier die Wintermonate – angezogen vom milden Klima, den vergleichsweise günstigen Unterkunftspreisen und dem geselligen Leben, das sich in den Hotels und auf der Uferpromenade unter den Rentnern entwickelt. Im Sommer dagegen herrscht ein reger Urlaubsbetrieb, obwohl die nächsten Strände einige Kilometer vom Ort entfernt liegen.

Rapallo wurde vermutlich bereits vor mehr als 2000 Jahren gegründet, doch blieben kaum histo-

Der pittoreske Markt in der Altstadt

rische Bauten erhalten. Die angebliche Römerbrücke **Ponte Annibale** an der gleichnamigen Straße stammt vermutlich aus dem späten Mittelalter. In Bahnhofsnähe steht neben der Kirche Santo Stefano der **Gemeindeturm** aus dem 15. Jh. Die **Festung** am östlichen Ende der Uferpromenade wurde 1550 errichtet, nachdem der berüchtigte Seeräuber Dragut die Stadt geplündert und zahlreiche Einwohner als Sklaven verkauft hatte. Eine Kuriosität ist der **Chiosco della Banda Musicale** am Lungomare Vittorio Veneto, ein offener Pavillon mit verblichenen Jugendstilporträts berühmter Komponisten.

600 m über Rapallo steht die **Wallfahrtskirche Madonna di Montallegro.** Man erreicht sie mit dem Linienbus (ab Bahnhofsplatz, Fahrzeit gut 30 Min.) oder in wenigen Minuten mit einer Seilbahn (ab Via Castagneto, hinter dem Bahnhof). Die Kirche entstand im 16. Jh., nachdem ein Bauer hier eine Marienerscheinung hatte. Auf dem Hauptaltar wird eine Ikone aufbewahrt, welche die Madonna der Überlieferung nach dem Bauern übergab. Die Fahrt zur Kirche lohnt vor allem wegen des großartigen Ausblicks auf das Meer und die Halbinsel von Portofino, den man von hier aus genießt.

Rapallo ▷

Auskunft: Via A. Diaz 9, ✆ 23 03 46, Fax 6 30 51. **Vorwahl:** 01 85.

Hotels: ****_Rosabianca,_ Lungomare V. Veneto 42, ✆ 5 03 90, Fax 6 30 35. In einem Jahrhundertwende-Palazzo am Ufer, nicht ganz ruhig. ***_Minerva,_ Corso Colombo 7, ✆ 23 03 88, Fax 6 70 78. Komfortables angenehmes Haus. ***_Vittoria,_ Via S. Filippo Neri 11, ✆ 23 10 30, Fax 6 62 50. Im Zentrum, kleine, gepflegte Zimmer. *_Bandoni,_ Via Marsala 24, ✆ 5 04 23, Fax 5 72 06. Einfaches freundliches Hotel, viele Zimmer mit Meerblick.

Camping: _Miraflores,_ Via Savagna, ✆ 26 30 00, Fax 26 09 38, an der Autobahn, April bis Okt. geöffnet. Relativ laut. _Rapallo,_ Via San Lazzaro 4, ✆ 26 20 18, Juni bis Sept. geöffnet. Ruhiger, aber wenig Schatten.

Restaurants: _La Goletta,_ Via Magenta 28, ✆ 66 92 61, Mi geschl. Angenehmes Lokal mit ligurischer Küche. _Da Mario,_ Piazza Garibaldi 23, ✆ 5 17 36, Di (abends) und Mi geschl. Ebenfalls gute traditionelle Gerichte.

Einkaufen: Gemüse- und Fischmarkt Mo–Sa auf der Piazza Venezia. In der Nähe finden sich zahlreiche gute Lebensmittelgeschäfte. Wochenmarkt Do auf der Piazza Cile. Antiquitätenmarkt am vierten So des Monats an der Uferpromenade. Im benachbarten Zoagli, das eine lange Tradition der Seidenweberei hat, zwei interessante Stoffgeschäfte: _Seterie di Zoagli Cordani,_ Via San Pietro 21 und _Gaggioli,_ Via Aurelia 208.

Fest: _Fest der Madonna von Montallegro,_ 1.–3. Juli mit großem Feuerwerk zum Abschluß.

Baden: In Rapallo keine Bademöglichkeit. Ein guter Sandstrand befindet sich in San Michele di Pagana (2 km Richtung Santa Margherita Ligure).

Verkehrsverbindungen: Häufige Bahnverbindungen entlang der Küste, direkte Züge auch nach Rom, Mailand, Deutschland und in die Schweiz. Busse alle 15–25 Min. nach Santa Margherita Ligure, alle 50 Min. nach Camogli, etwa stündlich nach Chiavari.

Schiffe: Nach Santa Margherita Ligure, Portofino und San Fruttuoso.

Chiavari

Chiavari (28 400 Ew.) liegt an einem der wenigen flachen Küstenstreifen der Riviera di Levante. Die Mündungsebene des Flusses Entella, der das Städtchen vom unmittelbar angrenzenden Lavagna (13 500 Ew.) trennt, ist unerfreulich zersiedelt. Im Häuserbrei der Neubauten versteckt sich aber eine schöne Altstadt, die ideal geeignet ist zum ziellosen Herumbummeln. Angenehme Cafés und gute Restaurants machen Chiavari auch zu einem kulinarisch interessanten Reiseziel.

Die Stadt wurde im Mittelalter gegründet und von den Genuesen zu einer befestigten Ansiedlung mit Burg und Mauern ausgebaut. Die militärische Planung ist noch heute

Bogengänge säumen Chiavaris Straßen

an der streng rechtwinkligen Straßenanlage zu erkennen. Im 18. und frühen 19. Jh. erlebte Chiavari eine wirtschaftliche Blütezeit. Seine Hauptprodukte waren Stoffe, Schiffe und die *campanini,* besonders leichte und elegante Stühle, die in viele europäische Länder exportiert wurden.

An der Piazza Nostra Signora dell'Orto vor dem Bahnhof steht der imposante **Dom.** Er wurde 1613–33 an der Stelle einer Marienerscheinung errichtet; die Fassade stammt aus dem 19. Jh. Der Innenraum ist mit einer reichen Barockdekoration ausgestattet. Auf der angrenzenden **Piazza Mazzini** findet vormittags ein hübscher Le-

bensmittelmarkt statt. An ihrer Südseite erhebt sich der mittelalterlich wirkende **Palazzo di Giustizia.** Er stammt aber – mit Ausnahme des Turms von 1537 – erst aus dem späten 19. Jh. Die Piazza Mazzini wird von der Hauptstraße der Altstadt, der **Via Martiri della Liberazione,** durchschnitten. Unter den niedrigen Bogengängen der Fußgängerstraße finden sich zahlreiche Läden, darunter die **Bar-Pasticceria Copello** (Nr. 164), das älteste noch bestehende Geschäft der Riviera. Parallel dazu verlaufen die ebenfalls von Arkaden gesäumten Via Giuseppe Raggio und Via Ravaschieri mit dem **Barockpalais Marana** (Via Raggio 36) und dem teilweise noch gotisch erhaltenen **Palazzo dei Portici Neri** (Via Ravaschieri 27–33). Im Chor der **Kirche San Giovanni Battista** hängen zwei gro-

In Chiavari

ße Ölbilder des genuesischen Barockmalers Giovanni Battista Carlone: »Johannes der Täufer tadelt Herodes« und »Tanz der Salome«.

Das **Archäologische Museum** im Palazzo Rocca aus dem 17. Jh. (Di–Sa, zweiter und vierter So sowie erster, dritter, fünfter Mo im Monat 9–13.30 Uhr) zeigt ungewöhnliche Funde aus einer Nekropole des 8./7. Jh. v. Chr.: Schmuck, Waffen, Keramik des Stamms der Tigullier, die 1960 bei einer Ausgrabung gefunden wurden.

Der Stadtrundgang findet einen angenehmen Abschluß im historischen **Caffè Defilla,** einem der größten und traditionsreichsten Kaffeehäuser Liguriens, mit Stuck-

verzierungen, Gemälden, großen Spiegeln und einem reichen Angebot an Wein, Gebäck und Süßigkeiten.

Auskunft: Corso Assarotti 1, 32 51 98, Fax 32 47 96. **Vorwahl:** 01 85.

Hotels: ***Monterosa,* Via Marinetti 6, 30 03 21, Fax 31 28 68. Gutbürgerliches Haus in ruhiger zentraler Lage, viel von Geschäftsleuten frequentiert. ***Zia Piera,* Via Marina Giulia 25, 30 76 86, Fax 31 41 39. Relativ einfach, aber korrekt. Einiger Lärm von der Uferstraße. ***San Pietro,* Corso Valparaiso 180, 30 76 72. Einfache Zimmer, z. T. mit Aussicht aufs Meer, preiswert.

Camping: *Al Mare,* Via Preli 30, und Fax 30 46 33. Am westlichen Ortsrand, eher unschöne Lage. Im Nachbarort Lavagna liegen zwei Plätze in Meernähe: *Lo Scoglio,* Via Tedisio, ✆ 39 10 84; *Ripamare,* Via Tedisio, ✆ 39 11 26.

 Restaurants: *Luchin,* Via Bighetti 51, ✆ 30 10 63, So geschl. Traditionsreiche Osteria mit hübscher Einrichtung und lebendiger Atmosphäre. *Baiciotto,* Via Vittorio Veneto 33, ✆ 31 12 66, Mo geschl. Gemütliche kleine Trattoria mit freundlichem Service. *Mino e Kristina,* Via Bighetti 107, ✆ 30 55 36, nur abends geöffnet, Mo geschl. Das originell eingerichtete Lokal wird von einem in den fünfziger Jahren berühmten Boxer und seiner schwedischen Ehefrau geführt. In Sant'Andrea di Rovereto (3 km Richtung Rapallo, dann rechts in die Hügel abbiegen, Hinweisschild): *La Campagnola,* ✆ 31 82 38, Mi geschl. Vorzügliches Landgasthaus.

 Cafés: *Copello,* Via Martiri della Liberazione 164, Di geschl. Die 1826 gegründete Bar-Konditorei hat eine hübsche Jugendstileinrichtung aus der Zeit der Jahrhundertwende. *Defilla,* Corso Garibaldi 4, Mo geschl. Historisches Kaffeehaus (s. oben).

 Einkaufen: Hübscher Lebensmittelmarkt vormittags auf der Piazza Mazzini. Wochenmarkt Fr auf der Piazza Matteotti. Überregionalen Ruf genießt die *Enoteca Bisson,* Corso Gianelli 28, mit guten Weinen, auch aus eigener Produktion. Antiquitätenmarkt am zweiten Wochenende jeden Monats in der Altstadt (Via Martiri della Liberazione).

 Feste: *Ortsfest der Madonna dell'Orto* am 2. Juli mit Prozession und Feuerwerk. In Lavagna werden am 14. Aug. bei der *Torta dei Fieschi* 14 000 Portionen eines gigantischen Kuchens von 1300 kg Gewicht verteilt,

außerdem ein Umzug in historischen Kostümen veranstaltet.

 Baden: Breite Sand- und Kiesstrände in Lavagna und Cavi.

 Verkehrsverbindungen: Gute Bahnverbindungen entlang der Küste, direkte Züge auch nach Mailand, Rom, in die Schweiz und nach Deutschland. Busse etwa stündlich nach Rapallo, alle 15–25 Min. nach Sestri Levante.

Über die Nachbarstadt Lavagna erreicht man die **Basilica San Salvatore dei Fieschi,** eines der interesssantesten Gotteshäuser der Riviera di Levante. Sie wurde 1245–52 im Auftrag des Papstes

San Salvatore dei Fieschi

Sestri Levante

Innozenz IV., des früheren Grafen Sinibaldo Fiesco, als Familienkirche erbaut. Das Adelsgeschlecht der Fieschi aus Lavagna ist durch Schillers Drama »Die Verschwörung des Fiesco zu Genua« in die deutsche Literatur eingegangen. Die Kirche hat ein schönes Rosenfenster an der grün-weiß gestreiften Fassade; der schlichte, fast schmucklose Innenraum zeigt die Formen des romanisch-gotischen Übergangsstils. Auf der gegenüberliegenden Seite des Kirchplatzes erheben sich ein mittelalterliches, später barockisiertes **Oratorium** und der Grafenpalast **Palazzo Comitale.**

Mehrere Täler kommen an der Mündung des Flusses Entella zusammen; der Name Chiavari leitet sich angeblich von *Chiave delle Valli* (Schlüssel der Täler) her.

Aus der parallel zur Küste verlaufenden **Valle Fontanabuona** stammt der Überlieferung nach die Familie des Christoph Kolumbus. Durch die Valle Sturla gelangt man zum **Kloster Borzone** in einsamer Berglandschaft. Die Kirche aus dem 13. Jh. mit ihrem massiven Glockenturm wird von einer gro-

ßen Zypresse flankiert. Der Innenraum wurde barock umgebaut; an der linken Chorwand findet sich ein Renaissance-Tabernakel von 1513.

Sestri Levante

Sestri Levante (20 000 Ew.) hat zwei Gesichter: Die malerische Altstadt zieht sich auf einer Halbinsel zwischen zwei Ufern mit den schönen Namen ›Bucht der Stille‹ und ›Bucht der Märchen‹ hin; farbige Hausfassaden, alte Portale,

hübsche Geschäfte machen den Bummel durchs Zentrum zum Vergnügen. Drumherum erstrecken sich neuere Viertel, die zwar ästhetisch noch einigermaßen erträglich wirken, aber sicher keine touristische Attraktion darstellen.

Schon in der Römerzeit war der Ort ein Verkehrsknotenpunkt. Wie heute gelangte auch damals die Hauptstraße von Süden hier erstmals hinter La Spezia wieder ans Meer; sie traf bei Sestri auf einen wichtigen Handelsweg, der über den Apennin in die Po-Ebene führte. Die verkehrsgünstige Lage trug Ende des 19. Jh. dazu bei, daß sich in der Stadt einige Fabriken ansiedelten; Sestri wurde so neben La Spezia zum einzigen Industriestandort der Riviera di Levante.

Hauptstraße der Altstadt ist die **Fußgängergasse Via XXV Aprile.** Hier finden sich gepflegte Mode-, Schuh- und Antiquitätengeschäfte. Die Straße endet an der Piazza Matteotti mit der **Kirche Santa Maria di Nazareth** aus dem 17. Jh. Nördlich davon erstreckt sich die **Baia delle Favole,** die große ›Märchenbucht‹, die ihren Namen zur Erinnerung an Hans Christian Andersen erhielt, der im Sommer 1832 Sestri Levante besuchte. Vom Ufer überblickt man den gesamten Tigullio-Golf bis zum Vorgebirge von Portofino. Auf der entgegengesetzten Seite der Halbinsel gelangt man zur **Baia del Silenzio.** Die kleine ›Bucht der Stille‹ hat das malerischste Ufer, das man an der Riviera mitten in einer Stadt finden kann. Farbige Häuser im traditionellen ligurischen Stil ziehen sich um einen schönen Sandstrand – und der Name täuscht nicht: Es ist wirklich ruhig …

Das kleine Vorgebirge der Isola war ursprünglich eine Insel; erst im Mittelalter entstand die schmale Landzunge, auf der heute die Altstadt steht. Die romanische **Kirche San Nicolò dell' Isola** stammt aus dem 12. Jh.; sie ist leider fast immer geschlossen. Im Park um das Grand Hotel dei Castelli steht der **Marconi-Turm,** auf dem Guglielmo Marconi erste Versuche mit der Kurzwellenübertragung machte.

Auskunft: Via XX Settembre 33, ☎ 45 70 11, Fax 45 95 75. **Vorwahl:** 01 85.

Hotels: *****Miramare,* Via Cappellini 9, ☎ 48 08 55, Fax 4 10 55. Schöne Lage an der Baia del Silenzo, manche Zimmer allerdings recht klein. ****Helvetia,* Via Cappuccini 43, ☎ 4 11 75, Fax 45 72 16. Gepflegt, in ruhiger Lage, Dachterrasse mit Blick über die Baia del Silenzio. ***L'Approdo,* Piazza Francesco Bo 17, ☎ 4 29 16. Ordentlich und freundlich. **Villa Jolanda,* Via Pozzetto 15, ☎ und Fax 4 13 54. Ruhig, kleiner Garten.

Camping: *Tigullio,* Via Sara 111, ☎ 45 72 57, Fax 48 01 02. Etwa 3 km außerhalb in Richtung Casarza Ligure, schattig am Hang.

Restaurants: *La Mandrella,* Viale Dante 37, ☎ 4 27 16, Di geschl. Freundliche Trattoria mit origineller Karte, alle Teigwaren sind hausgemacht. *Polpo Mario,* Via XXV Aprile 163, ☎ 48 02 03, Mo geschl. Gute, gelegentlich ausgezeichnete Küche, Service etwas lieblos. In der Umgebung: *Trattoria Carla,* San Bernardo, ☎ 4 28 19, Mo geschl. Vorzügliches Dorfgasthaus.

Einkaufen: Sa Wochenmarkt.

Baden: Breite Sandstrände auf der Halbinsel von Sestri, besonders hübscher Strand an der Baia del Silenzio.

Verkehrsverbindungen: Gute Bahnverbindungen entlang der Küste, Züge auch nach Mailand, Deutschland und in die Schweiz. Busse nach Chiavari alle 15–25 Min.

Schiffe: Juni bis Sept. nach Santa Margherita Ligure, Portofino und San Fruttuoso.

Ausflug ins Hinterland

Die alte Paßstraße von Sestri Levante nach Parma erreicht nach 30 km **Varese Ligure.** Im Zentrum der Kleinstadt (2800 Ew.) steht eine Burg des 15. Jh.; daran schließt sich der sogenannte Borgo Rotondo an. Der kleine festungsartige, fast kreisrunde Wohnbezirk wird von einer engen Hauptgasse mit zahllosen Torbögen durchzogen. Im Viertel auf der anderen Seite der Hauptstraße, dem Borgo Nuovo, überquert die mittelalterliche Brücke Ponte Grecino das Flüßchen Crovana.

 Auskunft: Via Portici 19, ☎ 84 21 39, Fax 84 23 66. **Vorwahl:** 01 87.

 Hotel: ***Della Posta,* Piazza Vittorio Emanuele 16, ☎ 84 21 15, Fax 84 21 15. Gepflegtes Provinzgasthaus.

 Verkehrsverbindungen: Täglich acht (So und feiertags drei) Busse ab Sestri Levante, Fahrzeit 60 Min.

Bei Varese Ligure

Aufregende Steilküste

**Dörfer in Badebuchten –
Moneglia und Bonassola**

**Kleinstadt mit breitem Strand –
Levanto**

**Das Wanderparadies –
Die Cinque Terre**

Vernazza

Aufregende Steilküste:
Von Moneglia in die Cinque Terre

Die faszinierende, ideal zum Wandern geeignete Landschaft der Cinque Terre zieht Naturfreunde aus aller Welt an. Doch auch das weniger bekannte Gebiet zwischen Moneglia und Levanto hat seine Reize. Die ruhigen Orte in geschützten Buchten sind für Bade- und Wanderferien gut geeignet.

Moneglia

Der Badeort Moneglia (2800 Ew.) ist in den letzten Jahren als Ausweichquartier für Cinque-Terre-Besucher immer beliebter geworden; er bietet einige angenehme Hotels, einen schönen Strand und gute Wandermöglichkeiten nicht nur in den leicht zu erreichenden Cinque Terre, sondern auch in der unmittelbaren Umgebung.

Im Mittelalter schützten zwei von den Genuesen erbaute Burgen das Dorf. Das **Castello Monteleone** am westlichen Ortsrand wurde im 19. Jh. zu einer Villa umgebaut. Das **Castello Villafranca** auf der gegenüberliegenden Seite der Bucht ist heute eine Ruine. Dazwischen liegt das kleine Ortszentrum; seine Hauptstraßen sind die von Geschäften gesäumte Fußgängergasse Via Vittorio Emanuele und die Uferpromenade Corso Longhi, die durch den ehemaligen Bahndamm vom Meer getrennt wird.

Die **Kirche San Giorgio** aus dem 15. Jh. weist einige Kunstwerke auf. Eine farbige Holzskulptur des hl. Georg stammt von Pietro Galleano (18. Jh.), das Gemälde »Anbetung der Könige« von dem aus Moneglia gebürtigen Luca Cambiaso, dem bedeutendsten ligurischen Maler des 16. Jh. Das Bild des hl. Georg im Chor wurde gelegentlich Rubens zugeschrieben – vermutlich zu Unrecht. Am östlichen Ortsrand erhebt sich die 1726 erbaute **Kirche Santa Croce.** Der Name des Gotteshauses leitet sich von einem byzantinischen Kruzifix her, das auf dem vierten Altar rechts aufbewahrt wird; in der Sakristei findet sich ein Abendmahlsbild von Luca Cambiaso.

 **Auskunft:** Corso Longhi 32, ✆ 49 05 76. **Vorwahl:** 01 85.

Hotels: ***Villa Edera,* Via Venino 12, ✆ 4 92 91, Fax 4 94 70. Engagiert geführt, komfortabel, in manchen Zimmern allerdings Bahngeräusche. ***Leopold,* Via La Secca 5, ☎ 4 92 40, Fax 4 99 67. In schöner Lage über dem Meer. **Il Gabbiano,* Piazza Garibaldi 3, ☎ 4 92 93. Gute Lage direkt am Strand, Service leider nachlässig. *Villa Argentina,* Via San Lorenzo 2, ☎ 4 92 28. Ordentlich und sympathisch, aber direkt an der Bahnlinie.

 Camping: *La Secca,* ☎ 4 94 41; *Smeraldo,* ☎ 4 93 75. Beide Plätze liegen über dem Meer an der Straße in Richtung Sestri Levante; Zufahrt wegen der Ampelregelung (s. Verkehrsverbindungen) etwas umständlich.

 Restaurants: *Da U Limottu,* Piazza Marengo 13, ☎ 4 89 77, Mo geschl. Gute regionale Küche. In der Umgebung: *Da Oreste,* San Saturnino, ☎ 49 15 38, Di geschl. (im Winterhalbjahr nur Fr–So geöffnet). Trattoria mit traditionellen ligurischen Gerichten in bester Qualität.

Einkaufen: So Wochenmarkt.

Fest: *Fest des Heiligen Kreuzes* am 14. Sept.

Wandern: Mehrere markierte Wanderwege beginnen in Moneglia, z. B. zum Monte Moneglia (521 m), nach Riva Trigoso und nach Deiva Marina. Das Wandergebiet der Cinque Terre ist mit der Bahn in 20–30 Min. erreichbar.

 Baden: Guter Sandstrand.

Verkehrsverbindungen: Mit dem Auto entweder Zufahrt von Sestri Levante durch einen engen, schlecht beleuchteten ehemaligen Eisenbahntunnel (Einbahnstraßenregelung per Ampel) oder auf kurvigen Zufahrtsstraßen von der N 1. Züge nach Sestri Levante–Genua und La Spezia etwa stündlich.

Deiva Marina hat zwei sehr unterschiedliche Ortsteile. Etwa 1 km landeinwärts liegt der winzige alte Dorfkern; er wird von der Barockkirche Sant'Antonio überragt. Direkt am Meer wurde in den siebziger und achtziger Jahren eine größere Ansiedlung errichtet; mit ihren tristen Appartementhäusern zählt sie zu den unerfreulichsten Plätzen der Riviera di Levante.

Framura hat dagegen seinen traditionellen Charakter gut bewahrt. Die Gemeinde besteht aus den drei Weilern Anzo, Setta und Costa. Direkt am Meer liegt nur der Bahnhof, die Dörfer stehen übereinander am Hang – Idealziele für einen völlig ruhigen Urlaub abseits des Badebetriebs.

Über die hübschen Bergdörfer Reggimonti und Montaretto führt eine kurvige Straße von Framura nach **Bonassola.** Das frühere Fischer- und Seefahrerdorf liegt ähnlich wie Moneglia in einer geschützten Bucht. Die Pfarrkirche Santa Caterina von 1670 hat eine reiche Barockdekoration. Andere Sehenswürdigkeiten weist Bonassola nicht auf, doch als Aufenthaltsort für einen Bade- oder Wanderurlaub ist es gut geeignet.

Auskunft: Bonassola, Piazza Cento Croci 9, ☎ 81 35 00 (nur im Sommer). **Vorwahl:** 01 87 (Framura und Bonassola).

Hotels: In Framura: **Silvia,* Via Costa 4, ☎ 81 00 21. Dorfhotel im ruhigen, 300 m hoch gelegenen Weiler Costa. ***Augusta,* Via Anzo 12, Framura, ☎ 81 00 11. Familienbetrieb in Meernähe. In Bonassola: ****Delle Rose,* Via Garibaldi 8, ☎ 81 37 13, Fax 81 42 68. Gut geführtes Haus im Ortszentrum. **Feluca,* Via Mainara 1, ☎ 81 35 78. Freundliches einfaches Hotel am Meer.

Camping: *Nido del Gabbiano,* Framura-Setta, ☎ 81 01 55, April bis Sept. In einsamer Panoramalage, allerdings steiniger Boden.

Restaurant: *L'Arcidiacono,* Via Daneri 18, ☎ 81 43 83, Mo geschl., nur April bis Sept. Gute, süditalienisch beeinflußte Küche in freundlichem Ambiente.

Vorbereitungen für die Infiorata

Baden: Kleine Kiesstrände und Felsufer bei Framura, Kiesstrand in Bonassola.

Verkehrsverbindungen: Züge der Linie La Spezia–Sestri Levante–Genua etwa stündlich.

Levanto

Levanto (6500 Ew.) zeigt als einziger Ort zwischen Sestri Levante und La Spezia eher kleinstädtisches als dörfliches Gepräge. Obwohl im Hochsommer intensiver Badebetrieb herrscht und auch in der Nebensaison noch viele Gäste kommen, hat es ein reges Eigenleben; die zahlreichen Geschäfte und Bars sind keineswegs nur für Touristen da. Schon vor dem Zweiten Weltkrieg galt Levanto in Italien als Geheimtip für einen ruhigen Strandurlaub. Gegenwärtig wird das Städtchen als Ausweichquartier für die Cinque Terre immer beliebter: Es ist weniger überlaufen, bietet ein besseres Angebot an Läden und Restaurants und hat – eine Ausnahme in dieser Gegend – einige Campingplätze. Sein breiter Sandstrand ist zudem optimal zum Baden geeignet.

Mit den ästhetischen Reizen der Cinque-Terre-Dörfer kann Levanto allerdings nicht konkurrieren. Das Stadtbild wird vorwiegend durch neuere Bauten geprägt; ein einheitlicher Gesamteindruck stellt sich nicht mehr her. Die Umgebung dagegen ist landschaftlich sehr reiz-

Von Moneglia in die Cinque Terre

voll. Nach Süden hin erhebt sich steil das Vorgebirge des Mesco, über das ein beliebter Wanderweg in die Cinque Terre führt.

Im Mittelalter bewahrte Levanto unter der Herrschaft Genuas eine relative Selbständigkeit. Aus dieser Zeit blieben noch mehrere Häuser auf dem kleinen, von der Via Guani und der Salita San Giacomo überquerten Altstadthügel erhalten. An seinem Rand stehen an der Piazza del Popolo die **Loggia del Comune** aus dem 13. Jh. und die ebenfalls mittelalterliche **Casa Restani** (heute Osteria Tumelin). Wenige Schritte entfernt findet sich am östlichen Ortsrand die gotische, 1226 erbaute **Kirche Sant'Andrea.** Ihre grünweiß gestreifte Fassade hat ein fein gearbeitetes Rosenfenster; im Innenraum wird ein ›Schwarzes Kruzifix‹ aus dem 14. Jh. aufbewahrt. Das holzgeschnitzte Chorgestühl stammt von 1589.

Hinter Sant'Andrea gelangt man zu den Resten der alten **Stadtmauer;** sie führt aufwärts zur mittelalterlichen, in späteren Jahrhunderten mehrfach umgebauten **Burg.**

In der Neustadt erinnert nur noch die zentrale, hübsch mit Orangenbäumen bepflanzte **Piazza Cavour** an Levantos Geschichte. Sie bildete früher den Innenhof des Nonnenklosters Santa Chiara. Im ehemaligen Klostergebäude ist heute das **Rathaus** untergebracht.

Auskunft: Piazza Cavour, ✆ und Fax 80 81 25. **Vorwahl:** 01 87.

Hotels: ****Nazionale,* Via Jacopo di Levanto 20, ✆ 80 81 02, Fax 80 09 01. Zentral gelegenes Haus mit Dachgarten. ****Dora,* Via Martiri Libertà 27, ✆ 80 81 68, Fax 80 80 07. Korrektes Mittelklassehotel. **La Loggia,* Piazza del Popolo 5, ✆ 80 81 07. Ordentlich und preisgünstig.

Camping: Fünf Campingplätze im Ort und der näheren Umgebung. *Acqua Dolce,* Via Semenza, ✆ 80 73 65, Fax 80 84 65. Zentral und in Ufernähe. *San Michele,* ✆ 80 44 49. Etwas außerhalb in schöner Lage an der Straße nach Monterosso.

Restaurants: *Da Franco,* Via Privata Olivi 8, ✆ 80 86 47, Mo geschl. Verfeinerte ligurische Küche, mittlere Preise. *La Giada del Mesco,* Via Panoramica del Mesco 16, ✆ 80 87 05, Di geschl. Restaurant in herrlicher Panoramalage, 3 km vom Zentrum entfernt. *La Terrazza,* Piazza Colombo 2, ✆ 8 01 57 90. Gute Pizzeria in Ufernähe.

Einkaufen: Wochenmarkt Mi (vormittags).

Fest: *San-Giacomo* am 25. Juli mit Umzug in historischen Kostümen, Fahnenschwingern, Büßer-Prozession der *Cristi* und großem Feuerwerk.

 Wandern: Ein schöner, markierter Pfad führt über das Vorgebirge von Mesco in 2.30 Std. nach Monterosso. Die Wege der Cinque Terre sind mit dem Zug in 5–15 Min. erreichbar.

 Baden: Levanto besitzt einen breiten Sandstrand.

Verkehrsverbindungen: Züge entlang der Linie La Spezia–Genua etwa stündlich. Direktverbindung auch in die Schweiz und nach Deutschland.

Cinque Terre

Die fünf Dörfer im Süden der Riviera di Levante sind zu Recht berühmt. Durch ihre Lage an einer unzugänglichen Steilküste blieben die Orte bis in die sechziger Jahre abseits aller touristischen Routen. Dann wurde die einzigartige Landschaft als Wanderparadies entdeckt. Das Vorherrschen des sanften Tourismus trug dazu bei, daß der lange geplante Bau einer Küstenstraße, die den Charakter der Gegend zerstört hätte, verhindert werden konnte. Noch immer sind die Dörfer mit dem Pkw nur nach einer mühseligen und kurvigen Anfahrt zugänglich; viel günstiger ist die Anreise mit der Bahn, die alle Orte in wenigen Minuten miteinander verbindet.

Die lange Abgeschiedenheit hat nicht nur den Autoverkehr ferngehalten, sondern auch dazu geführt, daß hier kaum Neubauten entstanden. Die Ortsbilder blieben vorzüglich erhalten; mittlerweile verhindern Landschafts- und Denkmalsschutz größere Bausünden. Auf dem engen Raum kleiner Buchten drängen sich die farbigen Häuser von Vernazza, Manarola und Riomaggiore dicht gestaffelt aneinander. Schmale Fußgängergassen und Treppenwege durchziehen die Orte. Drumherum steigen steile Hänge auf, die einst vollständig von Wein- und Ölbaumterrassen bedeckt waren.

Schmale Pfade verbinden die Dörfer miteinander; sie sind in-

Die Cinque Terre sind ein beliebtes Wanderziel

zwischen die beliebtesten Wanderrouten Italiens geworden. Auf den Hauptverbindungswegen zwischen Monterosso und Riomaggiore – aber auch auf Touren, die von den Cinque Terre nach Levanto und Portovenere führen – herrscht zwischen April und Mitte Oktober immer einiger Betrieb. An sonnigen Wochenenden, um Ostern und den 1. Mai ist der Andrang am stärksten: Dann reisen Tausende von italienischen Ausflüglern aus den nahegelegenen Großstädten in das Gebiet.

Wanderboom in den Cinque Terre

Italiener wandern nicht? An jedem Wochenende im Sommerhalbjahr wird zwischen Levanto und Portovenere dieses hartnäckige Vorurteil widerlegt. Fußgänger aus Mailand, Turin, Genua und Bologna sind zu Hunderten auf den schmalen Küstenpfaden unterwegs. Längst ist ›Trekking‹ auch in Italien üblich. Bis in die achtziger Jahre fand man allenfalls im Hochgebirge markierte Wege und brauchbares Kartenmaterial. Inzwischen ist Wandern zwar nicht gerade ein Volkssport, aber doch eine beliebte Freizeitbeschäftigung vieler Großstädter.

Die Cinque Terre stellen dafür ein ideales Gebiet dar. In den Dörfern zwischen Monterosso und Riomaggiore blieben die alten Ortsbilder so gut erhalten wie nirgendwo sonst an der italienischen Festlandküste. Die Landschaft ist traumhaft schön, die Wege sind zwar gelegentlich anstrengend, aber auch für mäßig trainierte Ausflügler zu bewältigen. Ausgangs- und Endpunkte der Touren lassen sich bequem mit der Bahn erreichen. Und verlaufen kann man sich kaum: Die Orientierung auf den beschilderten und markierten Touren ist meist einfach.

Die ›Entdecker‹ der Wanderregion Cinque Terre waren Schweizer. Ende der sechziger Jahre tauchten die ersten Wanderer aus dem Alpenland an der ligurischen Küste auf. Bald veranstaltete ein Schweizer Unternehmen organisierte Touren in die Region; im Laufe der Zeit sind ihm Dutzende von Reiseveranstaltern gefolgt.

In den siebziger Jahren waren die Cinque Terre ein wirklicher Geheimtip, in den Achtzigern wurden sie schon zum bekanntesten Geheimtip Italiens. Inzwischen haben sich ihre Reize bis nach Seattle und San Francisco herumgesprochen: Für viele amerikanische Touristen gehören zwei Tage Vernazza zum Italienprogramm wie Venedig und Florenz. Amerikaner kommen – wie die Italiener – auch im Hochsommer in die Gegend, im Frühjahr und Herbst dagegen stellen Deutsche und Schweizer den Großteil der Urlauber.

Längst ist die intakte Landschaft zum ökonomischen Trumpf geworden. Da Wanderreisende von Ostern bis in den Oktober unterwegs sind, haben die Cinque Terre eine sehr viel längere Saison als die reinen Badeorte. Inzwischen werden auch anderswo an der Küste Wege markiert, und in den geplanten ›Naturpark Cinque Terre‹ drängen Orte wie Levanto und Moneglia, die nie zu den Cinque Terre gehört haben. Doch das Markenzeichen wirkt. Zu Recht: Trotz des großen Andrangs bleiben die Cinque Terre eine einzigartige Wanderlandschaft.

An der Cinque-Terre-Küste standen möglicherweise schon in der Antike einige Villen. Während der Völkerwanderungszeit und des frühen Mittelalters siedelten die Einwohner aus Sicherheitsgründen auf halber Höhe über dem Meer, denn die Ufer waren damals ständigen Piraten- und Sarazenenüberfällen ausgesetzt. Die heute bestehenden Orte wurden im 11. und 12. Jh. gegründet; nur Riomaggiore existiert vielleicht schon seit rund 1200 Jahren. 1276 gelangten die Dörfer, die bis dahin unter der Herrschaft wechselnder Feudalherren standen, an die Republik Genua.

Die Bewohner lebten von Seefahrt und Fischfang, vor allem aber vom Weinbau. Bis vor wenigen Jahrzehnten waren die Steilhänge der Cinque Terre fast ausnahmslos terrassiert; auf den winzigen *strisce* (Landstreifen) gediehen Reben für den örtlichen Weißwein, der seit altersher einen guten Ruf genießt. Heute wird nur noch ein Bruchteil der früheren Anbaufläche kultiviert. Die Arbeit an den steilen Hängen ist äußerst mühselig; die Steinmäuerchen, welche die Terrassen stützen, müssen immer wieder ausgebessert werden. Verständlicherweise nehmen nur noch wenige Einheimische diese Anstrengungen auf sich, die sich zudem ökonomisch kaum lohnen. So erobert der Buschwald immer mehr von dem Land zurück, das ihm in jahrhundertelanger Arbeit abgerungen wurde.

Solche Veränderungen haben aber nicht erst in der letzten Zeit eingesetzt und schon gar nicht, wie oft behauptet wird, erst mit dem Aufkommen des Tourismus. So abgelegen die Cinque Terre auch wirken – seit dem Bau der Eisenbahnlinie 1874 sind sie keine bloßen Bauern- und Fischerdörfer mehr. Viele Einheimische fanden bereits damals Arbeit bei der Bahn oder in den Werften von La Spezia. Schon seit den zwanziger Jahren werden die meisten Weinberge nur nebenberuflich bestellt. Der äußere Eindruck täuscht; dieses Gebiet ist nicht so ›außerhalb der Welt‹, wie man angesichts der alten Ortsbilder denken könnte.

Monterosso (1700 Ew.), die größte Ansiedlung der Cinque Terre, wirkt nicht so malerisch wie die Nachbardörfer. In dem neueren, ab 1874 entstandenen Ortsteil Fegina wurden auch in der Nachkriegszeit noch Bauten errichtet. Hier herrscht daher kein Idyll, zumal man – im Unterschied zu den anderen Cinque-Terre-Orten – ab und zu ein Auto sieht. Monterosso ist dennoch der mit Abstand meistfrequentierte Aufenthaltsort des Gebiets, denn es hat zahlreiche Unterkunftsmöglichkeiten und Lokale, außerdem einen guten Sandstrand.

Im alten Ortskern mit seinen farbigen Häusern und schmalen Gassen wimmelt es von Geschäften und Restaurants. Die **Kirche San Giovanni Battista** aus dem 13./14. Jh. zeigt an der Fassade ein Streifenmuster und ein schönes Rosenfenster. Der Innenraum wurde in der Barockzeit umgebaut und 1963–64 in die alten Formen zurückversetzt; dabei blieben der barocke Hauptaltar und das Chorgestühl erhalten.

Auf einer Anhöhe über dem Dorf liegt das Kapuzinerkloster mit der **Kirche San Francesco.** Sie bewahrt eine Kreuzigungsdarstellung, die – wohl zu Unrecht – dem bedeutenden niederländischen Maler Anton van Dyck zugeschrieben wurde. Oberhalb des Klosters stehen die Ruinen der ehemaligen **Burg.**

Im neueren Ortsteil **Fegina** westlich des Bahnhofs erhebt sich direkt am Meer eine 1910 aufgestellte, mittlerweile etwas beschädigte

Neptun-Statue, der sogenannte **Gigante.** In Fegina besaß die Familie des aus Genua stammenden Dichters und späteren Nobelpreisträgers Eugenio Montale ein Ferienhaus; der Poet verbrachte hier jahrzehntelang den Sommerurlaub. Motive aus Monterosso erscheinen in vielen seiner Gedichte, vor allem in dem Band »Ossi di Seppia«.

Vernazza ist der fotogenste Cinque-Terre-Ort. Farbige Häuser drängen sich in einem winzigen Taleinschnitt, der sich zum Meer hin malerisch mit einer kleinen Piazza öffnet. Auf dem kleinen Strand liegen bunte Boote, Wäsche flattert zwischen den Balkonen, Cafés und Trattorien laden zu Cappuccino oder gegrilltem Fisch ein. Die felsige, von einem Burgturm überragte Halbinsel, die sich über dem Hafen ins Meer zieht, ist vermutlich das meistfotografierte Motiv der Riviera.

In Vernazza herrscht immer viel Betrieb. Die zahlreichen Touristen drängen sich auf engem Raum. Besonders beliebt ist Vernazza bei amerikanischen Reisenden, die hier auch gern übernachten; oft ist es daher schwierig, Unterkunft zu finden.

Der Name des Ortes leitet sich von der Rebsorte Vernaccia her; er verweist auf die lange Winzertradition des scheinbaren Fischerdorfs. Am Hafen steht die **Pfarrkirche Santa Margherita.** Sie wurde 1318 im gotischen Stil errichtet. Der Innenraum zeigt nach einer Restaurierung 1964–70 wieder die mittelalterlichen Formen; von der barocken Ausstattung, die großenteils entfernt wurde, blieben ein bemaltes Holzkruzifix und der Altar im linken Seitenschiff erhalten. Der von der Piazza abgewandte, leicht

Monterosso

erhöhte Teil der Kirche stammt von einem späteren Anbau.

Corniglia (S. Abb. S. 14/15) liegt als einziges der Cinque-Terre-Dörfer nicht direkt am Wasser, sondern auf einer felsigen Anhöhe 100 m über dem Meer. Vom Bahnhof führt ein Treppenweg in den Ort, der aufgrund des mühseligen Anstiegs weniger besucht wird als die Nachbardörfer. Viel Platz für Gäste ist hier ohnehin nicht. Eine schmale Gasse führt in den alten Ortskern, wo man sich auf der kleinen Piazza zu einem Kaffee oder Weißwein niederlassen kann. Geht man geradeaus weiter durchs Dorf, so gelangt man zu einer Panoramaterrasse mit herrlicher Aussicht über das ganze Cinque-Terre-Gebiet. Am Ortsrand steht die 1334 errichtete Kirche San Pietro. Die Fassade zeigt ein fein gearbeitetes Rosenfenster aus Carrara-Marmor; der Innenraum wurde in späterer Zeit barock verändert.

Die Häuser von **Manarola** könnten einem kubistischen Gemälde entstammen; wohl nicht zufällig gilt der Ort als Malerdorf der Cinque Terre. Hier, aber auch im benachbarten Riomaggiore, arbeiteten Ende des 19. Jh. Telemaco Signorini und andere Angehörige der »Macchiaioli«, einer den Impressionisten verwandten toskanischen Künstlergruppe. Den schönsten Blick auf die übereinandergeschachtelten farbigen Fassaden hat man vom Friedhof oberhalb des kleinen Hafens. Auf der Hauptgasse gelangt man zur Kirche San Lorenzo im oberen Ortsteil. Sie zeigt ein ähnliches Rosenfenster wie San Pietro in Corniglia. Im Innenraum befinden sich mehrere Werke des 15. Jh.: ein gemaltes Kruzifix und zwei Flügelaltäre mit Heiligendarstellungen.

Zwischen Manarola und Riomaggiore verläuft die **Via dell'Amore.** Die befestigte Küstenpromenade unter steilen Felshängen hat außer ihrem poetischen Namen drei weitere Vorzüge: Sie bietet beeindruckende Blicke aufs Meer, ist nur knapp 1,5 km lang und mit jedem Schuhwerk bequem zu gehen. Seit langem ist sie aus diesen Gründen der populärste Spazierweg der Riviera – und vielleicht ganz Italiens.

In **Riomaggiore** trennt die Bahnlinie den reizvollen Hafenbezirk vom Ortszentrum. Wie in Manarola verläuft die Hauptgasse steil hangaufwärts; sie überdeckt einen Bach (den *Rio Maggiore* = großen Fluß), der früher offen durch den Ort strömte. Die Kirche San Giovanni Battista wurde 1340 errichtet, die Fassade 1870 erneuert. An der Kanzel befinden sich Marmorreliefs aus dem 16. Jh.; das Holzkruzifix stammt von dem genuesischen Barockbildhauer Antonio Maria Maragliano.

ℹ ☎ **Auskunft:** Monterosso, Via Fegina 38 (Bahnhof), ✆ 81 75 06. **Vorwahl:** 01 87.

Corniglia

Riomaggiore

Hotels: In Monterosso: *****Porto Roca,* Via Corone 1, ✆ 81 75 02, Fax 81 76 92. Das luxuriöseste Cinque-Terre-Hotel, schöne Lage auf einem Felsen über dem Meer, die preiswerteren Zimmer zur Hangseite sind allerdings relativ klein. ****Suisse Bellevue,* Località Minali, ✆ 81 80 65, Fax 81 83 25. 2 km außerhalb des Ortes in Panoramalage. ***Villa Adriana,* Via IV Novembre, ✆ und Fax 81 81 09. Gut geführte kirchliche Pension in hübschem Palmengarten. In Manarola: ****Ca d'Andreean,* Via Discovolo 25, ✆ 92 00 40, Fax 92 04 52. Freundliche Atmosphäre,

geräumige Zimmer, kleiner Garten. ****Marina Piccola,* Via Discovolo 192, ✆ 92 01 03, Fax 92 09 66. Einige Zimmer mit Meerblick.

Privatunterkünfte: Zahlreiche Privatvermieter bieten Zimmer und Kleinwohnungen an. Die Preise liegen um 40 000 Lire pro Person und Tag – bei stark schwankender Qualität der Unterkünfte. Da kein Gesamtverzeichnis der Vermieter existiert, findet man die Wohnungen am besten durch Nachfragen in Bars und Geschäften vor Ort. An Wochenenden und Feiertagen sowie im August sind allerdings häufig alle Unterkünfte ausgebucht. Eine unvollständige Liste für Monterosso erhält man bei der Touristeninformation (s. oben).

Camping: Kein Zeltplatz im gesamten Cinque-Terre-Gebiet, die nächsten Campingmöglichkeiten befinden sich in Levanto (s. S. 186).

Restaurants: In Monterosso: *Il Pirata*, Via Molinelli 6, ☎ 81 75 36, Mi geschl. Originelle Gerichte, Menüs in allen Preisklassen. *Tana dei Pescatori*, Via XX Settembre 32, ☎ 81 83 84, Mi geschl. Ordentliche Fischküche in einem kleinen Altstadtlokal. In Vernazza: *Gambero Rosso*, Piazza Marconi 7, ☎ 81 21 84, Mo geschl. Direkt am Hafen, gute, manchmal auch hervorragende Gerichte, mittlere bis obere Preisklasse. In Corniglia: *A Cantina de Mananàn*, Via Fieschi 117, ☎ 82 11 66, Di geschl. Ligurische Küche in gemütlichem Steingewölbe. Reservierung empfohlen! *La Posada*, Via della Stazione 11, ☎ 82 11 74. Hübscher Garten mit Meerpanorama. In Volastra (4 km von Manarola, am Wanderweg Nr. 6): *Gli Ulivi*, Via Montello 21, ☎ 92 01 58, Di geschl. Gutes Dorfrestaurant.

Einkaufen: In Monterosso verkauft die Mailänder Bühnenbildnerin Monica Comunello originelle kunsthandwerkliche Eigenkreationen in dem Laden *M e G*, Via Roma 48. Cinque-Terre-Wein direkt vom Winzer erhält man in der Cantina del Molo am Hafen von Vernazza. Die Winzergenossenschaft »Cooperativa delle Cinque Terre« befindet sich in dem Dorf Groppa zwischen Manarola und Volastra (☎ 92 04 35). Do (vormittags) Wochenmarkt in Monterosso.

Feste: Patronatsfeste in Monterosso am 24. Juni (hl. Johannes), in Vernazza am 20. Juli (hl. Margarete), in Corniglia am 29. Juni (hl. Petrus), in Manarola am 10. August (hl. Lorenz), in Riomaggiore am 24. Juni (hl. Johannes).

Wandern: Die Wanderwege zwischen den Orten sind gut markiert, aber nicht immer gut unterhalten. Vor allem nach starken Regenfällen brechen gelegentlich Stücke der schmalen Pfade weg, Aufmerksamkeit – stellenweise auch Trittsicherheit – sind erforderlich. Die bekannteste Tour ist der Wanderweg Nr. 2, der alle fünf Dörfer der Cinque Terre miteinander verbindet (gesamte Wegstrecke rund 4.30 Std.). Nach Nordwesten kann man von Monterosso nach Levanto wandern (Wege Nr. 10 und 1, 2.30 Std.), nach Südosten von Riomaggiore nach Portovenere (Wege Nr. 3 und Nr. 1, 4.30 Std.). Daneben gibt es zahlreiche weitere, weniger stark frequentierte Touren. Kartenmaterial ist vor Ort erhältlich (s. auch S. 220).

Baden: Breiter Sandstrand in Monterosso, in den anderen Orten kleine Felsbadeplätze. Vom Bahnhof Corniglia erreicht man durch einen ehemaligen Bahntunnel den einsamen Guvano-Strand (Eintrittsgebühr).

Verkehrsverbindungen: Von der Benutzung des Autos ist abzuraten – mit dem Pkw braucht man zwischen zwei benachbarten Dörfern mindestens eine halbe Stunde, mit dem Zug 5 Min.! Zudem sind vor allem an Wochenenden und in der Hochsaison Parkplätze oft nur weit außerhalb der Orte zu finden. Die Züge der Linie La Spezia–Genua verkehren etwa stündlich. Von Monterosso Direktverbindung auch nach Deutschland und in die Schweiz.

Schiffe: Im Sommerhalbjahr von Monterosso – gelegentlich auch von Vernazza und Riomaggiore – nach Portovenere.

Am Golf von La Spezia

Stadt der Marine – La Spezia

Hafen der Venus – Portovenere

**Dörfer der Dichter –
Das östliche Ufer**

**An der Grenze zur Toscana –
Sarzana und Umgebung**

San Pietro in Portovenere

Am Golf von La Spezia

Die Bucht von La Spezia schmückt sich auch mit dem schönen Namen *Golfo dei Poeti*. Die englischen Dichter Byron, Shelley und Keats hielten sich in den Fischerdörfern Portovenere und Lerici auf, und noch heute sind einige versteckte bei Künstlern und Intellektuellen beliebt. Im Einzugsbereich von La Spezia allerdings verflüchtigen sich romantische Stimmungen. Hier dominieren Fabriken und Werften das Bild.

La Spezia

Zwar erwähnen bereits mittelalterliche Dokumente den Ort, und Ausgrabungsfunde lassen sogar auf eine Besiedlung in römischer Zeit schließen, doch blieb La Spezia bis vor 200 Jahren eine unbedeutende Ansiedlung. Die zweitgrößte Stadt Liguriens (98 000 Ew.) entwickelte sich im 19. Jh. zu einem der wichtigsten Industriestandorte Italiens; das heutige Stadtbild entstand in dieser Zeit. Daher hat La Spezia kein mittelalterliches oder barockes Zentrum; es besteht fast ausschließlich aus Bauten der letzten 150 Jahre. Hier findet man keine pittoreske Italien-Idylle, sondern eine nüchtern-sachliche Atmosphäre. La Spezia wird daher von Touristen wenig besucht. Trotzdem ist die Provinzhauptstadt nicht reizlos. Stärker als in den malerischen Dörfern der Küste kann man italienischen Alltag erleben – mit den nur von Einheimischen besuchten Bars, den vielen kleinen, oft preiswerten Geschäften, dem Lebensmittelmarkt am Vormittag und dem abendlichen Treffen der Jugendlichen auf der Via del Prione. Und seit der Eröffnung des Museo Amedeo Lia Ende 1996 ist La Spezia auch für Kunstinteressierte zum lohnenden Reiseziel geworden.

Mittelpunkt des städtischen Lebens sind die Fußgängergasse Via del Prione (1) und die angrenzenden Straßen. In der **Via del Prione 45** erinnert eine Gedenktafel an den Aufenthalt Richard Wagners 1853. Nach eigenem Bekunden verbrachte der Künstler in dem damaligen Gasthof, gestört durch den Lärm der »engen geräuschvollen Gasse«, eine Nacht »in Fieber und Schlaflosigkeit«. Am nächsten Tag aber fand er im Nachmittags-Halbschlaf die Inspiration zum Orchestervorspiel des »Rheingold« – was ihn zur eiligen Abreise bewog:

»Sogleich beschloß ich, nach Zürich zurückzukehren und die Komposition meines großen Gedichtes zu beginnen.«

Vormittags sollte man auf keinen Fall den Abstecher zum Lebensmittel- und Fischmarkt auf der **Piazza Cavour** (2) versäumen. Das Angebot an frischem Obst und Gemüse ist zu jeder Jahreszeit beeindruckend; der Fisch stammt allerdings zum größeren Teil nicht aus den eher fischarmen ligurischen Gewässern, sondern aus Sizilien. Einheimischer Fang wird als *nostrano* gekennzeichnet.

In der Nähe steht an der Piazza Beverini die **Kirche Santa Maria Assunta** (3). Sie beherbergt im linken Seitenschiff ein schönes vielfarbiges Terrakotta-Relief, die »Marienkrönung« des florentinischen Renaissance-Künstlers Andrea della Robbia.

Auf der entgegengesetzten Seite der Via del Prione führt ein Treppenweg zum **Castello di San Giorgio** (4). Die von den Genuesen errichtete Burg aus dem 14. Jh. ist der einzige mittelalterliche Bau La Spezias.

Die Sehenswürdigkeiten der Stadt befinden sich vor allem in drei Museen. Das **Marinemuseum** (Museo Navale, 5, am Eingang zum Arsenal bei Piazza Chiodo; Di, Mi, Do und Sa 9–12 und 14–18, Mo, Fr 14–18, So und feiertags 8.30–13.15 Uhr) zeigt Schiffsmodelle aus zahlreichen

La Spezia

La Spezia
1 Via del Prione
2 Piazza Cavour
3 Kirche Santa Maria Assunta
4 Castello di San Giorgio
5 Marinemuseum
6 Museo Civico Formentini
7 Museo Amedeo Lia

Epochen und eine ungewöhnliche Sammlung von Galionsfiguren.

Die archäologische Abteilung des **Museo Civico Formentini** (6, Via Curtatone 9, Mo–Sa 8–13, 14–19, So und feiertags 8.30–13 Uhr, Mo geschl.) besitzt die einzigartigen »Lunigiana-Stelen« – Steinfiguren aus der Bronze- und Eisenzeit – sowie römische Skulpturen und Mosaiken.

Das bedeutendste Museum ist das **Museo Amedeo Lia** (7, Via del Prione 234, 10–18 Uhr, Mo geschl.). Der Industrielle Amedeo Lia stiftete 1995 seine Privatsammlung von rund 200 Bildern und fast 1000 weiteren Kunstgegenständen der Stadt unter der Bedingung, daß sie binnen eines Jahres öffentlich zugänglich gemacht werde. Im Eiltempo ließ die Stadtverwaltung ein ehemaliges Franziskanerkloster restaurieren; im Dezember 1996 konnte das Museum eröffnet werden. Es zeigt unter anderem Gemälde von Giovanni Bellini, Tizian, Tintoretto, Sebastiano del Piombo, Pontormo, außerdem Miniaturen, Skulpturen, Elfenbeinarbeiten, Limoges-Porzellan, Murano-Glas und liturgisches Gerät.

Auskunft: Viale Mazzini 45, ☎ 77 09 00, Fax 77 09 08. **Vorwahl:** 01 87.

Hotels: *** *Genova,* Via Fratelli Rosselli 84, ☎ 73 29 72, Fax 73 29 23. Zentral gelegen, professionell und freundlich geführt. ** *Corallo,* Via Crispi 32, ☎ und Fax 73 13 66. Angenehmes Haus, manche Zimmer aller-

dings laut. ** *Diana,* Via Colombo 30, ✆ 73 40 97. Einfach, eine Renovierung könnte nicht schaden, aber sauber.

Restaurants: *Dino,* Via da Passano 17, ✆ 73 61 57, So (abends) und Mo geschl. Gutbürgliches Lokal, vorwiegend toskanische Küche. *Nettare e Ambrosia,* Via Fazio 85, ✆ 73 72 52, So geschl. Große Weinauswahl und we-

nige, liebevoll zubereitete Gerichte. *All' Inferno,* Via L. Costa 3, ✆ 2 94 58, So geschl. Nette Osteria mit solider regionaler Küche.

Einkaufen: Mo–Sa (vormittags) Lebensmittel- und Fischmarkt auf der Piazza Cavour. Großer Wochenmarkt Fr auf der Via Garibaldi und ihren Nebenstraßen. Modegeschäfte (erheb-

La Spezia – die Marine-Stadt

La Spezia, heute der größte Marinehafen Italiens, wurde wie kaum eine andere Stadt durch die militärische Entwicklung des 19. Jh. geprägt. Während der napoleonischen Besatzungszeit erkannten die französischen Generäle ihre strategisch hervorragende Lage: In der tief eingeschnittenen Bucht ist die Stadt gut geschützt und leicht zu verteidigen. 1808 wurde La Spezia offiziell zum Militärhafen erklärt. Unter der Herrschaft des Königreichs Piemont-Savoyen, zu dem die Stadt ab 1815 gehörte, begannen Planungen für den Hafenausbau und die Errichtung des Arsenals, einer militärisch-industriellen Anlage. Erst 1869 aber – nach der Bildung des neuen italienischen Staats – wurden diese Arbeiten in Angriff genommen. Vor allem der Widerstand der Oberschicht Genuas gegen die unerwünschte Konkurrenz hatte das Projekt jahrzehntelang verzögert.

Die Werften des Arsenals entwickelten sich zum größten industriellen Komplex im Staatsbesitz. Die Bevölkerungszahl La Spezias wuchs in raschem Tempo von 4000 (1832) über 16 000 (1871) auf gut 40 000 (1901). In den sechziger und siebziger Jahren des 19. Jh. entstand die heutige Stadtanlage. Die Militärverwaltung ließ die Reste des kleinen mittelalterlichen Zentrums abreißen; an ihre Stelle traten Neubauten in einem streng rechtwinkligen Straßennetz, das noch heute die exakte, schematische Planung spiegelt. 1890 wurde neben dem militärischen auch ein Handelshafen geschaffen. Damit begann ein ökonomischer Boom. In schnellem Tempo entstanden weitere Werften sowie Fabriken für Metallurgie, Unterwasserkabel, Waffen, Textilien, mechanische Instrumente. La Spezia wurde eine der wichtigsten Industriestädte Italiens.

Im Zweiten Weltkrieg erlitt die Stadt massive Bombardements und Zerstörungen. Der Wiederaufbau folgte den Mustern aus dem 19. Jh. Die Bedeutung des Militärhafens blieb erhalten. Noch immer wimmelt es in der Bucht von Kriegsschiffen und in der Stadt von Marinesoldaten, meist Wehrpflichtigen aus ganz Italien. Die wirtschaftliche Lage allerdings hat sich verschlechtert. Die einst starken Industriezweige (Werften, Waffen, Metallverarbeitung) sind heute von Krisen betroffen; die modernere Produktion hat sich in anderen Regionen Italiens (wie der Lombardei, der Emilia-Romagna und dem Veneto) angesiedelt. Die ökonomische Struktur La Spezias – wie die anderer früh industrialisierter Gebiete Liguriens – ist veraltet, die Arbeitslosigkeit hoch.

lich preisgünstiger als in den Touristen-zentren der Küste) vor allem in der Via del Prione und der Via Chiodo.

 Fest: *Palio Marinaro del Golfo* am ersten So im Aug. mit Regatta und Feuerwerk.

  Verkehrsverbindungen: Häufige Bahnverbindungen entlang der Küste, nach Mailand, Turin und Rom. Direkte Züge auch nach Deutschland und in die Schweiz. Busse nach Portovenere, Lerici, Sarzana und andere Orte der Provinz La Spezia.

 Schiffsverbindungen: Nach Por-tovenere sowie Fähren nach Ol-bia (Sardinien).

Portovenere

Das malerische Städtchen am süd-westlichen Rand des Golfs zählt zu den bekanntesten Attraktionen der Riviera. Von einer großen Burg überragt, drängen sich die Häuser des kompakten mittelalterlichen Ortskerns an einen steil abfallen-den Hang. Die Gassen des von Wehrmauern umgebenen Zen-trums wirken düster und beengt; dafür aber strahlen die mehrstöcki-gen Fassaden am Hafen vielfarbig im Licht – ästhetisch perfekt und wie für den Italien-Bildband ge-schaffen. Wenige Schritte führen zur Kirche San Pietro am Ortsrand, einem der ältesten Sakralbauten der Küste. Von Wellen umbrandet, steht sie in einzigartiger Lage auf einem Felsen im Meer.

Portovenere ist einer der histo-risch bedeutsamsten Orte der Ri-viera di Levante. Es wurde vermut-lich in der Römerzeit gegründet. Der Name leitet sich von Portus Veneris (Hafen der Venus) her. Un-ter der San Pietro-Kirche hat man Ruinen eines römischen Tempels gefunden, der wahrscheinlich der Liebesgöttin geweiht war.

Im Mittelalter gelangte die An-siedlung unter die Herrschaft der Genuesen. Sie bauten Portovenere – ebenso wie Lerici auf der ande-ren Seite des Golfs – als Festung ge-gen Pisa aus. Die einstige militäri-sche Funktion wird bei einem Gang durch den Ort schnell deut-lich. Seine Architektur ist auf Ver-teidigung angelegt. Davon zeugen nicht nur die Mauern und die Burg; die schmalen Häuser sind unge-wöhnlich tief gestaffelt. Mit ihren drei bis vier hintereinander gela-gerten Räumen boten sie Rück-zugsmöglichkeiten bei feindlichen Angriffen.

Neben dem mittelalterlichen **Stadttor** an der Piazza Bastreri er-hebt sich ein 1161 erbauter Turm; an der Innenseite ist das Tor mit einem Renaissance-Fresko mit der »Madonna Bianca«, den hll. Petrus und Laurentius geschmückt. Da-hinter verläuft die Hauptgasse des alten Zentrums, die Via Capellini. Vorbei an zahlreichen mittelalter-lichen Bauten erreicht sie am Orts-

Portovenere ▷

San Pietro

ende die **Arpaia-Grotte** (rechter Hand), bei der eine Gedenktafel an den romantischen Dichter George Byron erinnert. Der Poet, der zu seinen Lebzeiten in ganz Europa eine riesige, großenteils weibliche Fangemeinde hatte, zeichnete sich nicht nur durch Verse aus; er schwamm auch gelegentlich quer über den Golf von Lerici bis Portovenere.

In der Nähe thront die **Kirche San Pietro** in großartiger Lage auf einer Halbinsel. Ihr nördlicher Teil, der heute als Vorhalle dient, stammt noch aus dem 6. Jh.; das gotische Hauptschiff wurde im 13. Jh. geschaffen. Von einer kleinen Loggia vor der Kirche genießt man einen herrlichen Blick aufs Meer und das hier besonders steil abfallende Felsufer.

Sehenswert ist auch die romanische **Kirche San Lorenzo** im oberen Teil des alten Orts. Ein weiterer kurzer Anstieg führt zur gewaltigen **Burg.** Der Bau entstand im 16. und 17. Jh. auf den Ruinen eines mittelalterlichen Kastells.

In der Saison fahren Boote von Portovenere zur vorgelagerten Insel **Palmaria,** wo man kleine Badebuchten (meist Kies- und Sandstrände) findet und reizvolle Wanderungen unternehmen kann. Die kleinere Insel **Tino** dagegen ist militärisches Sperrgebiet; sie wird nur an einem Tag im Jahr, beim Fest des Ortsheiligen San Venerio (13. September) öffentlich zugänglich gemacht. Auch die winzige Insel **Tinetto** mit einer frühchristlichen Einsiedelei kann nicht besichtigt werden.

 Auskunft: Piazza Bastreri 1, ☎ 79 06 91, Fax 79 02 15. **Vorwahl:** 01 87.

 Hotels: **** *Grand Hotel Portovenere,* Via Garibaldi 5, ☎ 79 26 10, Fax 79 06 61. Ehemaliges Kloster mit wunderbarer Aussicht auf Hafen und alten Ort, komfortabel, vergleichsweise günstige Preise. ** *Genio,* Piazza Bastreri 8, ☎ 79 06 11. Originelles kleines Hotel in historischem Gemäuer am Stadttor.

Restaurants: *Taverna del Corsaro,* Lungomare Doria 102, ☎ 79 06 22, Di geschl. Ausgezeichnetes Feinschmeckerrestaurant direkt am Wasser, freundlicher Service, gehobene Preise. *Osteria del Carugio,* Via Capellini 66, ☎ 79 03 92, Do geschl. Gemütliche Weinstube mit regionaler Küche.

Feste: *Madonna Bianca* am 17. Aug. mit Prozession und Fackelbeleuchtung der Altstadt. *Fest des hl. Venerius* am 13. Sept., Bootsprozession zur Insel Tino, die nur an diesem Tag besucht werden kann.

 Strände: Kies- und Sandstrände auf der Insel Palmaria.

Verkehrsverbindungen: Busse nach La Spezia alle 15 Min. (in La Spezia Abfahrt ab Via Garibaldi, Linie P).

 Schiffsverbindungen: April bis Okt. regelmäßig Boote in die Cinque Terre, nach Lerici und La Spezia, Auskunft: ☎ 96 76 76. In der Saison setzen regelmäßig Schiffe zur Insel Palmaria über (10 Min. Fahrt).

Das östliche Ufer

Fast übergangslos gelangt man von den Vororten La Spezias in die schöne Küstenlandschaft am Ostufer des Golfs. **San Terenzo** schmiegt sich mit farbigen Häusern harmonisch in eine Bucht; vom kleinen Sandstrand blickt man auf das nahegelegene Lerici. Am südlichen Ortsrand erhebt sich die **Villa Magni** (Via Mantegazza 15), die Wohnstätte Percy Bysshe Shelleys während der drei letzten Monate seines Lebens. Der dreißigjährige Dichter brach im Juli 1822 von San Terenzo zu einer Segelfahrt nach Livorno auf; auf der Rückfahrt erlitt er Schiffbruch und ertrank. Eine Gedenktafel zitiert Shelleys Beschreibung der Villa: »Ein einsames Haus nah am Ufer, umgeben von der sanften und edlen Szenerie der Bucht von Lerici.«

Lerici wird von der gewaltigen mittelalterlichen Burg dominiert, die auf einem Felsen Hafen und Altstadt überragt. Jahrhundertelang war die Kleinstadt (11 700 Ew.) ähnlich wie Portovenere ein strategisch wichtiger Vorposten Genuas an der Grenze zum Machtbereich Pisas. Heute beherrscht der Tourismus das Bild, aber Lerici ist zugleich noch ein echter Fischerort. In einer überdachten Halle am Hafen, zum Teil aber auch direkt von den einlaufenden Booten wird der frische Fang verkauft.

Das Ortsbild ist pittoresk: Neben der Burg leuchten die in Rot- und Ockertönen gehaltenen Fassaden des kleinen alten Zentrums; die Bucht mit dem Jacht- und Fischerhafen wird eingefaßt von Hügeln, auf denen Ferienvillen im dunkelgrünen Buschwald stehen. Das weite Panorama umfaßt das benachbarte San Terenzo, die Höhenzüge um La Spezia, Portovenere und die Inseln Palmaria und Tino.

Die Atmosphäre eines mondänen Ausflugsorts wird besonders auf der belebten Uferpromenade und der parallel dazu verlaufenden Via Roma mit zahlreichen Boutiquen, Bars, Restaurants und Eisdielen deutlich.

Die Burg wurde im 13. Jh. zunächst von den Pisanern errichtet, doch wenig später gelangte Lerici an die Genuesen, die das Kastell vergrößerten und verstärkten. Gegenwärtig wird es zu einem erd- und frühgeschichtlichen Museum ausgebaut. In der Umgebung Lericis wurden zahlreiche Fossilien sowie Saurierskelette gefunden; sie sollen in dem Museum ausgestellt werden. Die gotische Sant' Anastasia-Kapelle im Burghof ist wegen der Umbauarbeiten vorübergehend nicht zugänglich.

Südlich von Lerici gelangt man nach **Tellaro.** Der abgelegene Ort am Ende der Straße wirkt wie ein Klischeebild eines ›unberührten‹ Fischerdorfs – jedenfalls wenn man an einem ruhigen Tag kommt, denn natürlich hat der Tourismus die malerische Ortschaft längst entdeckt. Farbige Häuser drängen sich auf einem Felsvorsprung über dem Meer, schmale Treppengassen führen unter Torbögen hindurch, von der Kirche direkt am Ufer blickt man auf den Golf und seine Inseln.

Am Golf von La Spezia

In Tellaro

Der britische Schriftsteller D. H. Lawrence schätzte das Idyll inmitten von Orangen- und Ölbäumen schon zu Beginn des Jahrhunderts: »Ich bin so begeistert über den Ort, den wir endlich entdeckt haben … Es ist ideal. Eine winzig kleine, halb von Felsen eingeschlossene Bucht ist da, in Olivenhaine eingehüllt, die flink zu Tal tänzeln.«

Eine landschaftlich schöne Straße führt von Lerici durch ein Naturschutzgebiet zum Dorf **Montemarcello.** Im aussichtsreich gelegenen Ort in 250 m Höhe bleibt es selbst dann noch einigermaßen exklusiv, wenn an der Küste im Sommer Hochbetrieb herrscht. Die Ausblicke auf den Golf von La Spezia und die Marmorberge von Carrara sind großartig. Ein Netz von Wanderwegen erschließt die Umgebung, die von den Spuren der Zersiedlung weitgehend unberührt blieb.

Auskunft: Lerici, Via Gerini 40, ✆ 96 73 46. **Vorwahl:** 01 87.

Unterkunft: Lerici: *** *Doria Park Hotel*, Via Doria 2, ✆ 96 71 24, Fax 96 64 59. Komfortabel, viele Zimmer mit Aussicht, großer Garten. ** *Del Golfo*, Via Gerini 37, ✆ 96 74 00, Fax 96 57 33. Ordentlich und freundlich, Zimmer zur Straße allerdings laut. In Fiascherino: *** *Fiascherino*, Via Byron 13, ✆ 96 72 83, Fax 96 47 21. Traumhafte Lage in einsamer Bucht, Tennisplatz und Pool, Service manchmal etwas nachlässig. In Tellaro: *** *Miranda*, Via Fiascherino 92, ✆ 96 40 12, Fax 96 40 32. Gepflegtes, stilvolles Haus mit nur sieben Zimmern und renommiertem Restaurant, etwas Straßenlärm. * *Delle Ondine*, Piazza Figoli 18, ✆ 96 51 31. Ordentlich.

Camping: In Lerici: *Maralunga*, ✆ 95 56 89. Sehr schöne Lage im Olivenhain am Meer, geöffnet Juni bis Sept. In Tellaro: *Gianna*, ✆ und Fax 96 64 11, mit Pool, April bis Sept. Auf terrassiertem, schattigem Gelände.

Restaurants: In Lerici: *La Vecchia Lerici*, Piazza Mottini 10, ✆ 96 75 97, Do und Fr (mittags) geschl. Gute Fischküche, teuer. In La Serra (von Lerici 4 km Richtung Montemarcello): *Dar Magasin*, Via Casamento 18, ✆ 96 47 08, nur abends geöffnet, Di geschl. Sympathische Atmosphäre, ausgezeichnete regionale Gerichte, preiswert. In Tellaro: *Miranda*, Via Fiascherino 92, ✆ 96 81 30, Mo geschl. Exklusives Gourmet-Restaurant, Qualität leider nicht immer gleichbleibend. *La Marina di Tellaro*, Via Gramsci 22, ✆ 96 47 13, Di geschl. Gutes Lokal, Fischgerichte.

Einkaufen: Sa Wochenmarkt in Lerici.

Fest: In Lerici am ersten Wochenende im Juli *Fest des hl. Erasmus* mit Feuerwerk und nächtlicher Bootsprozession.

Strände: In San Terenzo ein kleiner Sandstrand. Zwischen Lerici und Tellaro folgt eine Steilküste mit nur wenigen Badebuchten. Ein hübscher Strand findet sich kurz vor Fiascherino (Strandbad Eco del Mare, gleich dahinter auch ein frei zugänglicher Uferabschnitt). Auch am Felsufer von Tellaro kann man baden. Achtung: Das Gebiet zwischen San Terenzo und Tellaro ist beliebtes Ausflugsziel der Bewohner von La Spezia, vor allem an Wochenenden herrscht an den Stränden Hochbetrieb!

Verkehrsverbindungen: Von der Anfahrt mit dem Pkw ist im Hochsommer und an allen Wochenenden im Sommerhalbjahr abzuraten, die wenigen Parkplätze sind meist hoffnungslos überfüllt, häufig kommt es zu Staus auf den Zufahrtsstraßen. Busse La Spezia (Bahnhof) – San Terenzo – Lerici alle 15 Min., Fahrzeit 30 Min. (Linie L). Lerici – Tellaro stündlich (So und feiertags nur nachmittags), Fahrzeit 15 Min.

Schiffsverbindungen: April bis Okt. regelmäßig Schiffe von Lerici nach Portovenere und in die Cinque Terre.

Sarzana und Umgebung

Sarzana (20 000 Ew.) ist eine freundliche Kleinstadt in der zersiedelten Mündungsebene des Flusses Magra. Das fruchtbare Schwemmland der Umgebung wird seit jeher intensiv landwirtschaftlich genutzt. Sarzana hat daneben auch handwerkliche Traditionen und ist ein Zentrum des Antiquitätenhandels. Reizvoll wirkt vor allem die lebendige Fußgängerzone in der Altstadt mit ihren Geschäften und Cafés.

Die meisten interessanten Bauten stehen an der Hauptgasse der Altstadt, der Via Mazzini. Die **Kathedrale Santa Maria Assunta** wurde zwischen 1300 und 1474 errichtet und im 17. Jh. umgebaut. Aus der Entstehungszeit stammen noch der mittelalterliche Glockenturm sowie das gotische Stufenportal und das Rosenfenster an der Fassade; das Mosaik über der Tür

dagegen wurde erst 1874 geschaffen. Im weitläufigen Innenraum finden sich viele Marmorarbeiten – die berühmten Steinbrüche von Carrara sind nur wenige Kilometer entfernt. Bemerkenswert sind vor allem zwei von Leonardo Riccomanni geschaffene Marmoraltäre. Der 1432 entstandene »Altar der Marienkrönung« im linken Querhaus ist noch ganz im gotischen Stil gehalten. Gut 30 Jahre später meißelte der Bildhauer unter Mithilfe seines Neffen Francesco Riccomanni den »Altar der Reinigung« im rechten Querhaus; hier wird der Einfluß der Renaissance deutlich. Kunstgeschichtlich bedeutsam ist das »Kreuz von Sarzana« in der Kapelle links vom Chor. Das von einem Maestro Guglielmo 1138 bemalte Holzkreuz ist das älteste in einer langen Reihe

Die Festung Cittadella in Sarzana

ähnlicher Kreuzigungsdarstellungen in der Toscana und Umbrien.

Die romanische **Kirche Sant'Andrea** stammt aus dem 12. Jh., wurde aber später mehrfach umgebaut. Der Glockenturm und die Fassade sind romanisch; das Portal entstand in der Renaissance, der Innenraum ist vorwiegend barock. Schräg gegenüber (Via Mazzini 28) finden sich im Untergeschoß eines neueren Gebäudes die Reste eines **mittelalterlichen Turmhauses,** das einst der Familie Buonaparte gehörte. Die Vorfahren Napoleons stammen aus Sarzana; von hier emigrierte die Familie 1529 nach Korsika.

Die Via Mazzini mündet in die zentrale Piazza Matteotti, an der sich das **Rathaus** aus dem 16. Jh. erhebt. Am südöstlichen Altstadtrand steht die **Festung Cittadella.** Sie wurde Ende des 15. Jh. unter Lorenzo de'Medici errichtet und von den Genuesen zu Beginn des 16. Jh. ausgebaut.

Ein kurzer Ausflug (30 Min. zu Fuß bzw. gut 2 km mit dem Auto: Richtung Pisa, dann Hinweisschildern folgen) führt zur **Burg Sarzanella** (Innenbesichtigung So und feiertags 14–18 Uhr, im Sommer 15–20 Uhr). Von der Festung, die im 14. Jh. errichtet und später mehrfach umgebaut wurde, genießt man einen schönen Blick auf Sarzana und das Magra-Tal vor dem Hintergrund der Apuanischen Alpen.

Das 6 km südlich von Sarzana gelegene **Ameglia,** hat eine gut erhaltene mittelalterliche Ortsanlage mit gedeckten Gassen, kleinen Plätzen, efeubewachsenen Fassaden und blumengeschmückten Innenhöfen. Von der Kirche Santi Vincenzo e Anastasio blickt man auf eine eindrucksvolle Bergkulisse und das weniger reizvolle, arg zersiedelte Gebiet an der Magra-Mündung. Die Kirche hat ein Marmorportal aus dem 16. Jh. sowie an der rechten Wand des Innenraums ein Renaissance-Triptychon mit einer Verkündigungsdarstellung. An der Burg am höchsten Punkt des Ortes weist eine Tafel darauf hin, daß bereits Kaiser Otto I. 963 das Kastell von Ameglia erwähnte.

Luni war in der Antike die wichtigste Stadt zwischen Genua und Pisa. Heute sind aus der glanzvollen Zeit nur noch Ruinen in einem ausgedehnten Ausgrabungsgelände erhalten. Die Römer gründeten Luni 177 v. Chr. als militärischen Stützpunkt für die Unterwerfung Liguriens. Der Ort lag damals direkt am Meer; er entwickelte sich zu einer bedeutenden Hafenstadt, in der die kostbaren Marmorblöcke aus den Apuanischen Alpen, aber auch Bauholz aus dem Apennin und der – laut dem Schriftsteller Plinius hervorragende – Wein der Gegend verschifft wurden. Mit dem Ausbau der Via Aurelia gewann es zusätzlich an Einfluß. Die Ausgrabungsfunde deuten auf einen großen Wohlstand der Stadt hin.

Trotz mehrerer Zerstörungen in der Völkerwanderungszeit blieb Luni bis ins Mittelalter mächtig. Seine Bischöfe beherrschten die gesamte Umgebung, die noch heu-

Die Römer in Ligurien

Spuren der Antike

»Die Römer machten Überfälle zu Land und zu Meer und waren so stark, daß die Straße nur mit Mühe und mit großer Militärbewachung befahrbar war. Nach 80 Kriegsjahren erreichten die Römer, daß die Straße auf einer Breite von 12 Stadien freiblieb für die, die im staatlichen Auftrag reisten.« Der griechische Geograph und Historiker Strabon schilderte im 1. Jh. v. Chr. die Ligurer als rauhes und kämpferisches Volk, das sich fremden Eroberungsplänen hartnäckig widersetzte – trotz eher kärglicher Ernährung: »Sie leben von Milch und einem Gerstengetränk... Ihr weniger Wein ist harzig und sauer.«

Der römische Vorstoß an die Nordwestküste Italiens begann mit dem Bau der Via Aurelia 241 v. Chr. Sie führte zunächst bis Cosa (heute Ansedonia) in der Toscana und wurde dann entlang der ligurischen Küste ausgebaut. In den folgenden Jahrzehnten kam es immer wieder zu Kämpfen mit den einheimischen Stämmen. 177 v. Chr. befestigten die Römer die Ansiedlung Luni als wichtigen militärischen Stützpunkt gegen die Ligurer. Bald darauf gelang ihnen die endgültige Unterwerfung der Region.

Die Eroberer begnügten sich damit, die wichtige Verbindung in die Provence und nach Spanien zu sichern. Das Bergland interessierte sie nicht, und an der Küste schufen sie nur wenige befestigte Ansiedlungen. Vada Sabatia (heute Vado Ligure), Albingaunum (Albenga) und Albintimilium (Ventimiglia) stellten neben Luni die wichtigsten Stützpunkte dar. Vielleicht hatte auch Portovenere einige Bedeutung. In den historischen Dokumenten wird der ›Venushafen‹ zwar kaum erwähnt, doch hat man die Grundmauern eines Tempels gefunden, der vermutlich der Liebesgöttin geweiht war.

Die erhaltenen aus der Römerzeit sind spärlich. Nur in Luni findet sich ein großes Ausgrabungsgelände. Albenga zeigt noch deutlich die antike Anlage, auf der die mittelalterliche Stadt entstand, in Ventimiglia steht ein römisches Theater. Reizvoll sind die einsam in der Landschaft gelegenen Ruinen: die Brücken bei Finale Ligure und die Reste von Grabmälern an der Strada Romana zwischen Alassio und Albenga. Alle erhaltenen Römerbauten Liguriens stehen außerhalb der Stadtzentren. Nur dort, nicht aber inmitten der dynamischen Entwicklung der Städte, konnten sie überdauern.

te als Lunigiana bezeichnet wird. Durch die ständigen Ablagerungen von Schwemmland aber trat die Küstenlinie zurück, der Hafen verlandete und in dem zunehmend sumpfigen Gelände breitete sich die Malaria aus. So kam es zum allmählichen Niedergang. Viele Bewohner verließen den Ort; die Verlagerung des Bischofssitzes nach Sarzana 1204 war ein Zeichen des bevorstehenden Endes. 100 Jahre später sprach Dante von der »toten Stadt«, und Petrarca beschrieb sie einige Jahrzehnte darauf bereits als Symbol vergangener Größe.

Das **Ausgrabungsgelände** (9–19 Uhr, Mo geschl.) zeigt die typische Anlage römischer Städte. Das rechtwinklige Straßennetz ordnet sich um die beiden Hauptachsen, den Decumanus (die ehemalige Via Aurelia) und den Cardo. Im Schnittpunkt dieser Straßen liegt das Forum mit dem Haupttempel, dem Kapitol. Der besterhaltene Bau, das Amphitheater, befindet sich etwas außerhalb der Stadtmauern. Auch ein Haus mit Freskenresten und ein anderes mit Mosaiken, die Ruinen eines Dianatempels und einer frühchristlichen Basilika sind bemerkenswert. Das **Museum** im Zentrum des Geländes zeigt Statuen, Keramik, Münzen, Glas sowie Dokumente zur Stadtgeschichte. Die wichtigsten Funde aus Luni sind allerdings über viele Privatsammlungen und Museen (z. B. Museo Formentini in La Spezia und Archäologisches Museum in Florenz) verstreut.

Ortonovo liegt in aussichtsreicher Position hoch über dem Tal des Magra. Das Dorf vor eindrucksvollem Berghintergrund ist von ausgedehnten Olivenhainen umgeben. Als Glockenturm der Pfarrkirche San Lorenzo dient ein Wachtturm, der als einziger Überrest einer Renaissance-Festung erhalten blieb.

Etwas außerhalb des Ortes steht die **Wallfahrtskirche Madonna del Mirteto** aus dem 16. Jh.; ein schönes Relief über dem Portal zeigt vor allem in der kräftigen Gestalt der Madonna den Einfluß Michelangelos.

Auskunft: Rathaus (Sarzana), Piazza Matteotti, ✆ 61 41, Fax 61 42 51. **Vorwahl:** 01 87.

Unterkunft: ** La Villetta, Via Sobborgo Emiliano 24, ✆ 62 01 95. Kleiner Palazzo im Zentrum Sarzanas an einer stark befahrenen Straße, stilvolle Eingangshalle, einfache Zimmer.

Restaurants: In Sarzana: Taverna Napoleone, Via Buonaparte 16, ✆ 62 79 74, Mi geschl. Hervorragende, originelle und kreative Gerichte kommen zu günstigen Preisen auf die Tische unter einem alten Steingewölbe, beispielsweise Steinpilz- und Dinkelsuppe oder Entenbrust in Balsamico-Sauce. Bei Ameglia: Paracucchi Locanda dell'Angelo, Viale XXV Aprile 60, ✆ 6 43 91, Mo geschl. Eines der ›großen‹ (und teuren) Restaurants Italiens. Chef Angelo Paracucchi führt zugleich Lokale in Paris und Tokyo und schwirrt entsprechend viel in der Welt herum; demzufolge ist das Niveau der Küche nicht immer konstant. In Nicola (zwischen Luni und Or-

Ortonovo liegt hoch über dem Tal
des Magra

tonovo): *Locanda Cervia,* Piazza della
Chiesa 19, ☎ 66 04 91, nur abends geöffnet, Mo geschl. Angenehme Dorftrattoria, ausgezeichnete Antipasti.

Café: Viel Atmosphäre hat die
Pasticceria Gemmi, Via Mazzini
25. Das zweihundertjährige Café ist in
einem ehemaligen Kloster untergge-
bracht. **Eis:** *Gelateria Le Fiabe,* Via Ippo-
lito Landinelli 102 (in Bahnhofsnähe).
Auch für italienische Verhältnisse erst-
klassiges Eis.

Einkaufen: Sarzana ist eine Stadt
der Antiquitätenläden; sie stehen
vor allem in der Via Fiasella. An jedem
ersten Sonntag im Monat findet in den
Gassen der Altstadt ein Trödel- und Antiquitätenmarkt statt, um Ostern wird eine Antiquitätenmesse veranstaltet, in
der ersten Augusthälfte beherbergt Sarzana die zweiwöchige *Soffitta nella
strada,* einen der großen Antiquitätenmärkte Italiens. Wochenmarkt: Do vormittag in der Altstadt.

Verkehrsverbindungen: Von
Sarzana alle 30 Min. Busse
nach La Spezia, Fahrzeit 55 Min. Züge
nach La Spezia und Pisa, gelegentlich
auch Direktverbindungen nach Genua,
Turin, Florenz, Rom.

TIPS & ADRESSEN

Alle wichtigen
Informationen rund
ums Reisen – von
Anreise bis Zeitung –
auf einen Blick

INHALT

REISEVORBEREITUNG

Informationsstellen

Das **Italienische Fremdenverkehrs-amt (ENIT)** unterhält im deutschspra-chigen Raum folgende Vertretungen:

... in Deutschland
Karl-Liebknecht-Str. 34
10178 Berlin
☎ 0 30/23 14 69 17
Fax 0 30/23 14 69 21

Kaiserstr. 65
60329 Frankfurt/Main
☎ 0 69/ 23 74 34
Fax 0 69/23 28 94

Goethestr. 20
80336 München
☎ 0 89/53 13 17
Fax 0 89/53 45 27

... in Österreich
Kärtnerring 4
1010 Wien
☎ 01/5 05 43 74
Fax 01/5 05 02 48

... in der Schweiz
Uraniastr. 32
8001 Zürich
☎ 01/2 11 36 33
Fax 01/2 11 38 85

Vor Ort in Ligurien geben die regio-nalen **Fremdenverkehrsbüros (APT)** Auskunft:

... Riviera dei Fiori
(von Ventimiglia bis Cervo)
Largo Nuvoloni 1
18038 San Remo
☎ 01 84/57 15 71
Fax 01 84/50 76 49

... Riviera delle Palme
(von Laigueglia bis Varazze)
Viale Gibb 26
17021 Alassio
☎ 01 82/64 70 27
Fax 01 82/64 46 90

... Genua
(von Arenzano bis Camogli)
Via Roma 11
16121 Genova
☎ 0 10/54 15 41
Fax 0 10/58 14 08
Nur schriftliche Auskünfte; für münd-liche Anfragen sind die Informations-stellen zuständig.

... Tigullio
(von Santa Margherita Ligure bis Mo-neglia)
Via XXV Aprile 4
16038 Santa Margherita Ligure
☎ 01 85/28 74 85
Fax 01 85/29 02 22

... Cinque Terre e Golfo dei Poeti
(von Deiva Marina bis Sarzana)
Viale Mazzini 45
19121 La Spezia
☎ 01 87/77 09 00
Fax 01 87/77 09 08

Einreise und Zollbestimmungen

Für Deutsche, Österreicher und Schweizer genügt ein gültiger Personalausweis oder Reisepaß. Autofahrer brauchen den nationalen Führerschein und den Kfz-Schein. Die Mitnahme der internationalen grünen Versicherungskarte ist nicht vorgeschrieben, aber empfehlenswert.

Die Ein- und Ausfuhr von Waren für den Eigenbedarf ist in der EG unbegrenzt möglich. Für die Einreise in die Schweiz gelten Freigrenzen von 200 Zigaretten, 2 l Wein und 1 l Sprirituosen pro Person. Größere Mengen können bei der Durchreise gegen Hinterlegung einer Kaution mitgeführt werden.

Karten

Als Straßenkarte empfiehlt sich »Liguria« im Maßstab 1:200 000 vom Touring Club Italiano. Die Karte wird im deutschsprachigen Raum von Kümmerly & Frey vertrieben.

Der Verlag Multigraphic, Florenz hat Wanderkarten im Maßstab 1:25 000 für größere Teile Liguriens erstellt. Für die Riviera di Levante sind auch die Karten des Studio FMB (deutsche Ausgabe beim RV-Verlag) empfehlenswert. Bezugsquelle für Wanderkarten in Deutschland: Kartenversand Jürgen Schrieb, Schwieberdinger Str. 10/2, 71706 Markgröningen, ✆ und Fax 0 71 45/2 60 78.

Reisezeit

Ligurien läßt sich ganzjährig bereisen. Im kältesten Monat, dem Januar, liegen die Durchschnittstemperaturen an der Küste bei 10 °C. Wenn die Sonne scheint, kann man in allen Jahreszeiten im Freien sitzen.

Das Frühjahr beginnt zeitig. Bereits im Februar blühen zahlreiche Bäume und Blumen. Ab Mitte März wird es häufig schon warm. Allerdings gibt es für das Frühjahr keine Sonnengarantie; noch im Mai kommen gelegentlich Schlechtwetterperioden vor, in denen es viel ungemütlicher ist als an schönen Wintertagen.

Der Juni ist ein besonders angenehmer Reisemonat. Das Wetter ist meist stabil, man kann gut baden, und der Touristenandrang ist geringer als im Frühjahr und im Hochsommer.

Von Juli bis Mitte September herrschen an der Küste meist hochsommerliche Temperaturen um 30° C. August ist der Haupturlaubsmonat der Italiener; viele Orte sind dann überfüllt. September und Oktober bieten sich für Bade- und für Wanderferien an. Im November und Dezember kann man traumhafte Tage erleben, muß aber auch mit Sturm und Regen rechnen.

Die Badesaison beginnt Mitte Mai und dauert bei gutem Wetter bis Ende Oktober.

Zahlungsmittel

Den günstigsten Wechselkurs erhält man, wenn man sich Bargeld mit EC-Karte und persönlicher Geheimnummer an Geldautomaten *(Bancomat)* beschafft. Die Höchstsumme beträgt 300 000 Lire pro Tag. Der Umtausch am Bankschalter ist oft zeitaufwendig (meist muß man dabei ein Ausweispapier vorlegen) und der Kurs schlechter als am Automaten.

Kreditkarten werden in zahlreichen Hotels, Restaurants und Geschäften akzeptiert.

Gesundheitsvorsorge

Die deutsche und die österreichische gesetzliche Krankenversicherung tragen ausländische Behandlungskosten; man muß sich dafür aber vor der Reise ein Anspruchsformular für ärztliche Behandlung in EG-Ländern beschaffen und es im Krankheitsfall bei der zuständigen italienischen Stelle (USL, *Unità di Sanitaria Locale*) gegen einen italienischen Krankenschein eintauschen. Einfacher ist der Abschluß einer privaten Auslandskrankenversicherung; bei geringen Kosten erspart man sich die Behördengänge und genießt zudem einen umfassenderen Versicherungsschutz. Allerdings muß man in diesem Fall die Behandlungskosten zunächst vorstrecken.

Notfallbehandlungen im Krankenhaus *(Pronto Soccorso)* sind kostenlos.

Reiselektüre

Elizabeth von Arnim, Verzauberter April. Frankfurt (Suhrkamp). Vier Engländerinnen mieten ein Castello an der Riviera; der Zauber des Südens läßt sie die heimischen Probleme in neuem Licht sehen.

Italo Calvino, Wo Spinnen ihre Nester bauen. München (dtv). Roman über die Erfahrungen eines Jugendlichen in der ligurischen Widerstandsbewegung zur Zeit des Zweiten Weltkriegs.

Carlo Fruttero/Franco Lucentini, Das Geheimnis der Pineta. München (Goldmann). Der spannende Krimi spielt zwar nicht in Ligurien, sondern an der toskanischen Küste, aber er läßt sich auch 200 km weiter nördlich mit Genuß lesen.

Eugenio Montale, Glorie des Mittags. München (Piper) und Gedichte 1920–54. München (Hanser). Gedichte des Literatur-Nobelpreisträgers aus Genua.

Eric Newby, I Castagni. München (Droemer-Knaur). Das Leben eines englisch-italienischen Paars in einem ligurischen Bauernhaus.

Cesare Pavese, Am Strand. Frankfurt (Fischer). Erzählung von einer komplizierten Ferienbeziehung.

Antonio Tabucchi, Der Rand des Horizonts. München (dtv). Roman mit Kriminal-Aspekten auf dem Hintergrund genuesischer Atmosphäre.

ANREISE

... mit der Bahn

Direkte Züge fahren von Stuttgart über Zürich–Genua nach La Spezia (ab Stuttgart 12 Std., ab Zürich 8.30 Std., bis Genua jeweils 1.30 Std. weniger), von München nach Genua (Nachtzug, 11 Std.), von Basel (im Sommer auch von Köln/Frankfurt) nach Genua–Ventimiglia (bis Genua 7.30 Std., bis Ventimiglia 9.30 Std.). Weitere Verbindungen von München, Basel, Frankfurt, Köln, Dortmund, Hannover mit Umsteigen in Mailand, von Wien mit Umsteigen in Venedig.

Vorsicht bei der Rückfahrt: Karten (auch Zuschläge) müssen in Italien vor Fahrtantritt am Automaten gestempelt werden, andernfalls sind sie ungültig! Nachlösen im Zug ist teuer.

... mit dem Auto

Von München durchgehende Autobahn über den Brenner–Verona– Brescia–Piacenza bis Genua (700 km). In die südliche Riviera di Levante (Sestri Levante, Levanto, Cinque Terre) fährt man besser über den Brenner–Modena–Parma–La Spezia (670 km).

Von Basel führt eine Autobahnverbindung über den Gotthard und Mailand nach Genua (500 km). In die westliche Riviera di Ponente (Ventimiglia, San Remo) führt die land-

schaftlich schöne Strecke Basel–Bern–Großer St. Bernhard–Turin–Cuneo–Tende–Ventimiglia (610 km, z. T. auf Landstraßen).

Bei der Durchfahrt durch die Schweiz und Österreich sind **Transitgebühren** zu zahlen (Schweiz: für das ganze Jahr gültige Vignette 40sFr; Österreich: Preis je nach Gültigkeitsdauer, Mindestgebühr 70 öS für Hin- und Rückreise innerhalb von 10 Tagen). Gebührenpflichtig sind auch die Brenner-Autobahn sowie alle italienischen Autobahnen (für Pkw's durchschnittlich rund 0,10 DM/km auf den teuren ligurischen Autobahnen bis zu 0,20 DM/km!).

Autoreisezüge nach Verona und Livorno verkehren in der Sommersaison von Hamburg, Hannover, Köln und Neu-Isenburg sowie nach Bozen von Berlin.

... mit dem Flugzeug

Von München nach Genua täglich zwei bis drei Flüge, von Zürich nach Genua vier Flüge. Für die südliche Riviera di Levante ist auch die Anreise über Pisa möglich (von München direkt, von anderen deutschen, österreichischen und schweizer Flughäfen mit Umsteigen in Mailand), für das westliche Ligurien die Anreise über Nizza (direkt von München, Frankfurt, Zürich, Wien).

UNTERWEGS IN LIGURIEN

… mit Bahn und Bus

Das Netz öffentlicher Verkehrsmittel ist in Ligurien gut ausgebaut. Alle Orte der Riviera sind durch häufig fahrende Züge miteinander verbunden; daneben verkehren Busse, im allgemeinen im 20- bis 30-Minuten-Takt (außer im Gebiet zwischen Sestri Levante und La Spezia, wo keine durchgehende Küstenstraße existiert).

Auch die meisten Orte des Hinterlands sind mit Bussen gut erreichbar. Die Fahrpreise für Bus und Bahn sind niedrig (unter 0,10 DM/km), Zuschläge für IC- und EC-Züge allerdings vergleichsweise teuer.

Vor allem an der südlichen Riviera di Levante ist der Zug nicht nur preisgünstiger, sondern auch erheblich schneller als der Pkw, denn in diesem Gebiet verbinden nur kurvige Bergstraßen die Küstenorte miteinander.

Busfahrkarten sind im allgemeinen nicht beim Fahrer, sondern in Tabacchi-Geschäften erhältlich. An den Haltestellen gibt man dem Fahrer ein deutliches Zeichen, wenn man zusteigen möchte; bloßes Dastehen reicht nicht aus! Bahnkarten müssen vor Fahrtantritt am Automaten gestempelt werden. Nach der Entwertung gelten sie für 6 Stunden, bei Entfernungen über 200 km für 24 Stunden; durch nochmaliges Entwerten kann die 24-Stunden-Frist auf 48 Stunden verlängert werden.

Gebührenfreies Nachlösen im Zug ist nur möglich, wenn am Zustiegsbahnhof der Kartenschalter geschlossen ist.

Zugfahrpläne *(orario generale)* sind an Zeitschriftenkiosken erhältlich.

… mit dem Auto

Aufgrund der Autobahngebühren (auf den besonders teuren ligurischen Autobahnen fast 0,20 DM/km) und der hohen Benzinpreise (Diesel rund 1,50 DM, bleifrei und Super rund 2 DM) ist Autofahren in Italien kostspielig. In den Städten, aber auch auf der Küstenstraße Via Aurelia herrscht zudem häufig dichter Verkehr, vor allem an Wochenenden kommt es häufig zu Staus. Es empfiehlt sich daher, nach Möglichkeit auf öffentliche Verkehrsmittel auszuweichen. In Genua, aber vor allem im Hochsommer auch in den Badeorten sollte man ein beladenes Auto nicht unbewacht lassen. Autoeinbrüche kommen relativ häufig vor. Einheimische Autofahrer entfernen sicherheitshalber meist das Autoradio aus ihrem Wagen, leeren das Handschuhfach und lassen es offen stehen – als Zeichen, daß es »nichts zu holen gibt«.

Höchstgeschwindigkeiten: innerorts 50 km/h, auf Landstraßen 90 km/h, auf Autobahnen 130 km/h (110 km/h für Pkw's bis 1099 ccm und Motorräder bis 349 ccm).

Polizei und Unfallrettung: ☎ 113

Pannenhilfe des italienischen Automobilclubs ACI: ☎ 116

UNTERKUNFT UND VERPFLEGUNG

Hotels

Da die Riviera schon seit langem ein beliebtes Touristenziel darstellt, gibt es in den meisten Küstenorten eine große Auswahl an Unterkünften aller Kategorien, vom teuren Luxushotel bis zur einfachen Pension. Auch im Hinterland bereitet die Hotelsuche im allgemeinen keine Probleme; allerdings ist das Niveau hier meist einfacher, dafür liegen die Preise oft erheblich niedriger als an der Küste.

Hotels werden offiziell klassifiziert (einer bis fünf Sterne). Damit hat man einen ungefähren Anhaltspunkt für Komfortniveau und Preise. Qualität und Tarife können aber innerhalb derselben Kategorie stark variieren. Die Preise müssen in den Zimmern und an der Rezeption ausgehängt sein; angegebene Maximalpreise dürfen nicht überschritten werden. Das Frühstück wird extra berechnet.

Preiskategorien:
*	EZ 35 000–60 000 Lire, DZ 50 000–100 000 Lire
**	EZ 50 000–90 000 Lire, DZ 70 000–120 000 Lire
***	EZ 70 000–120 000 Lire, DZ 80 000–150 000 Lire
****	EZ ab 140 000 Lire, DZ ab 160 000 Lire
*****	EZ ab 200 000 Lire, DZ ab 300 000 Lire

Empfehlenswerte Hotels sind bei den jeweiligen Orten im Routenteil genannt. Ein Gesamtverzeichnis der ligurischen Hotels (elenco alberghi) wird von der »Regione Liguria« herausgegeben (Via Fieschi 15, 19121 Genova, ☎ 0 10-5 48 51), Verzeichnisse für die einzelnen Provinzen erhält man bei den Touristenbüros (s. S. 219).

Viele Hotels schließen im Winterhalbjahr. Für die Hochsaison im Juli und August, aber auch für die Ostertage und den Zeitraum zwischen 25. April und 1. Mai ist eine frühzeitige Reservierung unbedingt empfehlenswert.

Privatunterkünfte und Ferienwohnungen

Anzeigen für Ferienwohnungen in Ligurien findet man im Reiseteil überregionaler deutscher Zeitungen. Auch Reisebüros bieten häufig Ferienwohnungen an. Privatunterkünfte sind besonders zahlreich in den Cinque Terre, wo die Kapazität der Hotels nicht ausreicht, um alle Urlauber unterzubringen.

Vor allem im Hügel- und Bergland gibt es landwirtschaftliche Betriebe, die agriturismo (Ferien auf dem Bauernhof) ermöglichen. Das Regionalverzeichnis für Ligurien (erhältlich bei Unioncamere, Via San Lorenzo 15, 16123 Genova, ☎ 0 10/22 47 16 78) ist leider stark veraltet; ein aktuelles Gesamtverzeichnis für Italien vertreibt der Landschriften-Verlag, Heerstr. 73, 53111 Bonn, ☎ 0228/ 63 12 84, Fax 7 66 91 99.

Campingplätze

Campingplätze sind an der Riviera di Ponente zahlreich, an der Riviera di Levante seltener. Die landschaftlich besonders reizvollen Gebiete um Camogli – Portofino und in den Cinque Terre haben keine *campeggi;* hier muß man in benachbarte Orte ausweichen. Hinweise auf empfehlenswerte Campingplätze werden im Routenteil gegeben. Ein Gesamtverzeichnis erhält man bei den Touristenbüros (s. S. 219).

Im Juli und August sind die meisten Campingplätze überfüllt!

Jugendherbergen

In ganz Ligurien existieren nur die Jugendherbergen von Finale Ligure, Savona und Genua (vgl. Routenteil). Sie sind alle neu eingerichtet, gut geführt und schön gelegen. Die Übernachtung mit Frühstück kostet zwischen 15 000 und 20 0000 Lire.

Die Eröffnung einer Jugendherberge in Santa Margherita Ligure ist geplant, jedoch steht dafür noch kein Termin fest.

Restaurants

Als Faustregel gilt: Im allgemeinen ißt man im Hügel- und Bergland und in größeren Städten besser und preisgünstiger als in den Badeorten. In Genua, Savona, La Spezia, Chiavari findet man viele angenehme Trattorien; auch San Remo hat ein gutes Angebot an Lokalen. Im Hinterland wird oft noch mit großem Arbeitsaufwand eine qualitätvolle traditionelle Küche gepflegt.

Ein vollständiges Menü (Nudel- und Hauptgericht, Beilage, Dessert) kostet in einem preiswerten Restaurant um 35 000 Lire, in der mittleren Kategorie um 50 000 Lire. *Pane e coperto* (Brot und Gedeck) werden fast überall mit einem Fixpreis (etwa 2000–4000 Lire) in Rechnung gestellt. Bedienungsgeld darf nur erhoben werden, wenn es auf der Speisekarte ausgewiesen ist. Trinkgeld ist nicht unerläßlich, aber üblich (etwa 5 % der Rechnungssumme); man läßt es beim Weggehen auf dem Tisch liegen.

Bei Fischgerichten wird der Preis häufig pro 100 g *(etto)* angegeben; die ganze Portion kostet also etwa das Dreifache der auf der Karte angegebenen Summe!

In den meisten Restaurants kann man zwischen 12.30 und 14/14.30 Uhr und zwischen 19.30 und 21/21.30 Uhr zum Essen eintreffen.

INFORMATIONEN VON A BIS Z

Ärztliche Versorgung

In Notfällen kann man sich an den *Pronto Soccorso* der Krankenhäuser wenden, der in allen größeren und mittleren Orten existiert. Die Behandlung ist gratis. Adressen deutschsprachiger Ärzte erfährt man über die Konsulate (s. u.) oder vom ADAC München, ✆ 00 49/89/ 22 22 22.

Auskunft

Informationen sind über die regionalen Fremdenverkehrsämter (s. S. 219) und über die örtlichen Touristenbüros (s. Ortsbeschreibungen) erhältlich.

In den Gemeinden San Remo, Varazze, Arenzano, Santa Margherita Ligure und Lerici erhalten Urlauber Mo–Fr von 9.30–12.30 Uhr Auskünfte unter der Telefonnummer 1 67-46 98 38. Der Anruf ist kostenfrei.

Behinderte

Die Broschüren *Guida di Genova per persone disabili* und *Provincia senza barriere* geben Informationen für Behinderte für Genua bzw. die Provinz Genua (Riviera di Levante von Genua bis Moneglia). Sie sind bei den Informationsbüros in Genua erhältlich.

Diebstahl

Parkende Autos sollten an der Küste nach Möglichkeit leergeräumt werden (s. S. 223). Vor Taschendieben muß man sich insbesondere in Genua vorsehen. Im Hinterland und an der Küste zwischen Sestri Levante und den Cinque Terre kommen praktisch keine Diebstahlsdelikte vor.

Diplomatische Vertretungen

Deutsches Generalkonsulat
Via San Vincenzo 4/28
16121 Genova
✆ 0 10/5 76 74 11
Fax 0 10/5 76 24 26

Schweizer Generalkonsulat
Piazza Brignole 3
16122 Genova
✆ 0 10/56 56 20
Fax 0 10/58 38 92

Österreichisches Honorarkonsulat
Piazza Rossetti 4
16129 Genova
✆ und Fax 0 10/8 39 39 83

Elektrizität

Die Netzspannung beträgt 220 Volt. Für Elektrogeräte benötigt man vielfach Adapter *(adattatore)*. Sie sind in italienischen Elektrogeschäften erhältlich.

Feiertage

1. Januar
6. Januar (Hl. Drei Könige)
Ostermontag
25. April (Tag der Befreiung)
1. Mai
15. August (Mariä Himmelfahrt, »Ferragosto«)
1. November (Allerheiligen)
8. Dezember (Mariä Empfängnis)
25. und 26. Dezember

Feste und Festspiele

Die meisten Orte feiern das Fest ihres Schutzheiligen mit einer Prozession, häufig auch mit Umzügen in historischen Kostümen, Wettkämpfen oder Schauspielen, Musik und Tanz, manchmal mit einem Feuerwerk (vgl. Hinweise bei den Ortsbeschreibungen).

Während der Feste sind die Unterkünfte – bei großen Veranstaltungen auch im weiteren Umkreis – meist langfristig ausgebucht!

Februar
12. und 13. Februar: Sarazenenfest in Taggia zur Erinnerung an einen abgewehrten Piratenüberfall
Schlagerfestival in San Remo
Blumenfest in San Remo
Karneval u. a. in Moneglia, Chiavari, Sestri Levante, San Terenzo

April
Karfreitagsprozessionen in zahlreichen Orten; eine der sehenswertesten in Savona

Mai
Fischfest (Sagra del pesce) am zweiten Mai-Wochenende in Camogli.

Auf der ›größten Pfanne der Welt‹ wird tonnenweise Fisch gebraten und an die Besucher verteilt.

An Fronleichnam bzw. am darauffolgenden Sonntag werden in verschiedenen Orten – z. B. in Imperia und Diano Marina – bei den Infiorate große Blumenteppiche ausgelegt.

Juni
Blumenfeste (Battaglie dei fiori) in Ventimiglia und San Remo

Juli
1.–3. Juli: Fest der »Madonna di Montallegro« in Rapallo mit großem Abschlußfeuerwerk
2. Juli: Fest der »Madonna dell'Orto« in Chiavari, ebenfalls mit Feuerwerk
1. Juli–Wochenende: Sbarco dei Tuchi in Ceriale: Ein Seeräuberüberfall wird nachgespielt
3. Juli–Sonntag: Magdalenen-Fest in Taggia mit der Darstellung eines mittelalterlichen Totentanzes
25. Juli: Festa di San Giacomo in Levanto mit Prozession und Umzügen in historischen Kostümen
Jazz- und Bluesfestival in San Remo

August
1. August-Sonntag: Bootsprozession der Stella Maris in Camogli und Palio del Golfo (Regatta und Feuerwerk) in La Spezia
14. August: Torta dei Fieschi in Lavagna zur Erinnerung an eine Grafenhochzeit von 1240: Umzüge, Tanz, Feuerwerk und als besonderer Höhepunkt die Verteilung einer tonnenschweren Torte
15. August: Feuerwerk in Alassio
17. August: Fest der »Madonna Bianca« in Portovenere

Agosto Medievale in Ventimiglia: Eine Woche lang verwandelt sich die Stadt in ein mittelalterliches Ambiente mit Ritterspielen, Prozessionen, Paraden und großartigen Kostümen.

September
1. September-Woche: Modernismus-Festival *(Festival del Mito Modernismo)* in Alassio
1. September-Wochenende: Ortsfest in Recco mit besonders schönem Feuerwerk
2. September-Sonntag: *Regata dei rioni,* historische Ruderregatta in Noli
13. September: Fest des hl. Venerius in Portovenere mit Bootsprozession zur Insel Tino
14. September: Fest des Heiligen Kreuzes in Moneglia

Oktober
Salone nautico in Genua, eine der größten Bootsmessen der Welt

Kinder

Mit Kindern, vor allem mit kleinen Kindern in Italien zu reisen, ist angenehm: Fast überall werden die *bambini* ausgesprochen freundlich behandelt. Sie sind bei den Italienern noch immer populär, obwohl die Geburtsrate im Land inzwischen auf den niedrigsten Stand der Welt gesunken ist.

Die meisten kindgerechten Küstenabschnitte – breite, zum Spielen geeignete Sandstrände mit relativ flachem Wasser – finden sich zwischen Savona und Imperia, beispielsweise in Finale Ligure oder Alassio. An der Riviera di Levante sind die Ufer häufig steiler, so daß man schnell in tiefes

Wasser gerät. Aber auch hier gibt es schöne Sandstrände, z. B. in Moneglia und Levanto.

Für Kinder besonders interessante Sehenswürdigkeiten finden sich am alten Hafen von Genua: der Meerwasser-Zoo, die Galeone »Neptune«, die historischen Rekonstruktionen des Padiglione del Mare und die Città dei Bambini (s. S. 145f.). Auch die Hafenrundfahrt und die Fahrt auf die Aussichtsplattform des Bigo können Kinder interessieren.

An der Riviera di Ponente stellt die große Tropfsteinhöhle von Toirano bei Finale Ligure eine für Kinder besonders interessante Attraktion dar; man findet hier noch Bärenknochen und Spuren von Steinzeitmenschen. In der Zeit von Juni bis Mitte September empfiehlt sich ein Schiffsausflug von Imperia aus zur Beobachtung von Walen und Delphinen (s. S. 91). An der Riviera di Levante lohnen am ehesten der Besuch des Marinemuseums in La Spezia und des Meerwasser-Aquariums in Camogli.

Märkte

In allen größeren Orten finden Mo–Sa vormittags Lebensmittelmärkte statt (Hinweise in den Ortsbeschreibungen).

Wochenmärkte (meist nur vormittags, im allgemeinen Lebensmittel, Haushaltswaren und Kleider):
So: Moneglia
Mo: Imperia-Porto Maurizio, Savona, Recco
Di: San Remo, Diano Marina, Spotorno
Mi: Ventimiglia, Imperia-Oneglia, Albenga, Varigotti, Camogli, Levanto
Do: Bordighera, Imperia-Porto Mau-

rizio, Finale Ligure, Noli, Rapallo, Lavagna, Monterosso
Fr: Ventimiglia (ganztägig), Loano, Santa Margherita Ligure, Chiavari
Sa: Taggia, San Remo, Imperia-Oneglia, Alassio, Sestri Levante

Antiquitäten- und Flohmärkte:
1. Wochenende im Monat: Finalborgo, Savona, Sarzana, Genua
2. Wochenende: Chiavari
3. Wochenende: Recco
4. Wochenende: Genua-Pegli (nur So), Taggia (nur So), Rapallo
Um Ostern: Antiquitätenmesse in Sarzana
1. Augusthälfte: Vierzehntägiger Antiquitätenmarkt in Sarzana

Notrufnummern

Polizei und Unfallrettung ✆ 1 13
Pannenhilfe ✆ 1 16
Notarzt und Krankenwagen ✆ 1 18

Öffnungszeiten

Geschäfte sind in der Regel Mo–Sa von 9–12.30 und von 16.30–19 Uhr geöffnet; Lebensmittelgeschäfte öffnen morgens häufig schon um 8.30 Uhr. Am Mo (vormittags) und einem von Ort zu Ort wechselnden Nachmittag (meist Mi oder Do) sind die meisten Läden geschlossen. In touristisch viel besuchten Orten sind die Läden im Sommerhalbjahr auch So und feiertags geöffnet. Banken: Mo–Fr 8.30–13.15 und 14.45–15.45 Uhr. Postämter schließen in kleineren Orten am Nachmittag. Viele Museen schließen am 1. Jan., Ostersonntag, 25. April, 1. Mai, 15. Aug., 25. und 26. Dez.

Ortsnamen

Italienische Worte werden im allgemeinen auf der vorletzten Silbe betont. Abweichend davon haben die folgenden ligurischen Ortsnamen den Akzent auf der drittletzten Silbe: Portovenere, Levanto, Chiavari (sprich: »Kiávari«), Genova sowie die Namen mit »Ligure« (Finale Lígure usw.).

Telefonieren

Die meisten öffentlichen Telefone funktionieren sowohl mit Münzen als auch mit Telefonkarten, manche auch mit Kreditkarten. Telefonkarten *(schede telefoniche)* zu 5000, 10 000 oder 15 000 Lire sind in Tabacchi-Geschäften erhältlich. An öffentlichen Fernsprechern kostet die Einheit 200 Lire, in Hotels werden oft 300 oder 400 Lire berechnet, Vorwahlnummern von Italien aus: nach Deutschland 00 49, in die Schweiz 00 41, nach Österreich 00 43. Vorwahlnummer bei Telefonaten aus dem Ausland nach Italien: 00 39. Bei Auslandsgesprächen entfällt jeweils die Null der Ortsvorwahl. Inlandsauskunft Italien: 12, Auslandsauskunft: 1 76.

Veranstaltungen

Informationen über kulturelle Veranstaltungen, Sportereignisse, Feste usw. erhält man bei den Touristenbüros (s. S. 219) und in den Tageszeitungen »Secolo XIX« (ganz Ligurien) und »La Repubblica« (Genua und Riviera di Ponente). Für Genua existiert auch das monatliche Veranstaltungsprogramm »Agenda di Genova«, das an Zeitungskiosken vertrieben wird. Ebenfalls im Zeitschriftenhandel bekommt man die deutschsprachige »Riviera-Côte d'Azur-Zeitung« mit zahlreichen Veranstaltungshinweisen (s. u.).

Wandern

Viele Gebiete Liguriens eignen sich ideal zum Wandern. Die Region der Cinque Terre und ihre nähere Umgebung zwischen Levanto und La Spezia wird von Wanderern aus aller Welt aufgesucht. Auch in anderen Bereichen der Riviera di Levante gibt es markierte, gut zu gehende Wege, so zwischen Sestri Levante und Moneglia, im Hinterland von Rapallo und Chiavari und im Naturschutzgebiet des Monte Portofino. An der Riviera di Ponente bietet sich vor allem die Umgebung von Finale Ligure für Wandertouren an. Im Gebirge führt der »Höhenweg der Ligurischen Berge« in 44 Etappen von der französischen Grenze in das Hinterland von La Spezia (Wanderkarten s. S. 220).

Wasserqualität

Die Wasserqualität an Italiens Küsten wird doppelt kontrolliert: von den staatlichen Gesundheitsbehörden und der Umweltschutzorganisation Legambiente. Die staatlichen Behörden sprechen für stark verschmutzte Uferabschnitte Badeverbote aus. In Ligurien gab es solche Stellen in den letzten Jahren vor allem im Großraum Genua.

Nach den Untersuchungen von Legambiente war die Wasserqualität an der Riviera di Levante 1997 fast überall gut bis ausgezeichnet. Aus-

nahmen bildeten einige Flußmündungen und der Strand von Chiavari, der als »leicht verunreinigt« eingestuft wurde. An der Riviera di Ponente war das Bild durchwachsener. Hier fanden sich zwar ebenfalls viele Strände mit sehr guter Wasserqualität: Varazze, Albisola, Savona, Noli, Finale Ligure, Albenga, Alassio, Laigueglia, Imperia und andere. Vor allem im Westen der Region waren die Ergebnisse jedoch teilweise unerfreulich. Zwischen San Remo und Ventimiglia war kein Befund völlig einwandfrei, manche Stellen erwiesen sich als stark verschmutzt.

Durchschnittliche Wassertemperaturen: April 14 °C, Mai 17,5 °C, Juni 21 °C, Juli 24 C, Aug. 24,5 °C, Sept. 23 °C, Okt. 19,5 °C, Nov. 16 °C.

Zeitungen

Die meistgelesenen Tageszeitungen Liguriens sind »La Repubblica« – die auflagenstärkste Zeitung Italiens neben dem »Corriere della Sera« – sowie die Regionalzeitung »Secolo XIX«. Im Gebiet um La Spezia wird auch »La Nazione« viel gekauft. »Secolo XIX« hat unterschiedliche Lokalbeilagen, »La Repubblica« einen Genua-Teil, »La Nazione« einen Lokalteil für die südliche Riviera di Levante.

Empfehlenswert für deutschsprachige Leser ist die monatlich erscheinende Zeitung »Riviera-Côte d'Azur-Zeitung« mit Veranstaltungshinweisen und informativen Hintergrundartikeln. Die Chefredakteurin Petra Hall wurde von der ligurischen Landesregierung zu Recht für Verdienste um die deutsch-italienische Verständigung ausgezeichnet.

ABBILDUNGSNACHWEIS

Alle Abbildungen stammen von **Georg Henke** (Bremen) außer: Abb S. 14/15, 26, 95, 206 (alle von Christoph Hennig, München)

Karten und Pläne
Elsner & Schichor, Karlsruhe

© DuMont Buchverlag, Köln

REGISTER

Personen

234

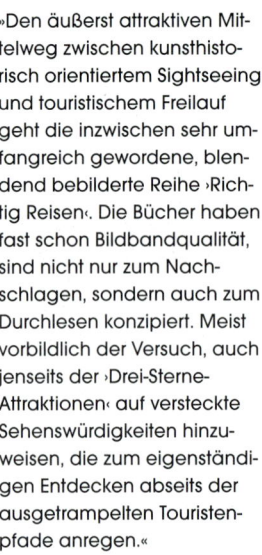

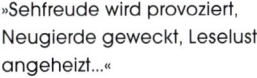

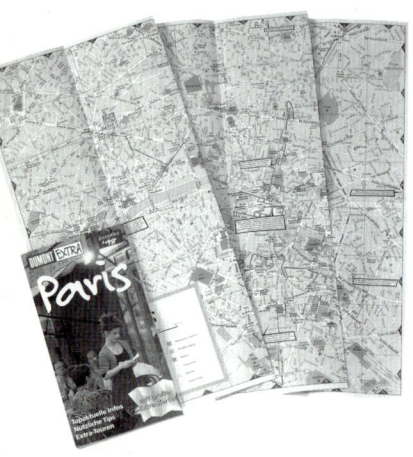